CPA

단기에

합격하기

CPA 단기에 합격하기

발행일	2015년 7월 30일		
지은이	홍 상 연		
펴낸이	손 형 국		
펴낸곳	(주)북랩		
편집인	선일영	편집	서대종, 이소현, 이은지
디자인	이현수, 윤미리내, 임혜수	제작	박기성, 황동현, 구성우, 이탄석
마케팅	김회란, 박진관, 이희정, 김아름		
출판등록	2004. 12. 1(제2012-000051호)		
주소	서울시 금천구 가산디지털 1로 168, 우림라이온스밸리 B동 B113, 114호		
홈페이지	www.book.co.kr		
전화번호	(02)2026-5777	팩스	(02)2026-5747

ISBN   979-11-5585-679-6 13320(종이책)   979-11-5585-680-2 15320(전자책)

이 도서의 국립중앙도서관 출판예정도서목록(CIP)은 서지정보유통지원시스템 홈페이지(http://seoji.nl.go.kr)와
국가자료공동목록시스템(http://www.nl.go.kr/kolisnet)에서 이용하실 수 있습니다.
(CIP제어번호 : CIP2015020318)

CPA 단기에 합격하기

| 홍상연 지음 |

북랩 book Lab

이 책을 쓰는 이유

　이 책을 쓰는 이유를 밝히기 전에 간략하게 제 소개를 먼저 하겠습니다.

　어렸을 때의 저는 나름 똘똘한 아이였다고 합니다. 특별히 공부를 좋아하는 것은 아니었지만 부모님 말씀도 잘 듣고 학교 성적도 좋은 편이었습니다. 문제는 중학교에 들어가면서 시작됐습니다. 노는 맛을 알게 되면서 낮에는 친구들과 어울려 놀고 밤에는 게임에 빠져 살았습니다. 당연히 공부에는 관심이 없었습니다. 학창시절의 저는 하루 종일 어떻게 하면 즐겁게 놀 수 있을까만 고민하며 살았습니다.

　부모님께서는 공부와는 거리가 먼 아이니 공고에 보내자는 제안을 하셨습니다. 여차저차해서 결국 인문계 고등학교에 진학하긴 했지만 고등학생이 되어서도 여전히 공부에는 뜻이 없었습니다. 어떤 학원이든 보내 놓으면 하루이틀 나가다 몰래 빠져 놀기 바빴습니다.

　고3이 되어서는 뭔가 하긴 해야겠다는 생각을 했습니다. 일단 대학에는 가야겠다는 생각에 상대적으로 쉬워 보였던 체대 입시를 선택했습니다. 예체능 계열로 수능을 준비하면서 체대 입시학원에서 운동을 시작했습니다. 그러나 공부에 집중하지 못한 것과 마찬가지로 운동도 건성이었고, 결국 지망했던 체대에 모두 낙방을 했습니다. 수능 점수보다 실기 성적이 부족했는데, 그렇다고 운동에 소질이 없는 것은 아니었습니다. 왜 대학에 가야 하는지, 왜 열심히 해야 되는지에 대한 동기가 부족했습니다.

결국 원치 않은 재수를 하게 됐습니다. 부모님께서 저 녀석은 가둬놔야 공부를 할 것이라며 저를 지방에 있는 '스파르타'식 기숙학원에 보내셨습니다. 외출이 한 달에 한 번 허용되고 주변에 아무것도 없는 시골에 학원이 위치해서 할 게 공부밖에 없는 곳이었습니다. 수준 미달의 강사들과 하루 4시간만 재우는 무식한 시스템에 결국 수능 2개월 전 기숙학원에서 뛰쳐나오긴 했지만 효과는 있었습니다. 문과로 바꾼 두 번째 입시에선 경희대학교에 입학할 수 있었으니 나름 성공이었죠.

하지만 사람은 쉽게 변하지 않는다는 옛말처럼 대학교에 가서도 여전히 정신을 차리지 못했습니다. 일단 서울에 있는 학교에 입학했으니 인생에 더 이상의 공부는 없다는 생각으로 열심히 놀았습니다. 이때 적당히 놀았어야 했는데 대학 생활의 자유로움과 끝을 보는 성격이 문제였습니다. 입학하자마자 두 학기 연속으로 학사경고를 받았습니다. 딱히 놀랐던 것은 아니었지만 3연속 학사경고를 받으면 제적이라는 말에 어쩔 수 없이 군대로 도피를 해야 했습니다.

역시 남자는 군대에 가야 철이 든다고 하죠. 특별히 왜 그랬는지는 모르겠지만 군대에서는 인생의 조그마한 터닝 포인트를 맞이했습니다. 대책 없이 살아온 인생을 돌아보면서 앞으로 뭘 하며 살지에 대한 고민을 조금씩 했습니다. 또한 내가 선택한 과정에 의해서 남은 인생이 결정된다는 기본적인 사실을 깨우치기 시작했습니다. 더불어 '공부'에 대한 막연했던 거부감도 없어졌죠. 이러한 깨달음의 연장선으로 전역 후에는 우연히 알게 된 CPA 시험 준비를 시작하게 됐습니다. 이때가 처음으로 제 인생에서 뭔가를 달성하기 위해 열심히 노력을 했던 시절인 것 같습니다.

운이 좋게도 CPA 시험은 1차, 2차를 모두 한 번에 합격했습니다. 처음부터 공부를 능숙하게 했던 것은 아니었지만 명확한 동기부여, 올바른 공부법, 대담한 전략을 사용함으로써 좋은 결과를 낼 수 있었습니다.

합격 후에는 남은 학기를 다니면서 CPA 학원에서 수험생들에게 학습상담을 해 주는 조교 일을 했습니다. 막 수험공부를 시작한 1차생들부터 유예생까지 수백 명이 넘는 수험생들과 만나면서 저만의 수험공부에 대한 신념을 만들 수 있었습니다.

졸업 후에는 'KPMG삼정회계법인'에서 회계감사를 비롯한 다양한 업무를 배웠습니다. 사실 공부만큼 일하는 것도 싫어했기에 강도 높은 회계법인 생활이 쉽지는 않았습니다. 다만 더 이상은 학생이 아니라 사회인으로서 최소한의 책임감은 보여주자는 마음으로 버텼습니다. 그리고 법인에서 일한 지 햇수로 4년 째, Senior 2년차 직급이 되자마자 회계법인을 퇴사했습니다. 사실 CPA 시험에 도전했던 것은 지금껏 방탕하게 살아온 저의 인생에 마침표를 찍고 열심히 살아온 친구들을 조금이라도 따라잡아보자는 이유에서였지, 회계사로서 남은 인생을 살겠다는 것은 아니었기 때문입니다.

현재는 회계전문학원인 '나무경영아카데미'에서 회계학 강의와 수험생들의 학습 조교 일을 동시에 하고 있습니다. 상담을 하면서 만났던 수많은 수험생들에게서는 (원래부터 뛰어난 몇몇을 제외하고) 예전의 저와 비슷한 점을 느낄 수 있었습니다. 이들은 소중한 시간을 고통스러운 수험생활로 보내면서도 부족한 목표의식, 잘못된 공부 방법, 필요한 시점에 승부를 걸지 못하는 소극적인 모습을 보여주곤 합니다. 제가 직접 경험해 봤기 때문에 이들의 시행착오가 더욱 안타깝게 느껴집니다.

따라서 제가 경험했던 수험생들의 공부와 관련된 모든 고민을 정리해 보고, 저를 비롯한 여러 사례 등을 통해 평범한 사람이 어떻게 하면 CPA를 단기에 합격할 수 있을지에 대해 얘기해 보고 싶습니다.

제가 이 책을 쓴 목적은
'CPA 시험을 단기에 합격하기 위한 모든 정보'를
수험생들에게 전달하기 위해서입니다.

저 나름대로 쌓았던 경험과 훌륭하신 주변 분들의 도움으로 책을 집필하였습니다. 이 책의 특징은 다음과 같습니다.

풍부한 경험을 바탕으로 집필하였습니다. 제가 학습 조교로 일하면서 상담했던 수많은 수험생들의 고민과 어려움 등을 이 책에 모두 담았습니다. 또한 다수의 합격수기를 참고하였고, 회계법인, 학교 및 학원에서 만난 수많은 합격생들의 검토를 거쳐 검증된 내용만 책에 담고자 했습니다.

또한 많은 전문가들의 도움을 받았습니다. CPA 학원 선생님, 교육학 및 심리학 석·박사, 특정 과목에 뛰어난 결과를 보여줬던 합격생들의 도움을 받았습니다. 저 혼자만으로는 부족한 세부적인 사항들에 대해서도 깊이 있는 조언을 얻을 수 있습니다.

설명에 있어서 다양한 사례, 비유, 도표 및 그림을 사용하였습니다. CPA 시험에 대해 아무것도 모르는 초심자들도 쉽고 빠르게 관련 정보를 습득할 수 있도록 노력하였습니다.

수험생활 도중에도 원하는 부분을 조금씩 찾아보실 수 있도록 세분화된 카테고리를 준비하였습니다. CPA 시험의 전반적인 사항, 과목별·기간별 공부 방법, 수험생활과 관련된 팁, 기타 전반적인 공부 비결, 합격 후 진로 등을 구분하였으며, 공부 중간중간 펼쳐 볼 수 있도록 여러 주제들을 짧은 호흡으로 나누어서 작성하였습니다.

물론 이 책에 뭔가 새롭거나 통찰력이 번뜩이는 내용들이 수록되어 있는 것은 아닙니다. 대부분의 수험생들이 알고 있는 '진부하고 흔한' 여러 주제들이 담겨 있을 뿐입니다. 하지만 저는 '진부하고 흔한' 주제 하나하나가 모여 여러분들을 합격으로 인도해 줄 것이라 믿습니다. 이런 내용들이 힘을 받기 위해서는 타이밍이 중요합니다. 항상 이 책을 곁에 두고 수험생활의 동반자 내지는 길잡이로 활용했으면 좋겠습니다.

CPA 시험뿐 아니라 모든 시험공부에 적용되는 범용적인 내용이 담겨 있습니다. 따라서 다른 자격시험을 준비할 때도 본 책을 활용하실 수 있습니다. 특히 세무사 시험은 유사한 내용들이 많으니 적극 참고하셔도 좋습니다.

회계사, 공인회계사, CPA라는 똑같은 단어를 앞뒤 어감이나 문단의 분위기에 따라 특별한 기준 없이 섞어가며 사용했습니다. 또한 이제 막 CPA에 관심을 갖기 시작했거나, 공부를 시작한 지 얼마 되지 않은 수험생을 대상으로 쓴 책이기 때문에 빠른 정보 전달과 강한 인상을 위해 경어체를 쓰지 않았습니다. 제 의도를 이해해 주시어 기분 나쁘신 분들이 없었으면 좋겠습니다. 단정적인 어투를 사용한다고 해서 수험생들에게 책의 모든 내용을 그대로 따라하라고 강요하는 것은 아닙니다. 단지 저의 경험과 지식이 여러분들에게 도움이 되는 과정에서 되도록이면 큰 효과가 있길 바랄 뿐입니다.

아무쪼록 이 책을 읽는 모든 분들이 원하는 목표를 달성할 수 있기를 진심으로 기원합니다.

2015년 여름
공인회계사 홍상연 드림

차례

PART 03

과목별 공부 방법

PART 04

기간별 공부 방법

PART 05

CPA 공부 관련 TIP

PART 06

전반적인 수험생활 TIP

PART 07

CPA 합격 후 진로

PART 08
통계자료

PART
01

CPA(certified public accountant)란?

CPA(certified public accountant)란?

What CPA?

영화 '다크나이트'(2008, 크리스토퍼 놀란)에서 눈에 띄진 않지만 나름 비중을 가지고 등장한 인물이 있다. 고담시 마피아들의 자금 세탁과 관리를 해 주는 홍콩인 '라우'다. 라우의 직업은 회계사다. 배트맨은 라우를 잡기 위해 홍콩까지 비행기를 타고 가는 수고를 해야 했다. 비록 영화 속 설정이지만 마피아들은 왜 자금을 직접 관리하지 않고 회계사를 통해 관리하였을까?

이보다 2년 먼저 개봉했던 영화 '007 카지노 로얄'(2006, 마틴 캠벨)에서도 회계사가 나온다. 카지노 로얄의 포커 대회를 통해 테러 자금이 모이게 되자 제임스 본드가 이를 저지하러 나서게 된다. 이때 제임스 본드의 도박 참가용 자금을 지원하기 위해 한 여성이 투입되는데 직업이 회계사다. 매혹적인 눈매의 프랑스 배우 '에바 그린'이 회계사 역을 맡았는데, 개인적으로 굉장히 좋아하는 배우다. 왜 제임스 본드는 회계사를 통해 자금을 지원받아야 했을까?

필자는 게임 마니아다. 특히 블리자드사의 '스타크래프트' 시리즈를 가장 좋아한다. 어느 정도였느냐면 '스타크래프트 1' 같은 경우는 직접 동호회를 운영하며 각종 대회에 참가할 정도였고, '스타크래프트 2'도 CPA 합격 후 법인에 입사하기 전까지 수천 판을 하면서 당시 가장 높은 단계였던 '마스터 리그'를 달성할 정도였다. 당시 필자의 '스타크래프트 2' 아이디에는 'CPA'가 들어 있었는데, 인터넷 방송 경기에 참가할 때마다 BJ나 시청자들이 'CPA라면 돈을 위주로 하는 부자 스타일의 플레이를 할 것이다'라는 재미있는 추측을 했었다.

이러한 것들을 미루어 짐작해 본다면 일단 회계사는 '돈'과 관련된 일을 하는 직업인 것 같다.

회계사 = 돈과 관련된 일을 하는 직업

연예계 대표 소속사인 YG는 연예인과 소속사 간의 수익 정산 시 회계법인과 함께 진행한다. 회사에만 유리하게 수익을 배분한다는 오해를 없애기 위해 이에 대한 검증을 제3자인 회계사를 통해 받도록 하는 것이다. 소속 연예인들은 불필요한 스트레스를 최대한 줄임으로써 자신들의 실질적인 부가가치를 창출하는 데 집중할 수 있다. YG 관계자들 입장에서 회계사는 회사와 소속 연예인의 사이를 부드럽게 조율해 주는 윤활유와 같은 역할을 한다.

이러한 역할은 그냥 제3자의 입장에서 계약이 공정하다는 보증만 한다고 이루어지는 것이 아니다. 회계사는 관련 정보를 최대한 계량화하여 모두가 납득할 수 있는 합리적인 증거를 보여줘야 한다. 서로 다른 논리가 나올 수 있는 상황에서 양측의 의견이 실질적으로 조정이 될 수 있도록 해 주는 것이다. 비즈니스계의 통역가라고 볼 수 있다.

회계사 = 중개 및 보증을 해 주는 직업

앞선 사례들을 종합해 보면 회계사는 '돈과 관련된 보증을 해 주는 전문가'다. 틀린 말은 아니다. 하지만 이는 말 그대로 '빙산의 일각'이다. 일반인들의 회계사에 대한 인식은 딱 저 정도이지만 수면 아래에는 훨씬 다양하고 많은 업무들이 있다.

회계사는 회계를 다루는 전문가다. 회계란 단순히 돈과 관련된 어떤 것이 아니라, 회사나 기관이 자신의 현재 상황과 성과를 외부와 소통할 수 있도록 만들어 주는 일종의 비즈니스 언어이다. 회계사는 이러한 비즈니스 언어를 자유자재로 구사하는 '네이티브 스피커'라 볼 수 있다. 이처럼 회계사의 업무는 매우 다양하고 광범위하기 때문에 딱 잘라 정의하기는 힘들다. 따라서 회계사가 무엇인지 알기 위해서는 회계사가 하는 주요 업무들을 알아봐야 한다. 수면 아래로 조금 더 깊숙이 들어가 보자.

회계감사

공인회계사는 전문성과 공익성이라는 두 가지 성격을 갖는다. 이 둘을 동시에 가지는 대표적인 업무가 회계감사다. 회계감사란 정보제공자인 회사로부터 다양한 정보이용자들을 보호하기 위해 회사의 정보를 검증해 주는 것을 말한다. 만약 회사의 전반적인 정보를 당사자인 회사가 직접 작성하여 제3자의 검증 없이 제공한다면 신뢰성이 떨어질 수밖에 없다.

마치 소개팅에 나온 남자가 상대 여성의 마음을 얻기 위해 불리한 얘기는 감추고 유리한 얘기만 하거나, 혹은 거짓말을 하는 것과 같다. 여자 입장에서 확인하기 힘든 내용은 좀 과장하는 것이 보통 소개팅남의 행동이다. 물론 상대가 맘에 들지 않아 일부러 자신을 안 좋게 얘기할 수도 있다.

중요한 것은, 정보의 대상과 제공자가 동일하면 수요자 입장에서는 그 정보를 믿기가 힘들다는 것이다. 따라서 회사가 신뢰를 얻기 위해선 공인회계사의 개입이 필요하다. 이처럼 회계감사를 통한 공인회계사의 역할은 비즈니스 세계를 경계하는 '자본주의의 파수꾼'으로 비유할 수 있다.

회계사 = 자본주의의 파수꾼

이때 회계사가 검증하는 정보는 재무와 관련된 회계정보이다. 이 재무관련 정보는 회사의 현재 재무상태가 어떠한지를 나타낼 뿐, 앞으로 회사가 얼마나 돈을 잘 벌지에 대한 직접적인 판단을 해 주는 것은 아니다. 예를 들어 공인회계사가 회계감사를 통해 A라는 기업의 재무정보가 재무제표에 적정하게 나타났음을 인정했다고 하자. 이 인정은 A 회사의 재무정보가 회계기준에 비추어 볼 때 중요한 오류 없이 작성되었다는 것이지, 앞으로 회사의 주식가격이 상승할 것이라고 보장한 것이 아니다. 그렇다면 과연 회계감사는 경제 전반에 어떠한 영향을 끼치는 것일까?

회계감사 실패(분식회계)

거짓 정보를 제공하는 분식회계는 우리나라뿐 아니라 전 세계적으로 회계감사 실패의 가장 큰 원인이자 결과이다. 유명한 '엔론사태'의 주인공인 엔론사는 미국의 네브래스카 주에서 가스공급회사로 출발하여 2001년 3분기까지 에너지 업계의 초우량기업으로 성장했다. 그러나 튼실한 겉모습과는 달리 내부적으로는 특수 목적 회사를 설립하여 변칙 자금을 조달하고, 부실자산은 자회사로 이전하며, 위장 거래를 통해 가공이익을 부풀리는 등 천문학적인 금액의 분식회계를 저질러 왔다. 이를 통해 중소기업 수준의 수익구조를 가지고도 유명 경제잡지인 '포춘지'로부터 일하기 좋은 100대 회사, 미국에서 가장 혁신적인 기업으로 선정되는 등 극찬을 받았다.

하지만 내부고발로 인해 분식회계의 진상이 노출되면서 2001년 12월 파산신청을 하게 됐고, 이후 연쇄적으로 다른 기업들의 분식회계가 적발되는 등 세계 경제에 큰 영향을 미쳤다. 이 사건의 배후에는 '아서 앤더슨'이라는 대형 회계법인이 있었는데 엔론의 회계감사를 맡으면서 거액의 대가를 받은 것으로 밝혀졌으며, 대규모 소송과 징계를 감당하지 못하고 결국 해체되었다. 회계법인의 투명한 회계감사가 경제 전반에 미치는 영향이 얼마나 큰지 깨닫게 해 주는 사건이다.

그렇다면 우리나라에선 어떨까? 대한민국에서 회계감사가 제대로 이루어지지 않아 발생했던 대표적인 사건으로는 대우그룹과 SK글로벌(현 SK네트웍스)의 경우가 있다.

대한민국의 '엔론사태'라 불리는 대우그룹 분식회계 금액은 총 49조 원으로 사회 전반에 미친 여파가 엄청났다. 대우그룹의 수많은 직원뿐 아니라 여러 협력업체, 대출해 준 금융기관, 개인 주주 등에게 직접적인 피해를 입히고 한국 경제를 침체의 늪에 빠뜨렸다. 특히 대우그룹의 분식회계는 그 방법이 교묘하고 다양했는데 배후에 이를 도와준 수많은 회계전문가, 즉 회계사들이 있었음을 짐작할 수 있다.

이보다 작은 규모인 SK글로벌의 분식회계 사례는 실제 존재하는 부채를 숨기는 단순한 수준이었음에도 회계감사를 통해 이를 밝혀내지 못했다. 그런데 분식회계가 적발될 당시 10년째 동일 회계법인이 SK글로벌의 회계감사를 맡았다고 한다. 회계사와 관련된 우스갯소리를 하나 하겠다.

'1+1이 얼마인지를 구할 때 수학자는 길고 복잡한 과정을 통해 증명하지만 회계사는 일단 회사가 원하는 숫자가 얼마인지를 묻고, 증명은 그다음에 한다.'

SK글로벌의 회계부정을 밝혀내지 못한 것인지, 아니면 눈감아 준 것인지는 여러분들도 어렵지 않게 판단할 수 있을 것이다. 회계사의 도덕

성 또한 전문성과 함께 매우 중요한 덕목임을 알 수 있다.

정확하고 신뢰할 수 있는 재무정보를 정보이용자에게 제공하는 것은 회계사로서 중요한 의무이다. 다시 한 번 말하지만 회계사의 가장 중요한 업무는 회계감사이다. 수험생들이 공인회계사가 되겠다고 마음먹었을 때 이 부분을 간과해서는 안 된다고 생각한다. 최근의 CPA 시험을 준비하는 수험생들 중에는 힘들고 수익성도 안 좋은 회계감사를 자신의 커리어에서 미리부터 제외시켜 놓는 경우가 있다. 하지만 이런 경향은 사회 전체적으로 바람직하지 않다.

회계사 개인에게도 마찬가지다. 세무사, 변호사, 컨설턴트 등 다른 전문 직종과 차별화된 회계사만의 고유 업무는 회계감사뿐이다. 세무와 재무 자문 등의 업무는 공인회계사의 고유 영역이 아니기 때문에 앞으로 어떤 변동이 생길지 모른다. 반면 회계감사는 법에 의해 공인회계사만 수행할 수 있도록 규정되어 있다. 이렇게 완전히 차별화된 분야에 대한 경험은 개인적으로도 손해 보는 일이 아닐 것이다. 회계감사는 앞으로도 사라지지 않을 것이다.

그렇다면 회계감사가 없는 세상을 생각해 보자. 감사가 없다면 재무제표, 특히 중소기업의 재무제표는 신뢰하기가 쉽지 않다. 이러한 상황이 되면 금융기관들이나 개인 투자자들은 중소기업에 돈을 빌려주거나 그 기업의 주식을 매입하려 하지 않을 것이다. 그 결과 중소기업들은 좋은 사업 기회가 있다고 해도 자금줄이 막혀 성장할 기회를 잃어버릴 것이다. 결국 기업은 회계감사를 통해 자신들이 신뢰할 만한 기업이라는 사실을 투자자들에게 알려줄 수 있고, 투자자들은 기업을 믿고 투자할 수 있는 것이다.

– 『숫자로 경영하라』, 273쪽, 최종학 –

세무 업무

회계사의 두 번째 주요 업무는 세금 관련 서비스다. 주로 회사가 국가에 내는 법인세의 신고 및 세무조정과 이의신청, 심사 및 심판청구 대행 등의 조세 문제 관련 업무가 있다. 또 절세 자문 서비스도 포함된다. 기업뿐 아니라 개인을 비롯한 영세 규모의 개인 사업자들도 세금을 피해갈 순 없다. 종합소득세와 부가가치세, 양도소득세, 재산세, 상속·증여세와 관련된 세무 신고 대리 등도 회계사들의 주요 업무이다.

사실 평범한 회계사들의 경쟁력은 세무 업무에서 차이가 난다. 회계감사의 경우는 회계법인, 혹은 회계사마다 그 품질에서 큰 차이가 나지 않는다. 현재의 감사업계는 회계법인 입장에서의 고객인 기업, 즉 피감사회사에 의해 감사 품질이 좌우되는 실정이다. 어쩔 수 없는 갑을 관계의 현실로, 회계사의 역량이 발휘되기 힘든 구조다. 또 회계감사 업계에서 잔뼈가 굵은 10년차 이상의 베테랑 회계사들 사이에선 '몇 년 일하다 보면 그놈이 그놈이다'라는 우스갯소리가 있다. 회계감사 업무에 한해서는, 회계사들의 능력이 초반엔 차이가 날 수 있어도 어느 정도 경력이 쌓이면 결국 비슷해진다는 뜻이다.

뒤이어 설명할 경영 및 재무 자문은 보통 대형 회계법인의 일부 회계사들에 의해 수행된다. 즉, 중소형 회계법인이나 개인사무실을 영위하는 회계사들 입장에선 접근하기 힘들뿐더러, 최근에는 기업들이 이러한 자문 용역을 회계법인에 예전만큼 맡기지 않는 편이다. 경제가 어려워지면 덩달아 크게 축소되는 탄력적인 형태의 시장이기 때문인데, 필자는 태어나서 한국 경제가 좋아졌다는 얘길 들어본 적이 거의 없다.

회계사의 경쟁력이 세무 업무에서 드러나는 이유는 사실 간단하다. 세무 업무는 회계감사와 달리 실질적으로 고객에게 돈을 안겨다 주기 때문이다. 세금은 기업이나 개인 사업자 등 납세자들이 가장 줄이고 싶어 하는 비용이다. 회계사가 회계감사를 열심히 하면 회사는 귀찮다. 협조해 봤자 오히려 무언가 잘못하고 있다는 대답만 돌아온다. 하지만 회계사가 세무 업무를 잘한다면 기업은 즐거워진다. 나가는 돈이 감소하기 때문이다.

사람들이 얼마나 세금을 싫어하는지 알 수 있는 사례가 있다. 지금으로부터 약 300년 전, 러시아 근대화의 아버지라 불리는 표트르 대제는 다른 유럽 국가와 비교해 상대적으로 뒤떨어진 러시아의 발전을 도모하고자 서유럽의 신문물을 받아들이는 동시에 수염을 자르는 정책을 추진했다. 그러나 국민들은 종교적인 이유로 수염을 자를 수 없다며 거세게 반발했고 정책이 좀처럼 진행되지 않았다. 이에 한발 물러선 표트르 대제는 수염을 허용한 대신 '수염세'를 내도록 했다. 그러자 효과는 즉시 나타났다. 세금을 내기 싫은 러시아인들은 수염을 깎기 시작했고, 제도 도입 7년 만에 러시아에서 턱수염은 자취를 감췄다고 한다. 동서고금을 막

론하고 사람들이 얼마나 세금을 내기 싫어하는지를 잘 보여주는 일화다.

Your enemy's enemy is your friend
회사의 적인 세금을 줄여주는 회계사는 회사의 친구다.

세무사(CTA)

회계사와 비슷한 전문자격사로 세무사가 있다. 회계사와 세무사를 간단하게 비교하면, 세무 관련 업무만 할 수 있는 회계사를 세무사라고 보면 된다. 바꿔 얘기하면 회계사는 세무사이면서 다른 영역의 업무까지 할 수 있다. 참고로 얼마 전까지는 회계사 시험에 합격하면 세무사 자격을 자동으로 취득할 수 있었다. 하지만 2011년 세무사법이 개정되면서 2012년 CPA 합격생부터는 세무사 자격을 자동으로 부여받지 못하게 됐다. 그렇다고 2012년 이후 CPA 합격생은 세무사 자격증을 별도로 취득해야만 세무 업무를 전문적으로 할 수 있다는 뜻은 아니다. '공인회계사법'에 의해 기존의 세무 대리 업무는 가능하다. 물론 세무사가 회계사에 비해 세무 업무에 더 특화되어 있다는 느낌이 있어서 영업을 할 때 조금 유리한 것은 사실이다. 하지만 이는 어디까지나 추가적인 문제일 뿐 회계사가 세무 관련 업무를 할 수 있다는 사실에는 변함이 없다.

세무사 시험은 전반적으로 회계사 시험[1]과 유사하다. 1차 시험과 2차 시험으로 이루어져 있고 유예 제도가 있다. 1차 시험 과목은 재정학, 세법학개론, 회계학개론, 상법/민법/행정소송법 중 택1로 이루어져 있고, 2차 시험은 재무회계, 원가관리회계, 세무회계, 세법학이다. CPA 시험 중 기타 과목이 빠지고 세무 관련 과목에 좀 더 집중하는 느낌이다. CPA 시험보다 1차와 2차 시험 날짜가 2개월 정도 늦고, 응시 자격 요건 중 토익은 동일하나 학점 이수를 따로 하지 않아도 된다.

재무 자문 및 컨설팅

회계사의 세 번째 주요 업무는 재무 자문과 컨설팅이다. IPO(주식공개)나 M&A(인수합병) 관련 서비스, 기업가치 평가, 경영전략 수립 및 진단, 조직개편 컨설팅, 구조조정 자문, 정보시스템 자문, 사업 타당성 분석 등 그 범위가 매우 넓고 다양하다. 대표적인 것만 소개하면 다음과 같다.

M&A란 쉽게 말해서, 기업 또는 사업부를 사고파는 것이다. 기업 또는 사업부를 사고파는 이유는 다양하다. 매수자는 기존 기업의 내적 성장 한계를 극복하고, 신규 사업 참여에 소요되는 기간과 투자비용을 줄이고, 경영상의 노하우와 숙련된 전문 인력 및 기업의 대외적 신용을 손

---

1) 회계사 시험에 관한 사항은 이 책 전반에 걸쳐 자세하게 설명할 것이다.

쉽게 확보하며, 경쟁사 인수를 통해 시장점유율을 확대할 수 있다. 반대로 판매자는 매각을 하여 차익을 획득할 수 있고, 모기업(매수자)의 전폭적인 지원 등을 통해 유동성 압박에서 벗어날 수 있다. 이때 회계사가 개입하여 거래의 전 과정에 걸쳐 자문 용역을 제공하는 것이다. 거래의 주선, 매수자 또는 물건 탐색, 협상 지원 등의 다양한 업무가 있다.

기업가치 평가는 기업을 사고팔 때 적정한 거래가격을 산정하는 업무이다. M&A 관련 서비스의 일부라고 볼 수 있다. 기업의 가치를 평가하는 방법에는 자산접근법, 시장접근법, 수익접근법 등이 있다. 자산접근법과 시장접근법은 회계사라면 쉽게 할 수 있지만 수익접근법은 상대적으로 경험과 노하우가 필요한 방법이다. 자기만의 수익접근법을 갖고 있는 회계사는 법인에서 좋은 대우를 받으며 일할 수 있다.

실사는 인수 대상 기업의 재무상태를 면밀하게 관찰하고 검증하는 것이다. 회계감사와 크게 다를 바 없다. 재무제표 중에서 특히 재무상태표에 집중하며 경영자의 주장 중에서 실재성과 평가 금액의 검증에 초점을 맞추는 편이다. 보통 대형 회계법인에서 학벌과 영어 실력이 좋은 회계사들이 재무자문 및 컨설팅 업무를 담당하기 때문에 필자와 같이 평범한 회계사들에겐 해당 업무에 대한 진입 장벽이 있는 편이다.[2]

재무 자문 및 컨설팅 업무는 경기가 안 좋아지면 오히려 건수가 많아

---

2) 물론 프로젝트의 구성원으로 관련 업무에 참여할 기회는 종종 있다. 본격적으로 업무를 배우기 위해 FAS(Financial Advisory Service)본부 소속 회계사가 되는 것이 힘들다는 얘기다.

질 수 있는 M&A 관련 서비스를 제외하고는 경기의 영향을 많이 받는다. 특히 경영 자문 컨설팅은 회계법인과 별개로 컨설팅을 전문적으로 하는 McKinsey, BCG 등 컨설팅회사가 따로 있기 때문에 영업이 쉽지 않다. M&A 관련 서비스도 IB(투자은행), M&A 전문 컨설팅법인과 경쟁해야 한다.

개인적으로 생각하기에 재무 자문 및 컨설팅 전문 회계사는 참 멋있는 것 같다. 경우에 따라서는 한 건에 큰돈을 벌 수 있고 CPA 자격증이 있다고 아무나 할 수 없을 뿐 아니라 폭발적인 업무량을 자랑하기 때문이다. 업무량이 어느 정도냐면, 재무 자문 관련 본부의 부장급 회계사와 같이 일을 해 본 적이 있는데 그분의 별명이 '쌍둥이'였다. 하도 퇴근을 안 해서 쌍둥이가 교대로 나와서 일하는 것 아니냐는 의미였다.

CPA는 비즈니스계의 만물박사

회계사라고 하면 주변에서 많이 하는 단골 질문이 있다.

"주식 좀 하세요?"

"부동산은 좀 아시나요?"

여러분들도 회계사 시험에 합격하면 친척들이나 친한 지인들에게서 전화가 오기 시작할 것이다. 증여세, 상속세, 연말정산, 종합소득세 신고 등 물어보는 부분도 다양하다. 필자도 부모님이나 친구들을 통해 들어온 질문을 해결하느라 진땀을 뺀 적이 많다. 사실을 고백하자면, 업무경력이 없는 단순한 CPA 합격생은 별로 아는 게 없다. 설령 경력이 있다 해도 자기 전문 분야 외에는 잘 알기 힘들다. 필자는 질문이 들어오면 일단 인터넷 검색부터 시작한다.

회사 또는 개인 사업자들이 회계사에게 요구하는 것들을 요약하면 이렇다.

"내가 모르는 내 비즈니스와 관련된 모든 것을 알려주세요."

사실상 만물박사가 따로 없다. 틀린 말은 아니다. 업무 특성상 회계사는 회계, 세무뿐 아니라 법규, 재무, 경제, 금융, 노무, 경영, 인사 등 다양한 분야에서 그 능력을 발휘할 수 있다.

> 이렇게 이야기하다 보니, 회계사가 마치 약장수처럼 느껴진다. 만병통치약을 파는 약장수! 그러나 백번을 양보해도 이것이 완전히 허풍만은 아니다. 고품질의 진실한 회계 업무 수행 결과는 많은 곳에서 진가를 발휘하기 때문이다.
>
> - 『회계사가 말하는 회계사』, 13쪽, 강성원 -

사회는 앞으로도 계속해서 분화하고 복잡하게 발전할 것이다. 이때 발생되는 정보의 비대칭성을 완화시키며 참여자들의 경제활동을 돕는 '비즈니스계의 만물박사'인 회계사의 가치는 더욱 높아질 것이다. 이러한 전망과 맞물려 회계사도 매년 1,000명씩 뽑고 있다. 다양한 업무가 가능한 회계사의 인기는 계속될 것이 자명하다.

회계사는 '산의 무게와 호수에 담긴 고요'까지도 측정하려는 존재다.

– 강성원 / 한국공인회계사회 회장 –

Why CPA? – 잔혹한 취업전쟁

처음 CPA 시험에 합격했을 때 취업 준비에 한창이던 동기, 후배들은 필자를 부러운 눈으로 보며 말했다.

"그렇게 어려운 시험을 한 번에 붙다니 정말 대단해요."

"취업 걱정 한 방에 해결하셨네요. 대단합니다."

기분이 좋은 건 사실이었지만 솔직히 얘기해서 필자의 속마음은 이랬다.

'아니, 난 너희들이 대단해.'

쉬워 보이지만 오히려 어려운 것들이 있다. 필자에게 고시생의 반열에서 살아남는 것은 취업전쟁에서 승리하는 것보다 10배 정도 쉬워 보였다. 필자는 경제학과 출신으로 주변 선후배 및 동기들은 거의 다 취업 전선에 뛰어들었다. 정도의 차이는 있으나 그들 대부분은 필자가 보기엔 대단한 승부사들이다.

수능으로 결정되는 학벌은 논외로 치자. 학벌도 취업전쟁의 일부라는 점은 분명하지만 자각의 정도가 다르기 때문이다. 취업전쟁이 시작됐음을 깨닫는 시기는 보통 빠르면 대학교 1학년, 늦으면 군대를 다녀와서 복학생이 됐을 때이다. 취업전쟁에서 승리하기 위해선 학점, 영어, 자격증, 공모전, 봉사활동, 해외 경험, 자기소개서 및 면접 예절 등 갖춰야할 것들이 너무 많다.

먼저 학점을 잘 받기 위해선 수강신청부터 과제, 중간·기말시험까지 신경 써야 할 것이 한두 가지가 아니다. 수강신청은 프로게이머 급의 신속한 마우스 컨트롤을 요구한다. 학점을 잘 주는 수업을 신청하려면 제한된 수강 인원 안에 들어야 되기 때문이다. 인기 강의는 1분이면 넉넉히 세 번은 마감된다.

왜 그런지는 모르겠지만 과제는 항상 조별 과제다. 조원들과의 치킨게임에서 이겨봤자 남는 것은 없기 때문에 아쉬운 자가 과중한 부담을 떠맡아야 한다. 중간·기말 시험은 선배들과의 관계를 얼마나 돈독히 했는지가 중요한 요소다. 강의에 따라서 혼자 힘들게 공부하는 것보다 선배들로부터 받은 족보 한 번 보는 것이 점수가 더 잘 나올 수도 있기 때문이다.

필자와 같은 토종 한국인이 영어 점수를 잘 받기 위해선 스타 강사의 토익 강의를 수강해줘야 한다. 언제였는지 기억나지 않지만 억 소리 나는 연봉을 받는 토익 강사의 강의를 수강한 적이 있다. 장소는 강남의 한 학원이었는데 강의 시작 한참 전부터 길게 늘어선 줄과 넓은 강의실에 콩나물시루처럼 많은 학생들이 빽빽하게 앉아서 수업을 듣는 모습이 상당히 어색했던 기억이 난다. 영어는 안 가르쳐 주고 문제풀이 공식만 일러주는데 정확히 한 번 가고 가지 않았다. 요즘 대학생들은 토익 900 점대 후반도 발에 채일 정도라니 여기가 미국인지 한국인지 구분이 가지 않는다.

지금은 유행이 지났는지 모르겠지만 경제학과 학생들이 필수적으로 따야 했던 금융3종 세트라는 게 있었다. 금융권 지원을 많이 하는 경제학과 학생들이 운전면허보다 많이 따는 자격증이었다. 스마트폰 없이는 못 사는 IT시대이기 때문에 MOS, 컴활1급도 없으면 섭섭하다. 면접관들은 한자 세대이기 때문에 한자 자격증도 없으면 불안하다. 요즘은 이보다 어려운 자격증들도 많이 따는 추세라고 한다.

필자는 공모전을 한 번도 경험해 본 적이 없어서 이에 대해선 잘 모른다. 아마 창의성, 협동심, 근성과 상당한 시간 투자를 필요로 할 것이다. 공모전에서 수상하는 것이 어느 정도의 난이도인지는 모르겠지만, 적어도 필자 주변에 공모전 수상자는 단 한 명도 없다.

대부분의 입사 지원서에는 해외 경험을 묻는 칸이 있다. 여기에 단순 해외여행 경험을 적었다간 입사 담당자가 딱 거기까지 읽고 지원서를 버리는 사태가 발생할 수 있다. 적어도 교환학생, 어학연수, 워킹홀리데이나 학창 시절을 외국에서 보냈을 경우만 해당되는 칸이다. 필자가 CPA 시험에 합격하고 해외 교환학생이 가능한지에 대해 한 번 알아본 적이 있다. 학교 본관까지 가서 담당자에게 쭈뼛거리며 지원요강을 물어봤는데 "4학년은 안 됩니다."라는 단호한 얘기를 들었던 기억이 난다. 3학년이었어도 학점 때문에 안 됐을 테니 크게 상처받지는 않았다.

자기소개서는 '자소설'이라고 한다. 소설 쓰듯이 자기 자신을 포장해야 하기 때문이다. 주변 동기나 후배들이 가장 힘들어했던 부분이 바로 기업마다 다른 양식의 자기소개서를 하루에도 몇 개씩 쓰는 일이었다. 심지어 취업컨설턴트에게 돈을 주고 첨삭을 받는 친구들도 있었다. 필자는 일반 기업의 자기소개서를 작성해 본 적은 없지만, 후배들의 부탁으로 주제넘게 첨삭을 해 준 적은 몇 번 있다. 신입사원을 뽑는 것인지

CEO를 뽑는 것인지 구분가지 않을 정도로 많은 내용을 요구했던 것 같다.

이렇게 많은 것들을 준비하면 비로소 취업전쟁에 참가할 자격이 주어진다. 그 뒤에는 우울증에 걸릴 정도로 많은 불합격 통지를 받아야 하는 것으로 알고 있다. 한 사람의 인생사와 가족의 신상 정보까지 모두 공개한 회사로부터 계속해서 불합격 통보를 받다 보면 사람이 눈에 띌 정도로 자존감이 떨어진다. 필자는 주변 친구들의 그런 모습을 정말 많이 지켜보았다.

어떻게든 서류 전형을 통과하고 면접까지 갔으면 이제 순발력과 대담함, 태도를 테스트받아야 한다. 실제 업무 현장에서는 시간을 두고 차분히 생각하면 될 일도 면접 자리에서는 짧은 시간 안에 해결해야 한다. 나름 괜찮은 순발력과 긍정적이고 적극적인 태도를 보여준 면접에서 불합격했다면 외모가 문제일 수 있다. 요즘은 면접을 위한 화장으로도 부족해서 취업 성형까지 한다.

취업 준비생은 기업체가 주최하는 채용설명회와 여러 취업 스터디도 부지런히 참석해야 한다. 인천에 사는 필자의 지인은 서울 각지에서 열리는 채용설명회와 취업 특강, 취업 스터디 등에 참가하기 위해 쓴 교통비만 한 달 평균 15만 원씩 나왔다고 한다.

요즘 시대에는 CPA 시험이 아무리 어렵다고 해도 취업전쟁에서 승리하는 것에 비하면 상대적으로 쉬운 길 같다. 필자는 지금까지 나열한 모든 과정 중 가장 첫 번째 과정인 수강 신청조차도 제대로 해냈던 적이 없다. 항상 수강 신청 도중 다운이 되어버린 컴퓨터를 탓하며 엉망인 시간표를 붙잡고는 이렇게 얘기했었다. "때려쳐!"

필자의 생각에 작금의 구직활동에 비해 CPA 시험 준비는 '저위험, 고수익(Low Risk, High Return)'이다. 복잡하게 따지고 준비할 것 없이 시험공부 하나만 하면 된다. 지금까지 불성실하게 살아왔던 자들에게도 동등한 기회가 주어진다. 무엇보다 CPA 시험을 도중에 포기한다 해도 열심히 공부했다면 손해 볼 것은 없다. 수험 공부는 단순한 취업 준비보다 훨씬 깊이 있는 법이다. 요즘 같은 비즈니스 시대에 회계 지식을 갖추는 것은 마치 원시시대에 불 피우는 법을 아는 것과 같다. CPA 시험 준비를 하는 것보다 회계를 제대로 공부하는 방법은 없다. 못해도 본전이다.

또한 진심으로 최선을 다한 사람에겐 단순한 결과물 이상으로 얻게 되는 삶의 태도나 자세가 있다. 물론 이것은 취업 준비를 통해서 얻을 수도 있다. 하지만 추구하는 목표가 상대적으로 명확한 수험생활의 경우 이러한 경향이 더 뚜렷하다.

Why CPA? – 취업전쟁은 시작일 뿐이다

힘들게 취업전쟁에서 승리했다고 해도 끝이 아니다. 필자의 아버지 세대만 해도 처음 입사한 회사에서 정년퇴직할 때까지 일을 하면 남은 인생의 대부분을 경제적으로 보장받을 수 있었다. 하지만 요즘은 평균 수명의 증가와 근속가능연수의 감소 등에 의해 첫 회사에서 남은 인생을 보장받을 수 없다. 20대~40대를 보낸 직장에서 50대 이후의 다음 직업을 찾아야 하는 시대다. 그런데 고도로 분업화된 기업에서 CPA와 같은 자격증이 없이 맡을 수 있는 업무는 기계의 부속품과 같은 업무들 뿐이다. 회사 생활을 아무리 잘해도 다음 직업에 대한 준비가 전혀 되지 않는다.

그래서 한때 유행했던 것이 공인중개사 자격증이다. 너나 할 것 없이 공인중개사 시험에 응시하던 시절이 있었다. 2000년대 초반에는 한 해에만 20만 명이 넘는 사람들이 공인중개사 시험에 응시하기도 했다. 그 결과 부동산중개사무소는 전국 어디에서나 쉽게 볼 수 있다.

퇴직자가 쉽게 진입할 수 있는 요식업 등의 자영업 시장은 이미 포화 상태이다. 우리나라에 있는 치킨집이 전부 유지가 되려면 전 국민이 일주일에 한 번 이상 치킨을 시켜 먹어야 한다는 통계가 있다. 재테크 열풍도 엄청났다. 월급을 한 푼 두 푼 모아서 불려보자는 콘셉트였는데, 이것도 요즘의 저금리 추세와 부동산, 주식시장의 침체로 인해 쉽지 않게 됐다.

인정할 수밖에 없는 점은, 현재의 직업 수명은 한 사람이 경제활동을 할 수 있는 기간보다 훨씬 짧다는 점이다. 그렇다면 기존 직업의 수명을 늘리거나 두 번째 직업을 가지는 등의 해결책이 필요하다. 이것을 가능하게 하는 것은 많지 않다. 어중간한 자격증이나 자본금으로는 보장할 수 없다. 적어도 CPA와 같은 어느 정도 진입 장벽이 있는 자격증만이 풍족한 여생까진 아니어도 최소한의 경제 수준을 보장한다.(그 이상의 CPA를 통한 시너지 효과는 개개인의 노력에 달려 있다) 만약 짧은 수험생활을 통해 이러한 보장을 얻을 수 있다면 이만큼 매력적인 자격증도 드물다.

혹시 회계사가 하는 일은 회계나 세무와 관련되었기 때문에 할 수 있는 업무의 범위가 좁혀지는 것은 아닌지 궁금할 수도 있다. 하지만 CPA 자격증으로 인해 가능한 업무가 줄어드는 상황은 본인의 의지에 따라 충분히 피할 수 있다. 앞에서 간략하게 설명하였지만 기본적으로 CPA 의 업무는 매우 다양하며, 만약 본인이 원한다면 CPA 자격증을 그냥 단순한 옵션으로 생각하고 회계와 관련이 없는 업무를 하면 된다.

필자는 군대에서 운전병으로 근무하며 대형 면허와 특수-레커 면허를 땄다. 그렇다고 지금 버스나 레커차 운전을 하며 돈을 벌고 있진 않다. 자격이 주어진다고 해서 꼭 그것과 관련된 일을 생업으로 삼을 필요는 없다. 옵션은 옵션일 뿐이다. 지금은 회계사 일을 하고 있지만 맘만 먹으면 언제든지 멋진 트럭을 하나 사서 전국을 누비며 운송업을 할 수 있을 뿐이다.

CPA를 옵션으로 사용한 사람들

부동산 정보 제공 애플리케이션 '직방'을 만든 채널브리즈의 안성우 대표는 벤처 투자자를 꿈꿨다고 한다. 재무적인 전문성을 확보하기 위해 회계사 시험에 응시하여 빠르게 합격했고, 이후 삼일회계법인과 블루런벤처스 심사 역을 거치며 벤처 투자 업무를 경험했다. 목표를 향해 가는 과정에 CPA 자격증이 있었을 뿐인 대표적인 케이스다. 최종적으로 채널브리즈라는 회사를 직접 설립해 현재의 성공을 거두었다. 채널

브리즈의 기업가치는 1,000억 원 이상으로 추정된다. 회계, 재무적 베이스가 탄탄한 대표였기에 실제 서비스 개발 및 운영에 집중하여 큰 성공을 거둘 수 있었을 것이다.

'크로스핏'은 여러 가지 프로그램을 섞어서 진행하는 운동으로 단시간에 큰 효과를 낼 수 있어 바쁜 현대인들로부터 각광받고 있다. 강남에 있는 '크로스핏 옵티멈'의 윤종태 대표는 현재 회계법인 이사로 재직하면서 동시에 크로스핏 스튜디오를 운영하고 있다. 여기서 알 수 있는 회계사의 장점 중 하나는 회계 관련 업무를 하면서 전혀 관련 없는 다른 비즈니스를 함께 진행하는 것이 가능하다는 점이다.(필자도 현재 회계법인에서 회계사 일을 하며 학원 강의와 조교 일을 동시에 하고 있다) '크로스핏 옵티멈'에는 전문직 종사자 회원 수가 상당하다고 하는데 대표가 회계법인 이사인 점이 전혀 관련 없진 않을 것이다.

2011년 CPA 시험에 합격한 최영윤 씨는 대검찰청 중앙수사부 첨단범죄수사과에서 '회계전문수사관'으로 일하고 있다. 날로 첨단화, 지능화되고 있는 기업 비리 등의 각종 화이트칼라 범죄를 적발하기 위해 밤낮으로 공부와 업무를 병행하고 있다. 기업 관련 검찰수사관으로서의 업무는 법률뿐 아니라 회계에 대한 높은 수준의 지식을 요구하기 때문에 CPA 시험공부와 회계법인에서의 경력이 많은 도움이 되었을 것이다.

사실 CPA 시험은 가벼운 옵션으로 삼아 도전하기에는 난도가 다소 높다. 하지만 그 난도가 높다는 말은 노력의 정도가 많이 요구된다는 뜻이지 합격 가능성이 희박하다는 뜻은 아니다. 사법고시처럼 불확실한 시험과는 거리가 멀다. 대부분의 사람들에게 CPA 자격증은 충분히 '다음 목표를 위한 디딤돌' 정도로 사용될 수 있다.

CPA 합격만으로 좋은 점

CPA에 합격하면 취직 여부와 무관하게 합격증만으로 마이너스통장을 개설할 수 있다. 최근 조건을 알아보니 2014년도 합격자 기준으로 아무런 보증 없이 기본금리+1.6%의 금리에 1억 한도로 마이너스통장 개설이 가능하다.

필자도 합격하자마자 학생 신분으로 마이너스통장을 만들어서 하고 싶었던 것들을 마음껏 했다. 그 당시엔 마치 장난감 가게에서 원하는 것을 마음껏 고르는 부잣집 도련님이 된 기분이었다. 비싼 취미생활을 주로 했는데 어차피 1,000만 원을 쓰더라도 1년 이자가 45만 원, 한 달에 4만 원 안팎이었으니 큰 부담이 없었다. 필자는 합격 후 회계법인 입사까지 1년 반이 걸렸는데 입사 시점의 마이너스가 2,200만 원이었다. 성과급만 잘 나와 준다면 초봉의 절반 수준이었으니 1년이면 상환할 수 있다고 생각했다. 물론 좀처럼 마이너스가 줄지 않고 오히려 숫자가 늘어나는 달도 생기는 진기한 현상을 경험하기도 했지만, 개인적으로 인생에서 가장 행복한 시기였다고 생각한다. 이렇게 학생 신분으로 마이너스통장을 개설할 수 있다는 점은 커다란 장점이다.

졸업 전에 CPA에 합격하는 것은 마치 고등학교 재학 중에 수시로 대학 입시를 결정짓는 것과 비슷하다. 대부분 대학에서는 재학생의 CPA 시험을 지원하는 제도로 합격 시 장학금을 지급하기 때문에 학비 부담도 없어진다. 회계법인에서 신입 회계사를 채용할 때 학점은 보지 않기 때문에 학교 수업에 대한 부담도 없다. 공짜로 놀면서 학교를 다니다 보면 남은 학기가 행복과 즐거움의 연속이다. 물론 더 큰 꿈을 꾸는 합격생들은 다시 본인을 채찍질하는 시간을 가질 수도 있다. 중요한 것은, CPA에 합격하지 않은 대학생들은 꿈꿀 수 없는 방탕한 학교생활이 옵션으로 주어진다는 점이다.

편입을 고려하는 합격생들도 많다. 학벌에 콤플렉스가 있는 합격생들은 수능보다 어렵다는 편입을 상대적으로 쉽게 할 수 있다. 왜냐하면 각 학교의 경영학과 수준을 측정하는 지표로 CPA 합격생 숫자를 이용하기 때문이다. 따라서 편입생 선발 시 CPA 합격생을 우대한다. 다른 조건 없이 CPA 합격만 하면 편입을 받아주는 학교도 있다.

또한 연애시장에서 다른 조건이 동등할 때, CPA 자격증이 있는 사람과 없는 사람에 대한 수요는 천지 차이다. 물론 CPA에 합격했다고 사람이 크게 달라지는 것은 아니다. 다만 합격자 특유의 자신감 넘치는 분위기가 생길 뿐이다. 똑같은 사람도 수험생 시절과 합격생일 때의 표정, 행동은 확실히 차이가 난다. 남자뿐 아니라 여자도 마찬가지다. 여유로움은 사람을 훨씬 매력적으로 만든다. 앞서 말한 마이너스통장으로 현대 의학의 힘을 빌려 실제 외모를 업그레이드하기도 용이하다. 필자는 교제 중인 이성 친구가 없는 합격생을 거의 본 적이 없다.

필자와 회계법인에서 같이 일했던 O 군은 잘생긴 얼굴에 키도 크고 비율도 좋은 우월한 유전자의 소유자다. 처음 만났을 때만 해도 어리고 예쁜 여자 친구에 멋진 스타일까지 부족할 것이 없어 보였다. 의외였던 것은 O 군이 대학생 시절 내내 솔로였으며 CPA 시험에 합격하기 전에는 '패션 테러리스트'로 불릴 만큼 스타일도 별로인, 소위 말하는 '찐따' 스타일이었다는 것이다. 평소에도 자신감이 부족한 성격이었는데 CPA 합격으로 그 부분이 많이 고쳐졌다고 필자에게 얘기한 적이 있다.

회계사의 전망과 장점 등에 대해 얘기하는 것은 책 한 권을 다 써도 부족하다. 이 책의 주목적은 **CPA 시험을 빠르게 합격하는 방법**을 알아보는 데 있기 때문에 이러한 이야기는 적당한 선에서 마무리하겠다.

앞으로 취업전쟁은 더 살벌해질 전망이다. 근본 원인인 저성장과 인구 고령화 등으로 인한 경제문제는 단기간에 해결될 수 있는 이슈가 아니기 때문이다. 바야흐로 무한경쟁의 시대에 돌입한 것이다. 피할 수 없다면 어떤 식으로든 준비해야 한다. 그중 하나로 CPA 자격증만큼 든든한 것도 별로 없다.

또한 세상은 더욱더 복잡해지고 세분화되어 회계사가 개입될 분야는 계속해서 늘어날 것이다. 앞서 소개된 회계사의 주요 업무뿐 아니라 어떤 분야가 새롭게 나타나 회계사들을 필요로 할지 모른다. CPA는 미래가 기대되는 가장 유망한 전문직이다. 필자와 같이 특별한 재능이 없는 사람들에게 있어 CPA 자격증은 마른하늘에 단비 같은 존재가 될 것이다.

PART
02

CPA 시험 관련 정보

CPA 시험 관련 정보

CPA 시험 시작

구체적인 실업률을 언급하지 않더라도 요새 한국에서 취업하기가 하늘의 별 따기인 것을 모르는 사람은 없다. 인터넷 검색창에 '취업난'이라고 치면 하루가 멀다 하고 쏟아지는 관련 기사를 접할 수 있다. 당장 필자의 주변에도 훌륭한 스펙을 가지고도 취업을 하지 못해 졸업을 미루고 피 말리는 구직 활동을 하는 친구나 후배들이 많다.

또 낙타가 바늘구멍을 통과하듯 어렵게 취업에 성공했다 하더라도 회사 생활은 그리 녹록지 않다. 한 통계에 따르면 2014년 입사자들의 입사 후 1년 내에 퇴사하는 비율이 25.2%에 달했다고 한다. 4명 중 1명이 취업전쟁에서 승전보를 울리고 채 1년이 되기 전에 다시 전쟁에 뛰어드는 것이다.

얼마 전 인기를 끌었던 만화 원작 드라마 '미생'을 보면 한국 조직 문화의 폐단을 생생하게 감상할 수 있다. 웃긴 점은 드라마 속의 그러한 조직 문화를 보며 아무도 위화감을 느끼지 않는다는 것이다. 왜냐하면 현실은 더하기 때문이다. 열정페이나 비정규직 문제를 언급할 필요도 없다. 현재 한국의 구직 시장과 회사 생활은 말 그대로 헬이다. 그래서 안정적인 공무원이나 전문직에 대한 관심이 어느 때보다 높은 건지도 모른다.

필자는 대학교에 갓 입학했을 때부터 일찌감치 취업에 대한 미련은 버렸다. 취업을 위한 경쟁도 두려웠을 뿐더러, 운 좋게 회사에 입사한들 적응하기 힘든 조직 문화 속에서 '미생'의 '장그래'처럼 멋진 모습을 보여줄 무기가 없었다.

공무원은 성격상 맞지 않았다. 요즘 이슈인 연금에 대한 문제는 둘째 치고 남은 인생이 너무 쉽게 확정되어 버린다는 생각이 들었다. 한마디로 재미없을 것 같았다. 또 크게 신경 쓰는 부분은 아니었지만 연봉도 상대적, 절대적으로 너무 적어 보였다.

대학원 진학이나 창업은 생각해 본 적이 없었다. 대학원 진학을 위해서는 학부 성적이 좋아야 했는데 이미 군대를 가기 전에 가능성이 없어졌고, 창업을 하기에는 특별한 아이디어가 없었다.

남은 것은 변호사, 세무사, 감정평가사 등의 전문직이었는데 사실 회계사를 선택하게 된 것은 우연에 가까웠다. 거창한 내면의 열정을 따르거나 치열한 고민 끝에 CPA를 결정한 것이 아니다. 우연히 『월간회계』에서 발행하는 'CPA합격수기집'을 읽게 된 것이 계기다. 그냥 그 타이밍에 회계사가 눈앞에 있었을 뿐이다. 아마 다른 수험생들도 필자와 비슷한 과정을 거쳤을 것이다.

중요한 것은 **무엇이든 간에 시작에는 이유가 있어야 한다는 사실이다.** 그 이유가 거창하든 보잘것없든 말이다. 아무런 이유 없이 시작한 수험생활은 목적지 없이 출발한 택시와 같다. 택시를 하나 잡아 탄 뒤에 택시기사에게 '아무 데나 가 주세요.'라고 해 보자. 그 택시기사가 여러분의 마음에 드는 곳에 갈 확률은 0%에 수렴할 것이다.

필자의 CPA 시작 이유는 간단하게 말해서 '과거청산'이었다. 막연하게 '어떻게든 되겠지'란 생각으로 살아온 과거를 청산하고 그 나이에 가질 수 있는 창창한 미래에 대한 가능성을 다시 갖고 싶었다. 그 이상도 이하도 아니었다. 회계사가 뭘 하는 직업인지, 얼마나 어려운 시험인지도 모르고 공부를 시작했지만 그 이유만큼은 뚜렷했다.

CPA 시험 준비를 시작하기 위해선
반드시 이유가 있어야 한다.

또한 자신의 운명을 통제하는 것은 자기 자신이라는 사실을 명심해야 한다. 쇼펜하우어는 "운명이 카드를 섞고 우리가 승부를 겨룬다."고 했다. 무엇을 어떤 과정을 거쳐서 선택했든 선택 후 결과에 대해서는 본인이 책임을 져야 한다. CPA 시험과 승부를 겨루기로 했다면, 수험생활이 인생에 미치는 영향도 본인이 책임져야 한다는 것이다. 필자는 이 점을 깨닫는 것이 곧 수험생활의 출발신호라고 생각한다.

본인의 선택에 대해서는 본인이 책임진다는 사실을 명심해야
수험생활을 시작할 자격이 있다.

응시 과정

CPA 시험을 보기 위해선 회계학 12학점, 경영학 9학점, 경제학 3학점씩 총 24학점을 이수해야 한다. 일반적으로 학교 수업을 통해 취득을 하는데 이 외에도 독학사나 학점은행제, 사이버대학을 통해 이수할 수 있다. 독학사란 일종의 검정고시 같은 것으로 출석 체크나 과제 없이 정해진 날짜에 시험을 통과하면 학점이 주어지는 것이고, 학점은행제는 대학교에서 취득하는 것과 비슷하게 한 학기(4개월) 동안 강의를 듣고 과제, 시험 등의 조건을 통과하면 학점을 받는 과정이다. 독학사는 가격이 저렴하고 금방 학점을 취득할 수 있으나 상대적으로 시험이 어렵고, 학점은행제는 쉽게 취득이 가능하나 가격이 비싸고 시간이 걸린다. 사이버대학은 가격이 비싸고 학점 이수를 위한 필요 기간이 길기 때문에 CPA 응시용으로는 적합하지 않다.

학점과 함께 영어 점수도 있어야 한다. 토플, 텝스, 토익 시험이 인정되는데 가장 대표적인 토익의 경우 700점 이상 득점하면 된다. 유효기간은 당해 시험 시행일로부터 역산하여 2년이 되는 날이 속하는 해의 1월 1일 이후이다. 예를 들어, 2016년도 시험의 경우는 2014년 1월 1일 이후에 실시한 시험의 성적표를 제출하여야 한다.

이렇게 학점과 영어 점수를 갖췄으면 이제 CPA 1차 시험에 응시할 수 있다. 그런데 학점과 영어 성적을 취득했다고 끝이라 생각하면 안 된다. 학점이수소명과 영어시험성적 확인 신청을 통해 금감원에서 응시 자격을 획득하는 행정적인 과정이 추가로 필요하다. 해당 과정이 완료되면 1차 시험에 원서를 접수할 수 있다.

1차 시험은 보통 2월 마지막 주 일요일에 실시된다. 1교시는 경영학, 경제학, 2교시는 상법, 세법, 3교시는 회계학으로 구성되어 있다. 시험 형식은 객관식이며, 1교시는 110분 동안 각 과목별 40문제, 2교시는 120분 동안 각 과목별 40문제, 3교시는 80분 동안 50문제를 풀어야 한다. 1차 시험의 경우 매 과목 40% 이상, 전 과목 평균 60% 이상을 득점한 자 중에서 시험 성적과 응시자 수를 고려하여 총점이 높은 순으로 합격자를 결정한다. 상대평가이므로 합격자 발표일인 3월 말까지는 합격 여부를 확실히 알 수 없다. 애매한 점수의 수험생들은 고민이 생길 수 있다.

힘들게 1차 시험을 합격했다고 자동적으로 2차 응시원서가 접수되는 것은 아니다. 2차 시험 접수 기간에 2차 시험 접수를 따로 해야 한다. 그런데 1차 시험에 합격하지 않고 바로 2차에 응시할 수도 있다. 조건에 맞는 기관에서 일정 기간 이상의 회계 관련 업무 경력을 쌓으면 1차 시험이 면제된다. 예를 들어, 대리 직급 이상의 회계 팀 직원이 재무제표 작성 등의 업무를 5년 이상 하면 1차 시험이 면제된다.

2차 시험은 보통 6월 마지막 주 토요일에 세법, 재무관리, 회계감사를, 일요일에 원가관리회계와 재무회계 과목을 본다. 재무회계를 제외하고 120분이 주어지며 100점 만점으로 답안지 10장에 주관식 문제를 풀어야 한다. 재무회계는 문제 수가 많아 시험 시간이 150분이며 답안지도 15장이다. 2차 시험의 경우 모든 과목을 60% 이상 득점하면 합격한다.

2차 시험은 '유예제도'와 '부분합격제도'를 실시한다. 1차 시험에 합격하였을 경우 2차 시험의 응시 자격을 두 번 주는 것이 '유예제도'이고, 두 번째 2차 시험에서는 첫 번째 시험에서 합격한 과목을 면제해 주는 것이 '부분합격제도'이다. 예를 들어 첫 번째 2차 시험에서 세법을 제외한 4과목을 합격하였다면 그다음 연도 2차 시험에서는 세법만 60% 이상 득점하면 된다. 최종 합격자 발표는 9월 초에 있다.[1]

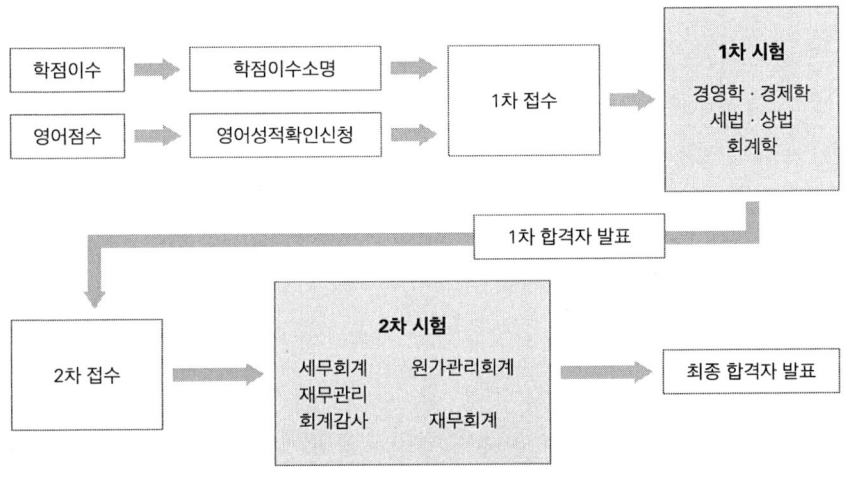

공인회계사시험 응시 과정

---

1) 참고로 금융감독원 공인회계사시험 홈페이지에 CPA 시험제도부터 시행방안, 세부 응시 절차 및 기타 참고사항 등이 자세하게 나와 있다.

CPA 시험 특징

다른 자격시험과 비교했을 때 CPA 시험이 갖는 특징 중 하나는 리스크가 낮다는 점이다. 여기서 리스크란 열심히 노력한 수험생이 변수로 인해 합격하지 못할 가능성을 말한다. CPA 2차는 답안이 주로 숫자로 이루어졌기 때문에 채점의 일관성이 높은 편이다. 글로 답을 작성하는 다른 시험의 경우 자신이 생각하는 점수와 실제 점수가 많이 달라 억울한 경우가 발생할 수 있다. 특히 사법고시의 경우, 공부에 관해서 탁월할 것이 분명한 서울대 법대 출신의 노력파 고시생이 2차를 오랜 기간 통과하지 못하고 장수생이 되기도 한다. 참 무서운 시험이다. CPA 시험은 그런 경우가 거의 없다고 보면 된다.

CPA 1차 시험은 객관식이다. 사실 대한민국에서 청소년기를 보낸 수험생이라면 객관식 시험이 낯설지는 않을 것이다. 사실상 대부분의 수험생들은 객관식 시험 전문가다. 중·고등학교 중간·기말 시험부터 각종 모의고사와 수학능력시험에 이르기까지 평범한 학창 시절을 보낸 수험생이라면 작성한 OMR카드만 수백 장이 넘을 것이다. CPA 1차 시험 또한 지금까지의 경험과 크게 다를 바 없다고 생각하면 된다.

2차는 주관식이다. 그런데 이 주관식이 사법고시처럼 개요를 잡고 글을 써내려가는 논술시험이 아니다. 사실상 단답형 주관식에 풀이 과정을 추가로 적는다는 느낌에 가깝다. 따라서 주관식을 대비하기 위해서 공부할 내용 외에 따로 준비해야 할 것은 없다. 물론 글씨가 예쁘거나 글을 쓰는 능력이 뛰어나다면 2차 다섯 과목 중 하나인 회계감사는 살짝 유리할 수도 있다. 하지만 나머지 네 과목은 이런 영향과도 전혀 관련이 없을 정도다.

CPA 시험은 계산기 사용이 필수이다 보니 준비생들은 다들 계산기의 달인이 된다. 일반적으로 사용하는 계산기는 카시오 14자리 JS-40TS[2]이다. 합격 후 업무를 할 때도 같은 계산기를 사용한다.

2012년에 'MBC 최강연승 퀴즈쇼'라는 TV 프로그램이 있었다. 10명 단위로 팀을 구성해서 총 8팀이 아이큐 테스트 스타일의 퀴즈를 푸는 형식이었는데, S회계법인 회계사들이 외무고시 팀, 사법연수원 팀, 서울대 의과대학 팀 등과 함께 참가한 적이 있다. 그런데 회계사라면 숫자가 나오는 문제에서 강한 모습을 보일 것이라는 예상과 달리 계산 문제에서 부진한 모습을 보였다. 의외의 결과에 MC가 인터뷰를 했는데 한 회계사가 "계산기가 없어서 실력 발휘가 잘 되지 않네요."라고 대답했다. 방송을 의식한 장난스러운 대답이었겠지만 100% 농담만은 아닐 것이다. 실제로 필자도 일할 때 계산기가 없으면 왠지 모르게 불안한 마음이 있다. CPA 수험생이라면 계산기와 일찌감치 친해지자. 계산기 사용에 대한 팁은 뒤쪽에서 소개한다.[3]

---

2) 이전 모델은 JS-40V 모델인데 단종되었다. 이전 모델을 사용해도 상관없다.
3) PART 05 CPA 공부 관련 TIP 233쪽 '계산기'

CPA 시험 난이도

토익, 학점이수, 부분합격자 제도가 처음 생긴 2007년 이후 연도별 CPA 시험 응시자 대비 합격자 수는 다음과 같다.

연도	1차			2차		
	응시자	합격자	합격률	응시자	합격자	합격률
2014	9,461	1,703	18%	2,273	886	39%
2013	9,601	789	8%	2,398	904	38%
2012	10,498	2,184	21%	3,451	998	29%
2011	11,910	1,863	16%	2,798	961	34%
2010	11,103	1,275	11%	2,736	953	35%
2009	8,431	1,922	23%	3,173	936	29%
2008	5,734	1,806	31%	3,053	1,040	34%
2007	4,138	1,847	45%	2,706	830	31%

CPA 시험 제도가 갑작스레 바뀌어 응시생이 적었던 2007년과 2008년, 난이도 조절에 실패하여 비정상적으로 어렵게 출제되었던 2010년과 2013년을 제외한 나머지 4개 연도의 1차 시험 총 응시자 40,300명 대비 합격자 7,672명의 비율은 19%이다. **대략 5명 중 1명이 1차 시험에 합격한**다고 볼 수 있다. 그런데 응시생 중에서 절반 이상은 경험 삼아 1차 시험을 보거나 끝까지 최선을 다해 준비하지 않는 허수라고 볼 수 있다. 따라서 마지막 순간까지 열심히 한 수험생들은 두 명 중 한 명꼴로 합격하는 것이다. 즉, 필자가 추측하는 CPA 1차 시험의 실제 경쟁률은 50% 정도다. 이 정도면 높은 경쟁률은 아니라고 생각한다.

2차 시험 합격률은 연도별로 대동소이한데 8년간 총 응시자 22,588명 대비 합격자 7,508명의 비율은 약 33%로 3명 중 1명이 최종적으로 CPA 시험에 합격한다고 볼 수 있다. 2차 시험은 부분합격제로 인해 합격하기가 더욱 쉬워진 편이다. 과목별로 상위 1/3 안에만 들면 된다. 1/3이란 수치는 해당 과목에 아무리 재능이 없는 수험생이라 할지라도 열심히 노력만 하면 극복할 수 있는 범위라고 생각한다.

금감원 보도 자료에 따르면 최근 6년간 합격자의 평균 시험 준비 기간은 다음과 같다.

(단위: 년, %)

연도		2009년	2010년	2011년	2012년	2013년	2014년
평균준비기간*		3.8	3.5	3.2	3.5	3.3	3.7
준비 기간별 합격자 비중	1년	9.2	8.8	6.9	3.8	4.8	6.7
	2년	31.8	35.7	35.8	21.8	23.2	21.1
	3년	16.7	23.8	30.9	37.6	33.7	23.1
	4년	13.1	6.6	12.7	19.7	18.2	19.2
	5년 이상	29.2	25.1	13.7	17.1	20.1	29.9
	합 계	100	100	100	100	100	100

합격자의 최초 1차 시험 응시 시점(매년 2월 말)부터 최종 합격 시점(매년 8월 말)까지의 소요 기간에 6개월을 가산하여 추정

기간별 합격자 비중이 2년과 3년에 몰려 있다. 즉, 첫 1차 시험을 치른 다음 해나 그다음 해에 최종적으로 합격하는 것이다. CPA 시험의 난이도가 무시무시하다는 소문과는 다르게 과반수의 합격생들이 2~3년 내에 합격해 나간다. 더구나 저 합격생들이 수험 기간 내내 전력을 다

해 공부하지는 않았을 것이다. 중간에 학교생활을 병행했거나 아예 공부를 쉰 기간도 있을 것이다. 여러 가지를 종합해 볼 때 CPA 시험을 단기에 붙는 것이 결코 난공불락 수준은 아니다.

물론 통계에 나와 있지 않은 불합격생들의 수험 기간을 고려한다면 전혀 다른 이야기가 될 수도 있다. 하지만 필자가 보았을 때 많은 수험생들이 CPA 시험에 떨어지는 이유는 시험이 어려워서가 아니라 잘못된 방법으로 공부했기 때문이다. 쉽게 얘기해서 축구 시합을 앞두고 농구나 야구 연습을 하면서 '축구는 어렵다'라고 하는 꼴이다. 난이도를 가늠할 때 중요하게 고려할 필요는 없다고 생각한다.

CPA 시험 공부량

필자가 처음 CPA 시험을 준비할 때 가졌던 의문은 '도대체 얼마나 공부해야 합격할 수 있는가?'였다. 이 책을 읽는 분들도 다들 궁금할 것이라 생각한다. 하지만 사람들마다 합격하기까지 공부한 양은 천차만별일 것이고 그것을 계량화하여 표현하는 것이 쉽지는 않다. 따라서 대략적으로만 공부량을 짐작해 보려 한다.

CPA 시험 합격을 위해서는 웬만하면 학원 강의를 듣는 것이 좋다. 자잘한 것들을 제외하고 일반적인 학원 강의만 놓고 봤을 때 총 강의 시간을 합치면 2,005시간[4]이다. 대략적인 공부시간을 추정하기 위해 다음과 같은 가정을 추가하여 총 공부시간을 집계해 보겠다.

〈가정1〉 시험 보기 전까지 5회독을 한다.
〈가정2〉 첫 1회독의 경우 강의시간과 동일한 시간이 걸린다.
〈가정3〉 회독이 반복될수록 공부시간이 50%로 감소한다.

$$2,005 \times (1 + 1 + 0.5 + 0.25 + 0.125 + 0.0625) = 5,890시간$$

하루에 8시간 정도 공부한다고 가정했을 경우 736일, 약 2년이 걸린다. 공부량이 만만치 않다. 물론 여러 가지 가정들이 있기 때문에 이를 감안해야겠지만 어림짐작은 할 수 있다. 역으로 **이 책에서 목표로 하는 1년 4개월 합격을 위해선 하루 12시간의 공부가 필요하다.**

공부해야 할 교재를 가지고 공부의 양을 가늠해 볼 수도 있다. 모든 교재들의 총 페이지 합계를 계산하면 평균 21,540쪽[5]이 나온다. 100페이지는 두께로 약 0.6cm 정도 되기 때문에 공부해야 할 책을 모두 쌓으면 130cm가 나오는데 여기에 각종 유인물, 서브노트, 모의고사, 추가

---

4) CPA 학원 세 군데를 조사하였으며 1차 기본이론, 심화강의, 객관식강의, 2차 동차강의 커리큘럼을 모두 계산하였다. 과목별로 총 2~5개의 강의를 평균하였으며, 대부분 2015년 기준이나 일부 2014년 강의 또는 실제 시간이 아닌 학원 추정 강의 시간이 반영되었다.
5) CPA 학원 세 군데의 교재를 각각 과목별로 평균하여 총합계를 계산하였다.

참고 문제집을 합치면 사람 키보다 약간 작은 정도가 된다. 물론 많은 책을 본다고 합격 확률이 올라가는 것은 아니다. 최소한의 공부량을 짐작해 보자는 것이다.

필자가 군대에 있을 때 고기 잡는 법을 배운 적이 있다. 페트병 안에 쌈장을 살짝 넣고 입구 쪽 1/5 정도를 잘라 거꾸로 끼워 넣는다. 그럼 페트병 안쪽으로 깔때기 모양의 네모난 상자가 완성되는데 이걸 개울 안에 넣어두면 쌈장 냄새를 맡은 고기들이 상자 안으로 몰린다. 통발과 같은 원리다. 그런데 사실 구멍이 뚫려 있기 때문에 고기는 상자를 자유롭게 드나들 수 있다. 실제로 가만히 관찰하고 있으면 고기들이 왕복하는 모습을 볼 수 있다. 이때 자기 먹을 것만 쏙 빼먹고 빠지는 얍삽한 고기들이 있는 반면, 쌈장에 취해 나갈 생각이 없는 고기들도 있다.

CPA 합격을 위해 공부해야 할 양이 많은 것은 사실이다. 하지만 수험생활을 빠르게 끝내고 싶다면 얍삽한 고기처럼 먹을 것만 빼먹고 적당한 시간 안에 빠져나가야 한다. 쌈장을 다 먹고 빠져나가겠다는 생각은 독이다. 욕심 부리지 않아도 배불리 먹을 수 있다. 항상 본인이 할 수 있는 만큼만 준비해서 시험을 본다고 생각하자. 공부할 '양'만 생각하고 주어진 '시간'은 고려하지 않는 미련한 수험생이 되선 안 된다.

공부할 양이 많은 것은 사실이나
모든 것을 다 공부한 후에 시험을 볼 필요는 없다.

CPA 시험 준비 비용

일반적인 기본 강의부터 객관식 강의까지 학원 강의를 전부 듣고 모든 교재를 구매했을 경우 약 450만 원[6]이 든다. 학원 근처 고시원 또는 원룸을 잡고 식사를 외식으로 해결한다고 가정하였을 경우 주거비 50만 원, 식비 30만 원으로 매달 약 80만 원이 소요되므로 생활비로는 1년에 약 1,000만 원이 든다. 여기에 필기구 등의 자잘한 수험 도구까지 포함한다면 1년에 1,000만 원 이상이 수험 관련 생활비용으로 발생한다. 즉, (지방의 학생이 서울에 올라와 모든 것을 해결한다는 가정을 했을 경우) 이 책의 목표인 1년 4개월의 수험 기간에는 대략 2,000만 원에 가까운 총비용이 필요하다. 물론 추가 비용이 발생할 수도 있고, 여러 가지 방법으로 아낄 수도 있다.

뒤쪽에서 설명하겠지만[7] 비용 측면에서 학교 고시반의 메리트는 크다. 보통 고시반을 이용하면 개인 독서실이 제공되고, 인터넷강의(이하 인강)와 교재 등을 저렴하게 구할 기회가 생긴다. 특강을 이용할 수도 있고 기숙사를 따로 배정해 주는 학교도 있다. 비용을 고려한다면 학교 고시반은 최고의 선택이다.

부모님이 계시는 집에서 공부하면서 필요한 강의를 전부 인강으로 듣는 것도 비용을 최대한 절약하는 방법이다. 하지만 개인적으로는 **합격**

---

6) 현장 강의를 듣는다는 가정으로 CPA 학원 두 군데를 평균하였다.
7) PART 05 CPA 공부 관련 TIP 194쪽 '고시반'

확률을 조금이라도 높일 수 있다면 다소 비용이 들더라도 효과를 우선시한 방법을 선택하는 것을 추천한다. 준비 비용을 수험생활과 관련된 여러 가지 의사결정을 하는 데 중요하게 고려할 요소로 놓아서는 안 된다는 얘기다. 아무리 비용을 줄여봤자 합격이 1년이라도 늦춰진다면 손해가 크다. 반대로 호화로운 수험생활을 했어도 단기간에 합격해 나갈 수 있다면 이득이다. 복잡하게 생각할 필요가 없다.

또한 추정 비용이 얼마인지와 상관없이 **CPA에 대한 목표가 확실하다면 미리 충분한 군자금을 확보해 놓고 수험생활을 시작해야 한다.** 시험공부를 하면서 동시에 과외 등의 알바를 하면 아무래도 합격 확률이 떨어지기 마련이다. 경제적인 이유로 일을 꼭 해야 된다면 '집중적으로 돈을 버는 기간'과 '집중적으로 공부하는 기간'을 구분해야 한다. 고시원 총무나 학원 보조와 같은 아르바이트도 공부시간이 많이 날 것 같지만 막상 일을 해 보면 절대 그렇지가 않다. 일과 공부를 병행하기란 쉽지 않은 법이다. 물론 일을 하면서 합격하는 수험생도 가끔씩 볼 수는 있다. 하지만 대부분은 수험 기간이 늘어지기 마련이다.

가능하다면 부모님께 최대한 도움을 받아서 금전적인 스트레스 없이 수험생활을 하자. 어차피 합격하고 회계법인에 취직하면 준비 비용정도는 금방 갚아드릴 수 있다. 오히려 어설프게 공부와 아르바이트를 병행하다가 수험 기간이 늘어나게 된다면 더 폐를 끼치는 셈이다.

CPA 학원 커리큘럼

학원 커리큘럼은 굳이 학원을 다니지 않더라도 어느 정도 알고 있는 것이 좋다. 왜냐하면 혼자서 공부하더라도 학원 커리큘럼을 참고하여 계획을 짠다면 효율적인 공부 순서가 나오기 때문이다. 대부분의 CPA 학원 커리큘럼 순서는 다음과 같다.

1. 기본강의 – 가장 처음 듣는 강의로 전체 과정 중 범위가 가장 넓다. 1차 시험 과목들의 기본적인 내용을 배운다고 보면 된다. 그럼에도 사실 선행학습이 전혀 안 된 수험생들이 따라가기에는 약간 버거운 감이 있다. 따라서 과목에 따라 입문 과정이 기본강의 전에 짧게 제공되기도 한다.

2. 심화강의 – 기본강의와 객관식강의 사이에 있다. 1차와 2차 모두 출제되는 주요 4과목[8]을 2차 교재로 좀 더 심화해서 다룬다. 심화강의는 주관식 문제를 도구 삼아 내용을 설명하기 때문에 기본강의만으로는 몰랐던 거시적인 관점의 공부가 가능하다. 심화강의를 1.5차 강의라고 부르기도 한다.

3. 객관식강의 – 객관식 교재로 문제풀이를 약간의 개념 설명과 함께

---

8) 주요 4과목: 재무회계, 세무회계, 원가관리회계, 재무관리

진행한다. 객관식 교재에 해설이 잘되어 있다면 굳이 강의를 들을 필요는 없다. 다만 과목별로 객관식강의가 효과적일 수는 있는데, 특히 세법의 경우는 1차 시험 직전에 개정이 이루어지므로 객관식강의를 이용하면 개정된 내용을 편하게 공부할 수 있다.

4. 일일특강 – 하루에 한 과목의 전 범위를 커버하는 강의로 1차 시험과 2차 시험 직전에 있다. 일일특강의 의미는 두 가지로 볼 수 있다. 하나는 짧은 시간 동안 전체적인 내용을 정리한다는 점이고, 다른 하나는 출제가 예상되는 부분을 강사가 찍어준다는 점이다. 개인적으로 내용 정리는 본인 스스로 해야 의미가 있고, 강사가 찍어주는 부분은 원래 중요한 부분으로 이미 공부가 되어 있어야 된다고 생각한다. 따라서 일일특강을 꼭 들어야할 필요는 없다. 필자는 수험 기간 동안 한 번도 일일특강을 들어본 적이 없다. 그런데 일일특강 덕을 많이 봤다는 합격생들이 꽤 있긴 하다. 특정 과목의 전 범위를 어떻게 복습할지 감이 잡히지 않는 수험생들에겐 효율적이라고 한다.

5. 전 범위 모의고사 – 1차와 2차 시험 직전에 있다. 1차 전 범위 모의고사는 한 번 이상 경험해 보는 것이 좋지만, 2차의 경우는 굳이 보지 않아도 상관없다. 1차의 경우 실전 분위기를 느껴보는 것이 중요하지만 2차는 차라리 모의고사 볼 시간에 내용을 공부하는 게 훨씬 효율적이기 때문이다. 보통 전 범위 모의고사는 각 학원의 선생님들이 출제하기 때문에 만약 한 학원에서 강의를 많이 들었다면 이미 해당 학원의 문제

스타일에 익숙해져 있을 것이다. 따라서 주로 강의를 들었던 학원에서 한 번, 다른 학원에서 또 한 번, 총 두 번 정도 보는 것을 추천한다.

6. 동차강의 – 1차 시험에 합격한 동차생이 수강하는 2차 강의이다. 심화강의와 비슷하며 회계감사가 추가된다. 보통 3월에 개강을 해서 5월 정도까지 3개월 안에 다섯 과목을 모두 배운다. 주관식 시험이 처음인 수험생들이 답안지 작성 연습을 할 수 있도록 진도별 모의고사를 제공한다.

7. 유예단과강의 – 첫 2차 시험에서 불합격한 수험생들을 대상으로 하는 강의로 보통 1~3월에 있다. 시간은 많지만, 떨어지면 더 이상 기회가 없는 유예생을 대상으로 하기 때문에 모든 CPA 강의 중 가장 어렵고 세세한 부분까지 다룬다. 간혹 실력 있는 1차생이나 동차생이 듣는 경우도 있다.

8. GS강의 – 유예단과강의 이후 4월경에 열리는 강의다. 진도별 모의고사를 본 뒤 바로 풀이를 해 주는 방식으로 진행된다. 유예단과강의보다 이론적인 내용은 조금 쉬울 수 있지만, 여전히 실력이 부족한 수험생은 수강하기 힘들다.

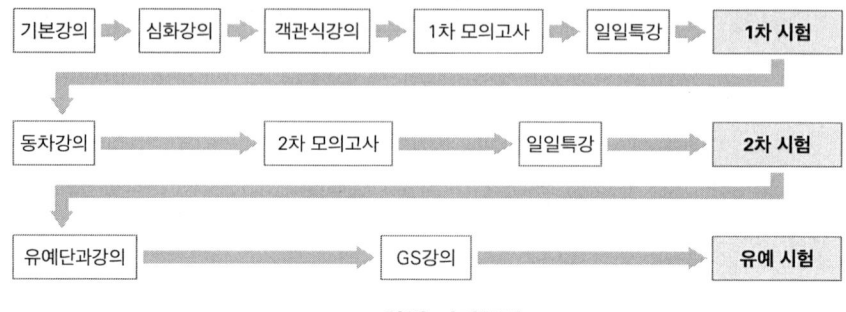

CPA 학원 커리큘럼

　학원 커리큘럼은 목적지까지 이어진 잘 닦인 포장도로로 비유할 수 있다. 아스팔트로 깔끔하게 포장되어 있기 때문에 수험생은 도로만 잘 따라가면 목적지에 편안하게 도달할 수 있다.

　다만 그 도로가 목적지까지 직선으로 이어진 최단 루트는 아니다. 비유하자면 산을 빙 돌아가는 우회도로라고 볼 수 있다. 만약 본인이 험한 산길을 잘 달릴 수 있는 산악 바이크 같은 수험생이라면 굳이 포장도로를 탈 필요가 없다. 자신만의 루트로 더 빠르게 목적지에 도달하면 된다. 반면 차고가 낮은 스타일의 수험생은 포장도로로 안전하게 돌아가는 것이 유리하다.

CPA를 단기에 합격해야 하는 이유

CPA 시험을 1, 2차 모두 한 번에 통과한 사람들을 '초시동차 합격생' 또는 '생동차 합격생'이라고 한다. 평균적으로 합격까지 3년이 넘게 걸리는 시험을 그렇게 짧게 끝내기 위해서는 보통 이상의 의지로 독하게 공부해야 한다. 도대체 이들을 그렇게 만든 원동력이 무엇인지 궁금할 것이다. 어떤 사람은 자신의 똑똑함을 증명하기 위해서, 어떤 사람은 전폭적으로 지원해 주는 부모님을 생각해서, 어떤 사람은 친구들과의 경쟁에서 이기기 위해 힘든 과정을 인내한다.

필자의 경우는 '기회비용'이 너무 아깝다고 느껴졌다. 기회비용이란 '어떤 선택으로 인해 포기해야 하는 대가 중 가장 큰 것'이다. 필자는 수험 기간 내내 '내가 CPA 시험을 준비하기 위해서 황금 같은 20대에 하고 싶은 것도 못하고 책 속에 파묻혀 사는데 이건 너무나도 기회비용이 크다!'고 생각했다. 만약 시험에서 떨어지고 다음 시험을 기약하게 된다면 가뜩이나 큰 기회비용을 또 지불해야 했다. 생각만 해도 끔찍했다.

우습지만 이런 식으로도 생각했다. 내년에 시험에 합격한 후 만나게 될 여자 친구가 어딘가 있을 텐데 내가 만약 내년 시험에 떨어지게 되면 그녀는 내후년까지 나를 기다리지 못하고 다른 남자를 만나게 될 것이다! 정말 극단적이면서도 웃기는 발상이지만 효과는 탁월했다. 이러한 필자의 상상력이 순간순간 의사결정할 때의 선택지를 '공부할 것인가 vs 쉴 것인가'에서 '100만 원 vs 1만 원' 정도로 간단하게 만들었다. 한마디로 하루 종일 공부하는 것이 당연해졌다.

CPA 수험생의 9할 이상은 20대다. 이때는 인생에서 가장 소중하고 행복한 시기라고 생각한다. 굳이 그 시간에 건설적인 자기 계발을 하지 않고 TV를 보거나 친구들과 수다를 떨며 보내더라도 마찬가지다. 그런 소중한 시간을 행복한 추억을 쌓는 데 쓰지 못하게 됐다면 수험 기간을 최대한 줄이기라도 해야 한다. 아무리 미화하더라도 수험 기간은 역시 짧으면 짧을수록 좋다.

CPA를 한 번에 합격하는 것은 1차뿐 아니라 이어지는 2차를 4개월 만에 합격했을 경우에만 가능하다. 그런데 요새는 유예제도와 부분합격 제도를 믿고 처음부터 동차 합격을 포기하는 1차 합격생들이 많다. 즉, 2차 시험에서 네 과목 정도만 시험을 본 뒤에 떨어진 과목을 1년 뒤에 다시 보는 것이다. 유예생활(특히 한두 과목 유예의 경우)은 상대적으로 마음이 편안하고, 합격률도 높기 때문에 네 과목만 준비하는 것이 안전 해 보일 수도 있다.

하지만 필자의 생각은 좀 다르다. 1차에 합격한 수험생은 다섯 과목 을 전부 준비해서 승부를 봐야 한다. 한 과목을 포기했을 때 남은 네 과 목의 합격률이 얼마나 올라갈지는 모르겠지만, 확실한 건 포기한 과목 은 무조건 떨어지게 된다. 단순하게 생각해 보자. 포기한 과목의 합격률 이 2차 평균인 33%이었다고 가정하면, 포기로 인해 남은 네 과목의 합 격률이 적어도 8%씩은 높아져야 손해가 아니다. 절대 쉽지 않다. 더군 다나 한 과목을 포기하면 절약된 시간이 남은 네 과목에 배분될 것 같 지만 사람 마음이란 게 그렇게 간단하지가 않다. '한 과목 포기했으니 까 조금 쉬어도 되겠지'라는 생각이 드는 게 정상이다. 아마 공부시간이 4/5로 감소할 것이다. 결국 남은 네 과목의 합격률은 그대로면서 한 과목만 날아가게 된다.

또한 아무리 한두 과목 유예생활이 여유로워도 다섯 과목을 모두 합격한 경우와는 비교가 되지 않는다. 비유하자면, 다섯 과목을 전부 노리는 것은 '50%의 확률로 10억 원이냐 1억 원이냐', 네 과목을 노리는 것은 '50%의 확률로 3억 원이냐 2억 원이냐'라고 볼 수 있다. 성향에 따른 개인차가 있겠지만 필자는 전자가 훨씬 우월하다고 생각한다.

동차 합격은 나름의 메리트가 있다. 간혹 학원 강사 소개나 회계사가 쓴 책 등의 프로필에 보면 '회계사 합격'이라 쓰지 않고 '회계사 동차 합격'이라 쓴 경우가 있다. 동차 합격을 하나의 이력으로 삼을 수 있다는 의미다. 물론 솔직한 생각으로는 동차 합격생이 유예 합격생보다 뛰어난 점은 별로 없는 것 같다. 동차 합격에는 실력보다 운이 미치는 영향이 더 크다. 필자는 법인 생활을 하면서 유예 합격생들이 동차 합격생보다 업무적으로 더 뛰어났음을 느꼈다. 물론 이들을 엄밀하게 비교해 본 것은 아니었지만 확실히 그렇게 느꼈다. 오히려 그렇기 때문에 모든 수험생들은 동차 합격을 노려야 한다. 동차 합격을 위해서 유예생보다 뛰어날 필요가 없기 때문이다.

더구나 유예생에게는 동차생보다 불리한 점이 있다. 세계 피겨스케이팅 챔피언십 금메달 5회에 빛나는 피겨계의 전설 '미셸 콴'은 1998년 나가노 올림픽에서 성공률이 높은 평범한 점프와 안정적인 연기로 좋은 점수를 받았다. 하지만 뒤이어 연기를 펼쳤던 '타라 리핀스키'는 성공률은 낮지만 높은 점수를 받을 수 있는 고난도 트리플토룹점프를 성공시킴으로써 '미셸 콴'을 제치고 금메달을 따냈다. '미셸 콴'이 시도하지 못한 고난도 점프를 '타라 리핀스키'가 시도할 수 있었던 이유는 유예생은 시도할 수 없는 '선택적 공부'를 동차생은 할 수 있는 것과 유사하다. '미쉘 콴'은 피겨 선수로서는 많은 나이 때문에 다음을 기약하기 힘든 점 등을 비롯해 올림픽 금메달을 꼭 따야 할 이유가 굉장히 많았던 반면, '타라 리핀스키'는 못해도 본전이었다. 나이가 어려 이번에 실패해도 다음 올림픽에서 다시 도전하면 그만이었기 때문이다.

일단 동차에 실패하고 유예의 길에 들어서게 되면 공부해야 할 범위가 엄청나게 넓어진다. 마지막 기회기 때문에 어렵다고 넘길 수 있는 부분이 없다. 모든 범위를 다 잘해야 하는 것이다. 그렇다 보니 오히려 시험에 출제될 확률이 높은 기본적인 부분을 소홀히 보게 되어 동차생보다 더 많이 준비했지만 점수는 낮게 나오는 아이러니한 상황이 벌어질 수 있다. 단기에 CPA 시험을 합격해야 하는 또 하나의 이유다.

CPA 시험에 도전해선 안 되는 사람

단언컨대 CPA 시험에 도전해선 안 되는 사람은 없다. 도전은 그 자체만으로도 멋진 것이며 성패와는 상관없이 세상의 모든 도전에는 배울 점이 있다. 다만 이것이 CPA 시험에 100명의 사람이 도전했을 때 100명 모두 붙을 수 있다는 의미는 아니다. 필자는 100명의 수험생이 있다면 그중 95명 정도가 최종적으로 합격할 수 있다고 생각한다. 실제 합격률이 약 10%인데 무슨 소리냐고 묻는다면 '적합한 공부 방법과 충분한 노력과 시간 투자'가 뒷받침될 때, 95명 정도가 합격할 것 같다는 얘기다.[9] 실제 합격생 10명을 제외한 85명의 수험생들은 적합한 공부 방법을 찾지 못하거나, 충분한 노력을 하지 않거나, 끝까지 시간 투자를 하지 않고 합격 전에 시험을 포기한다.

거꾸로 말하면, 안타깝지만 5명 정도는 '적합한 공부 방법과 충분한 노력과 시간 투자'가 있어도 CPA 시험에 합격할 수 없다. 이는 필자가 '적합한 훈련 방법과 충분한 노력과 시간 투자'가 있어도 NFL 선수가 되거나 아이돌 가수가 될 수 없는 것과 같다. 감히 사람의 인생을 가지고 가능성이 있는지를 판단하는 것은 매우 건방지고 위험한 말이지만, 그렇다고 CPA가 세상 사람 모두에게 가능한 시험이라고 거짓말을 해서는 안 된다고 생각한다. 실제로 이 시험에 많은 시간을 쏟아붓다가 아무것도 이루지 못한 채 나이만 먹은 수험생들을 직접 보았기 때문이다.

누군가를 합격이 불가능한 5명에 속하는지를 판단하는 것은 매우 조심스럽고, 사실상 뚜껑을 열어 보기 전에는 예측하기 힘들다. 물론 5%의 확률이면 '나는 아니다'라고 생각하는 것이 전략적으로 맞다. 다만 헤어나올 수 없는 매몰 비용의 함정에 빠져서 시간을 과하게 낭비하는 것이 너무나도 안타까울 뿐이다.

그런 의미에서 필자는 CPA 1차 시험에서 (경험삼아 응시한 것을 제

---

9) 물론 10,000명의 응시생이 전부 적합한 공부 방법으로 충분한 노력과 시간 투자를 하게 된다면 100명 중 95명이 합격할 것이라는 추정치는 말이 되지 않게 된다. 해당 조건을 충족하는 수험생이 계속 늘어난다면 95명이란 숫자는 점점 작아질 것이다. 다만 현실적으로 그런 상황이 발생할 확률은 낮기 때문에 배제한 채 논리를 전개했을 뿐이다.

외하고) 두 번째 응시할 때까지 합격선에 한참 미달하는 점수를 받는다면 시험을 접는 것이 바람직하다고 본다. 물론 놀라운 끈기와 불굴의 의지를 보여주며 급상승한 실력으로 반전을 보여주는 장수생도 있을 것이다. 하지만 그렇지 않을 가능성이 더 높을뿐더러, 세 번째 실패부터는 지불해야 하는 대가가 너무 커진다. 따라서 제동장치가 필요하다. 주식의 손절매와 같은 이치라고 보면 된다. 물론 이것은 지극히 주관적인 필자의 생각일 뿐, 사실 수험생 본인의 의지가 가장 중요한 것은 사실이다.

	실제 합격 가능한 95%에 속함	실제 합격 불가능한 5%에 속함
본인을 95%로 판단함 – CPA시험에 도전함	**도전** – 적합한 공부 방법을 찾고 최대한 노력해서 빠르게 합격하는 것이 중요하다.	**도전** – 최악의 케이스. 최선을 다한 두 번의 시험 점수가 합격선에 한참 미달한다면 과감히 포기하는 **제동장치가 필요**하다.
본인을 5%로 판단함 – CPA시험을 포기함	**포기** – 안타깝지만 포기의 대가. 즉, 기회비용이 크지 않다.	**포기** – 적절한 의사 결정이며 다른 길을 모색하면 된다.

포기해야 할 시점

군이 시험을 보기 전이라도 포기해야 할 시점은 있다. 일반적으로 CPA 시험을 준비하는 나이대의 수험생들에게 선택지는 네 가지가 있다. 창업, 시험, 취업, 공부인데 일반적으로는 창업을 하는 것이 가장 리스크가 크고 그다음이 시험, 취업, 공부 순이다.(앞서 말했지만 요즘은 취업 리스크도 만만치 않은 편이다) 즉, CPA 시험 준비는 어느 정도 리스크를 감수하고 뛰어들어야 한다. 따라서 **리스크가 현실화됐다는 느낌이 들 때**는 과감히 진로를 바꿀 줄도 알아야 한다.

미국의 대표적인 스타트업 엑셀러레이터 가운데 하나인 '테크스타스'의 공동 창업자 브래드와 데이비드는 비즈니스와 관련해서 계속 밀고 나가야 하는 시점과 손을 떼야 하는 시점을 다음과 같이 판단한다고 한다.

> 주어진 시간과 자원으로 더 나은 다른 일을 할 수 있을 것 같다는 생각이 끊임없이 들 때
> 아이디어에 확신이 없을 때
> 열정이 사라지고 마음이 산란할 때
> ―『스마트한 성공들』, 218쪽, 마틴 베레가드 · 조던 밀른 ―

이는 주관적인 기준 같지만 필자가 보기에 상당히 객관적이고 정확한 판단 기준이다. 사실상 어떤 일을 하든 저 세 가지 중 하나라도 해당된다면 성공하기는 힘들 것이다. 이는 CPA 시험에서도 마찬가지이다. 위 기준을 CPA 시험에 적용하면 다음과 같다.

1. 수험생활에 쏟을 시간과 돈으로 다른 데 투자하면 어떨까 하는 생각이 끊임없이 들 때
2. 합격에 확신이 없을 때
3. CPA에 대한 열정이 사라지고 마음이 산란할 때

1번의 다른 데라 함은 다른 자격증 시험일 수 있고 아예 구직 시장과 같이 다른 분야일 수도 있다. 창업, 대학원 진학이나 유학 등을 생각할 수도 있다. 그런 생각이 구체화된다면 진로를 바꿔야 한다. 이때는 CPA를 '포기'하는 것이 아니라 창업, 취업, 공부에 '도전'한다고 생각해야 한다.

2번은 합격에 확신이 없을 때이다. 사실 아무리 수석 합격자라 할지라도 자신의 합격을 100% 확신하는 사람은 없다. 따라서 정말 포기해야 하는 시점은 적어도 '웬만해선 합격할 수 없을 거야'라는 생각이 들 때다. 실상을 말하자면, 수험생이 조금이라도 불합격을 예상한다면 합격하기 힘들다. 불안감에서 오는 방해 요소가 엄청나기 때문이다.

3번의 경우는 시험에 대한 판단 기준으로는 약간 애매할 수 있다. 열정이란 것은 의도적으로 불을 붙일 수도 있는 것이고, 산란한 마음은 다시 잡으면 되기 때문이다. 그런데 마음이 자주 산란한 사람의 경우는 CPA뿐 아니라 시험이라는 제도 자체가 본인과 잘 맞지 않는 것일 수도 있다. 흔히 말하는 시험 타입이 아닌 경우인데 좋은 머리를 갖고 있어도 도통 공부에 집중하지 못하는 사람들이다. 사실 이런 분들은 어떤 시험이든 잘되기 힘들다.

고승덕 변호사의 '포기하지 않으면 불가능은 없다'는 말은 100% 맞는 말은 아니라고 생각한다. 때로는 포기하는 것이 포기하지 않는 것보다 더 큰 용기를 필요로 한다. 현명한 포기는 새로운 인생에 눈뜰 기회를 제공할 것이다.

경험을 현명하게 사용한다면 어떤 일도 시간 낭비는 아니다.

- 오귀스트 로댕 / 프랑스 조각가 -

단기 합격에 창의성은 사치

가끔 기발한 각도로 문제를 바라보거나 출제 가능성이 없는 이슈에 꽂혀서 연구에 몰두하는 수험생들이 있다. 수험생활은 무미건조한 생활의 연속이기 때문에 그들의 심리가 이해는 된다. 하지만 객관적인 합격 확률만 놓고 본다면 그들이 안타깝게 느껴지는 것은 사실이다.

이렇게 생각해 보길 바란다. 회계사 수험 바닥에 들어온 것은 주변이 온통 황무지뿐인 넓은 사막에 들어온 것과 같다. 사막 안에서는 합격이라는 초원에 도착하기 위해 하루빨리 사막을 벗어나는 것만이 유일한 목적이다. 잠깐의 안식처일 뿐인 오아시스를 찾으러 다닐 이유가 없다. 물론 초원으로 향하는 길에 오아시스가 있다면 들렀다 갈 수는 있지만 굳이 오아시스를 적극적으로 찾아다닐 필요가 없다는 것이다. 초원의 기쁨은 오아시스의 기쁨과 비교가 되지 않는다. 더구나 그러한 오아시스는 대개 신기루와 같아서 잠깐의 안식처도 되지 못한다.

이러한 수험생들은 심리적으로 고통스러운 현실을 외면하는 성향이 강하다고도 볼 수도 있다. **수험생은 때때로 자신의 최종 목표를 되새김질하고 본인이 지금 제대로 하고 있는지를 확인해야 한다.**

단기 합격자는 주어진 정보를 효율적으로 정리하고 뱉어내는 기계적인 작업에 익숙할 뿐이다. 절대 창의력이 높다고 증명된 것이 아니다.

오히려 단기 합격자는 불합격자보다 창의성 면에서 떨어지거나, 혹은 억지로 자제하는 경향이 있을 것이다. 그래야 빠르게 합격할 수 있기 때문이다.

당연하겠지만 CPA 시험과 같은 공부를 오래 하게 되면 본인이 선천적으로 가지고 있는 창의성이 저해될 가능성이 높다. 이 또한 우리가 CPA 시험에 빠르게 합격해야 하는 이유이다. 수험 기간은 시간, 돈, 기회비용뿐 아니라 수험생의 창의성을 좀먹는 기간이다.

CPA 시험에 유리한 전공

경영학과 학생이 여러모로 유리한 것은 사실이다. 응시 요건 중 하나인 학점도 학교를 다니며 자연스럽게 취득할 수 있고, 수험 관련 정보를 얻기도 편하다. 그런 의미에선 회계학과가 더 유리하다. 학과의 존재 이유 중 하나가 CPA 시험을 목적으로 하고 있기 때문이다. 실제로 같은 대학 내의 타 과 대비 회계학과의 재학생 대비 응시율, 응시생 대비 합격률은 상대적으로 높은 편이다.

의외로 유리한 학과가 경제학과이다. 경제학을 전공하는 학생은 졸업을 위해 경제학 강의를 50학점 이상 이수해야 하는데 이는 CPA 1차 경제학 과목을 준비하는 데 큰 도움이 된다. 경제학은 1차에만 있기 때문에 시간을 많이 투입하는 것이 낭비로 느껴진다. 그런데 어정쩡하게 공부해서는 점수 얻기 쉽지가 않아서 적당한 투입량을 정하기가 애매하다. 이때 경제학 전공자는 이미 학교 강의로 많은 부분이 심도 있게 준비되어 있는 것이다. 회계학은 어차피 CPA 수험생이라면 누구나 열심히 한다. 따라서 경영학과나 회계학과 학생들이 가지는 회계학 과목의 우위보다 경제학과 학생들의 경제학 메리트가 더 클 수 있다.

수학과나 공과대학 쪽 학생도 유리한 것 같다. 확실히 수학적인 감각이 있는 이과생들은 숫자를 다루는 CPA 시험과 잘 맞는다. 입시 성적기준으로 상위권 대학 공대생들의 합격하기까지 걸리는 기간은 상대적으로 짧은 편이다. CPA 시험이 이과생들의 사고방식에 더 적합하다는 증거일 수도 있고 그냥 이과생들이 시험에 더 강한 것일 수도 있다.

사실 CPA 시험을 준비하는 데 전공은 그다지 중요하지 않다. 필자는 조교 일을 하면서 거의 모든 학과의 학생들과 만나 보았다. 보통 특이한 전공의 수험생들은 콤플렉스를 가지고 있기 마련인데 관련 전공이 아니라고 해서 미리부터 위축될 필요가 전혀 없다. 요즘은 학원 강의나 교재가 워낙 잘되어 있어서 관련 학과 학생들에 비해 딱히 불리할 것도 없다. 또한 요즘은 한 분야만 아는 '스페셜리스트'보다 복합적으로 세상을 바라볼 줄 아는 '제너럴리스트'가 각광받는 시대다. 합격만 하고 나면 도리어 비관련 전공이 장점이 될 수 있다. 필자는 회계 또는 경영학 비전공자의 CPA 도전을 응원한다.

성을 쌓고 사는 사람은 망할 것이고,
끊임없이 이동하는 자는 살아남을 것이다.
– 칭기즈칸 –

수포자도 CPA에 도전해도 될까요?

CPA는 숫자를 다루는 전문가다. 그러다 보니 학창 시절에 수학을 싫어했던 수험생들은 CPA 시험을 준비할 때 지레 겁을 먹고 시작하는 경우가 많다. 학습 조교 일을 하다 보면 종종 "저 고등학교 때 수학 포기(일명 수포자)했었는데 CPA 합격이 가능할까요?"라는 얘기를 듣게 된다. 심지어는 회계를 수학과 거의 동일한 것이라고 생각하는 학생들도 있다.

CPA 시험 전체를 통틀어 수학과 직접 관련된 내용은 원가관리회계의 간단한 이차함수, 경제학의 미분과 그래프, 재무관리의 통계 정도가 전부다. 이외에는 수학적인 감각이 필요할 뿐, 학창 시절에 배웠던 수학 공식을 직접 사용하는 내용은 없다고 보면 된다.

여기서 수학적인 감각은 결국 '논리적인 감각'이다. 그런데 CPA 시험에 사용되는 논리는 일반적인 의무교육을 받은 대한민국의 대학생이라면 누구나 이해할 수 있는 수준이다. 물론 CPA 시험 과목의 학문적 논리가 아무나 이해 가능하다는 말은 아니다. 해당 학문이 시험에 출제됐을 때 문제에서 사용되는 논리가 간단하다는 것이다.

수학을 잘하는 수험생들이 논리적인 생각도 잘하는 것은 사실이다. 수학 실력이 회계 등의 과목을 잘하는 것과는 별개라고 해도 말이다. 그렇다면 (논리 감각이 약할 것으로 추정되는) 수포자는 CPA 시험을 어떻게 준비해야 할까?

'수포자라면 일단 중학교 수학 교과서를 하나 택해서 정독을 한 후, 수학의 정석과 같은 해설이 풍부한 참고서를 사서 예제와 연습문제를 꼼꼼히 풀고, 필요하다면 수학 학원에 등록을 해서 수업을 듣거나 과외를 받아야 된다…'는 생각을 했다면 완전히 틀렸다. CPA 수험생은 그럴 시간도 없거니와 그럴 필요도 없다. 이런 접근법은 "못생긴 사람은 어떻게 살아야 하나요?"라는 질문에 "자살한 다음에 잘생긴 사람으로 다시 태어나면 됩니다."라고 대답하는 것과 크게 다를 바 없다.

수포자는 다음과 같은 접근법으로 극복해 내면 된다.

먼저 수학적인 감각이 필요 없는 부분에 더 집중한다. 이를 테면 말로 된 문제, 또는 공식이나 단순 암기로 해결할 수 있는 부분에 집중하거나, 상법이나 세법과 같이 수학과 완전히 관련 없는 과목들을 '전략과목'[10]으로 삼아서 점수를 보충하는 것이다. 이는 2002 월드컵 4강 신화의 주역인 이영표 선수가 왜소한 체격과 보잘것없는 슈팅력을 극복하기 위해 자신이 잘할 수 있는 드리블 연습에 매진했던 것과 비슷하다. 이를 통해 이영표 선수는 자신보다 신체 조건이 뛰어난 선수들과도 어깨를 나란히 할 수 있었다.

두 번째 접근법은 다소 개인적인 생각이다. 필자 생각에 수학적인 감각은 전체적인 내용을 압축해서 간단하게 생각하려 할수록 길러지는 감각인 것 같다. 자꾸 모든 것을 고려하려고 하면 수학적인 감각

---

10) 전략과목이란 총점으로 합격과 불합격을 가르는 CPA 1차 시험에서 점수가 부족한 다른 과목을 커버할 정도로 높은 점수를 받을 수 있는 과목이다. 수험생 입장에서 가장 자신 있는 과목이 보통 전략과목이 된다. 필자는 경제학과 출신이었기 때문에 경제학을 전략과목으로 삼았다.

이 발휘되지 않는다. 따라서 수학적인 감각이 약하다 생각되는 수험생은 잎이나 줄기보다는 나무를 보는 연습을 해 보자. 예를 들어, '$100 \times 100 = 10{,}000$'이라는 개념과 '$100 \times 1{,}000 = 100{,}000$'이라는 개념이 각각 있다고 하자. 수학적인 감각이 없는 수험생들은 이 둘을 따로 외우려 한다. 하지만 이 둘을 한꺼번에 생각하면 '$10^2 \times 10^2 = 10^{2+2}$'이고 '$10^2 \times 10^3 = 10^{2+3}$'으로 '밑이 같다면 지수의 합으로 곱을 나타낼 수 있다'라는 사실을 도출해 낼 수 있다. 이러한 규칙은 두 개념을 한꺼번에 봐야 도출할 수 있다. 이렇게 거시적인 관점을 통한 개념 압축으로 공부할 내용을 쉽게 이해하고, 암기 양을 줄이는 것이 수학적인 감각이라고 생각한다.

하지만 이것은 필자의 개인적인 생각이라 과학적인 증거가 부족할 뿐더러 이미 그 능력이 부족한 수험생들이 활용하기엔 너무 추상적이다. 그래서 직접, 학창 시절에 수학을 못했던 합격생들을 찾아서 그들의 합격 노하우를 물어 보았다. 그 결과 알게 된 그들의 공통점은 **'수학을 못한다는 사실을 잊고 그냥 했다'**는 것이다.

사실 수학적인 머리가 부족하다고 생각하는 수험생들이 수학에 자신 있는 수험생들에 비해 불리한 점은 실질적인 부분보다 정신적인 면이 더 크다. 전문가들은 "수학 공부를 해야 한다는 공포감은 수학 공부 자체보다 더 많은 시간과 에너지를 소진시킨다."라고 말한다. 어차피 CPA에 대한 본인의 목표가 확실하다면, 수학이라는 단어 자체를 잊어버리자. 의외로 아무런 문제가 되지 않을 것이다.

자신을 대단치 않은 인간이라 폄하해서는 안 된다.

그 같은 생각은 자신의 행동과 사고를 옭아매려 들기 때문이다.

– 프리드리히 니체 –

합격수기를 보자

어떤 시험이든 처음에는 합격수기를 통해 여러 가지 정보를 얻는 것이 좋다. 회계사 시험 합격수기는 보통 『월간회계』에서 출판하며 온·오프라인 서점에서 모음집 형태로 구할 수 있다. 『월간회계』 홈페이지에서도 유료로 볼 수 있으니 **여러 합격수기를 꼼꼼하게 읽어보고 내용을 정리하자.** 참고로 각종 학원 사이트에서도 합격수기를 볼 수 있다. 이때는 학원 광고가 내포될 가능성이 있으니 이를 감안해서 봐야 한다. 인터넷 카페에도 합격수기가 있는데 익명으로 올라오는 합격수기는 믿을 수가 없고 질이 떨어지기 때문에 추천하지 않는다.

합격수기에는 세 가지 위험이 내재되어 있으므로 이를 잘 감안해서 읽어야 한다. 첫 번째 위험은 부적절한 공부 방법으로 합격했을 가능성이다. 예를 들어, 어떤 합격수기에서 1년 4개월 만에 합격했다며 소개한 공부법이 있는데, 합격수기의 주인공이 소개한 공부법대로 하지 않았다면 더 안정적으로 합격했을 수도 있는 것이다. 즉, 단기에 합격했다고 해서 그 공부법들이 무조건 좋다는 증거가 되는 것은 아니다. 탁월했던 합격생들도 과목별로 한두 개씩은 잘못된 공부법을 사용하곤 한다.

두 번째 위험은 합격수기의 작성자가 과장이나 거짓말을 하는 경우다. 합격수기는 검증을 거치는 공식 문서가 아니기 때문에 작성자의 무용담이 돋보이는 방향으로 작성될 가능성이 높다. 예를 들어, 합격생들은 보통 자신의 수험기간을 줄여서 말하는 경향이 있는데 이를 그대로 믿고 마음을 느슨하게 먹었다간 큰 낭패를 볼 수 있다. 합격수기를 볼 때는 항상 작성자의 허풍을 감안해서 읽어야 한다.

마지막 위험은 합격수기의 공부 방식이 독자와 잘 맞지 않는 경우이다. 예를 들어 2013년도 CPA 수석 합격자의 합격수기에는 카페에서 공부하는 것이 도서관이나 독서실보다 집중이 잘됐다는 내용이 있다. 그럴 수 있다. 하지만 이런 극단적인 공부 방법, 특히 뛰어난 성과를 보여준 합격자들의 합격수기는 주의해서 읽어야 한다. 또 다른 예로, 경제학 전공 학생이 경제학은 강의를 건너뛰고 바로 문제풀이를 들어갔다고 해서 다른 전공의 수험생들이 그대로 따라해선 안 된다. 항상 합격생의 배경을 잘 고려해서 읽어야 한다.

합격수기를 볼 때는 시험에 떨어진 적이 없는 합격생의 것을 보는 것이 좋다. 동차를 목표로 한다면 동차 합격생의 합격수기를 주로 봐야 한다. 물론 타산지석 삼아 배울 점을 뽑아낸다는 느낌으로 유예생의 합격수기를 보는 것도 도움이 될 수는 있다. 다만 일반적으로 초보 수험생들은 합격수기에서 도움이 될 내용을 선별하는 데 어려움이 있기 때문에 동차 합격수기만 찾아서 보는 것이 효율적이다. 초시동차 합격생은 매년 100명 가까이 나오기 때문에 합격수기도 찾아보면 꽤 있다.

추가로 수험생 본인과 공부 환경이 비슷한 합격수기를 보자. 직장인 수험생이라면 직장인 합격수기를 봐야 한다. 또한 학벌이나 전공 등이 비슷하고 배경지식이 별로 차이 나지 않는 합격수기가 좋다. 또 너무 예전 것보다는 최근의 합격수기가 좋다. 시험제도가 바뀐 2007년 이전의 합격수기는 보지 않는 것이 좋다. 시험에도 트렌드가 있기 때문이다.

합격수기는 많이 읽어보되, 한 발자국 떨어져서
합리적인 의심과 객관적인 시각을 갖고 보는 것이 좋다.

PART
03

과목별 공부 방법

과목별 공부 방법

영어

2007년 이후부터 CPA 1차 시험에 포함되어 있던 영어 과목이 토플, 토익, 텝스로 대체되었다. 응시 자격 획득을 위해 필요한 점수는 다음과 같다.

구분		합격에 필요한 점수
토플(TOEFL)	PBT	530점 이상
	CBT	197점 이상
	IBT	71점 이상
토익(TOEIC)		**700점 이상**
텝스(TEPS)		625점 이상

필자는 토플과 텝스에 대해서는 아는 바가 별로 없다. 토익에 비해 어렵기 때문에 영어에 자신 있는 사람들이 본다는 정도만 알고 있다. 따라서 아직 영어 점수가 없는 수험생은 토익을 준비하는 것을 추천한다.

실제로 거의 모든 수험생들이 그렇게 하고 있다.

토익은 듣기(LC) 495점, 읽기(RC) 495점으로 구성되어 있다. CPA 시험 응시를 위해선 LC와 RC를 합쳐서 700점을 넘어야 한다. 990점 만점이니 약 70% 이상 득점해야 된다. 수능 외국어영역 1등급을 받은 이후 5년간 영어에서 손 떼고 있던 필자가, 아무런 준비 없이 응시했을 때 550점 정도가 나왔으니 요즘 학생들은 700점 정도는 쉽게 달성할 수 있을 것이다.

그래도 상담을 하다 보면 종종 토익 700점을 넘기기 힘들어하는 수험생들이 있어서 필자가 CPA 시험용 토익 점수를 획득했던 방식을 소개하겠다.

일단 시험 준비를 본격적으로 시작하기 전에 영어 점수는 미리 획득해야 한다. 토익도 결국엔 시험이다. CPA 준비를 하면서 틈틈이 준비하는 것보다 몰아서 한 번에 공부하는 것이 훨씬 효과적이다. 예를 들면, **하루 4시간씩 30일 동안 공부하는 것보다 하루 12시간씩 10일 공부해야 한다.** 또한 시험에 나오지도 않는 토익에 자꾸 신경을 쓰게 된다면 정작 CPA 과목에 집중하기가 힘들어질 것이다. 실제로 토익 때문에 전체적인 수험생활이 엉망이 되는 수험생들을 많이 보았다.

일단 필자가 CPA 시험 응시를 위해 토익 점수를 따야겠다고 마음먹었을 때는 문법이나 독해력이 부족한 것은 둘째치고 단어 자체를 많이 모르는 상태였다. 따라서 단어를 많이 암기하는 것이 무엇보다 중요하다고 생각했다. 먼저 심플하고 얇은 RC 문제집을 한 권 사서 문제를 차례대로 풀어보면서 모르는 단어를 따로 정리했다. A4용지를 세로로 4

칸이 나오도록 접은 다음, 손으로 가려가며 외우기 쉽도록 영어 단어와 한글 해석을 어느 정도 간격을 두고 적었다. 이렇게 A4용지에 오전부터 오후까지 모르는 단어를 뽑아 적었고, 저녁 식사 후 자기 전까지는 적어둔 단어를 외웠다. 하루에 대략 A4용지 4장 정도가 나왔으며 당일 분량뿐 아니라 예전 것까지 누적으로 암기했다. 문법은 짧은 시간 안에 정리하기 힘들 것이라 생각해서 아예 시간 투자를 하지 않았다. RC는 딱 이 정도만 준비했다.

사실 단기간에 토익 점수를 올리기에는 RC보다 LC가 효율적이다. LC는 RC에 비해 상대적으로 쉬운 어휘와 표현들로 구성되어 있다. 대신에 여러 번 읽을 수 있는 글이 아니라 기회가 한 번밖에 없는 소리로 문제를 풀 뿐이다. 또한 LC는 한정적인 상황에서의 표현만 나오기 때문에 중복되는 표현이 많다. 즉, 문제들이 비슷하다. 따라서 모의고사 6회분을 사서, 스크립트를 보면서 모르는 어휘와 표현을 반복해서 암기했다. 단어를 알면 신기하게도 영어가 들린다. 물론 실제 듣기 연습도 했다. MP3로 통학 길에 반복해서 모의고사를 들었다. 하루에 3~4회씩 열흘 동안 한 회당 총 5~6번 정도 듣기 연습을 했다.

파트 2는 집중력에 따라 점수가 많이 좌우된다. 잠깐 딴생각을 하면 문제 하나가 날아가게 되니 평소에 집중하는 연습을 하자. 방송 1회당 세 문제를 풀어야 하는 파트 3는 방송이 나오기 전에 미리 문제를 읽고 무엇을 유념해서 들어야 할지 준비해야 한다. 방송이 나오는 도중에 문제를 풀고, 문제를 풀 시간을 줄 때 다음 문제를 읽는 것이다. 처음부터 쉽진 않겠지만 최대한 연습을 해 보자. 만약 방송 도중 놓친 문제가 있다면 빠르게 잊는 연습이 필요하다. 자칫하다간 다음 문제에까지 영향을 미치기 때문이다.

필자는 위 방법을 통해 정확히 열흘을 토익에만 투자해서 810점을 받았다. 개인적으로는 영어를 잘 못하는 사람이 단기간에 토익 점수를 획득하기에 꽤 효율적인 방법이었다고 생각한다. 참고로 영어 성적은 자격 요건을 충족하기 위해 필요할 뿐 점수가 높다고 해서 가산점을 주는 것은 아니므로 필요 점수를 획득할 정도만 공부하도록 하자. 요약하면 다음과 같다.

- 문법 공부에 시간을 낭비하지 말고 단어를 많이 암기한다.
- LC는 많은 문제를 풀기보다 적은 양을 반복해서 공부한다. 중복되는 내용이 많아서 커버가 된다.
- LC가 RC에 비해 투입 대비 성과가 좋으므로 LC를 많이 준비한다. 방송이 나오기 전에 미리 문제를 읽는 연습을 한다. 실전에서 놓친 문제는 버린다.

1차 과목 구성 및 공부 순서

1차 과목은 재무회계, 세법, 원가관리회계, 재무관리, 경제학, 상법, 일반경영학으로 구성되어 있다. 실제 시험은 일반경영학과 재무관리가 경영학으로 한 과목, 경제학 한 과목, 세법 한 과목, 상법 한 과목, 재무회계와 원가관리회계가 같이 회계학으로 한 과목이 되어 총 다섯 과목으로 나뉘어 있다. 재무회계, 세법, 재무회계, 원가관리회계는 2차에도 출제되는 주요 과목으로, 경제학, 일반경영학, 상법은 1차에만 출제되는 암기 과목으로 분류된다.

1교시	경영학	일반경영학
		재무관리
	경제학	
2교시	상법	
	세법	
3교시	회계학	재무회계
		원가관리회계

1차 과목별 공부 순서는 다음과 같은 기준으로 정하면 된다.

다른 과목이 선행되어야 하는 과목은 재무관리, 세법, 원가관리회계 정도이다. 이 세 과목은 재무회계가 어느 정도 잡혀 있어야 공부하기 수월하다. 경제학, 일반경영학, 상법은 선행이 필요 없고 1차에만 출제되기 때문에 상대적으로 덜 중요하므로 순서가 뒤로 밀린다.

또한 매도 먼저 맞는 것이 낫다는 말처럼 다소 복잡한 내용의 이해가 요구되고 상대적으로 양이 많은 과목을 먼저 공부하는 것이 좋다. 따라서 주요 과목 중에서는 세법을, 암기과목 중에서는 경제학을 가장 먼저 공부하자. 이를 정리하면 다음과 같다.

재무회계 ➡ 세법 ➡ 원가관리 ➡ 재무관리 ➡ 경제학 ➡ 상법 ➡ 경영학

물론 한 번에 한 과목만 볼 필요는 없다. 다음 그림과 같이 주요 과목과 암기 과목을 동시에 진행하는 편이 여러모로 효율적일 수 있다. 특히 재무관리의 경우는 경제학에서 배운 개념이 그대로 적용되는 경우가 많기 때문에 경제학을 미리 들어 두는 것이 도움이 된다.

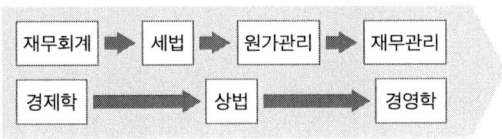

그렇다고 처음부터 세 과목 이상을 동시에 보는 것은 추천하지 않는다. 각 과목별 논리의 흐름이 자주 끊기고 산만해지기 때문이다. 만약 학교 또는 학원 수업 때문에 처음부터 세 과목 이상 공부를 하게 된다면 '힘을 주어 공부하는 과목'과 '훑어본다는 느낌으로 가볍게 보는 과목'을 구분하여 강약 조절을 하자.

참고로 2007년 세무사 시험 수석, 2012년 공인회계사 시험 1차, 2차 모두 수석을 차지한 엄청난 성과를 보여준 박동선 회계사의 CPA 합격 수기에 나와 있는 공부 순서를 살펴보면 다음과 같다.

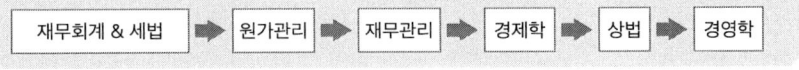

재무회계와 세법을 동시에 진행한 것을 제외하고 앞서 설명한 공부 순서와 정확하게 일치한다. 박동선 회계사가 재무회계와 세법을 동시에 진행했던 이유는 이미 세무사 시험을 경험해 봤기 때문이다.

재무회계

재무회계는 CPA 시험에서 가장 중요한 과목으로 회계원리, 중급회계, 고급회계로 이루어져 있다. 회계원리를 배운 후 중급회계와 고급회계를 순서대로 공부하면 된다. 회계원리는 중급회계와 고급회계의 기초가 되고, 중급회계는 고급회계의 기초가 되기 때문에 이를 피라미드 모양으로 표현해 보았다.

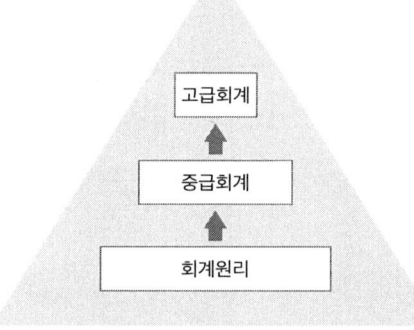

회계원리는 회계의 가장 기본적인 규칙을 배우는 기초 과목이다. 재무회계를 토익에 비유하면 회계원리에선 알파벳을 가르친다고 볼 수 있다. 따라서 회계원리에 대한 복습을 충분히 하고 중급회계로 넘어가야 한다. 회계의 기초를 탄탄히 하지 않으면 중급회계에서 아무리 열심히 해봤자 사상누각이다. 처음엔 별문제 없어 보일 수도 있지만 일정 수준 이상 실력이 쌓이기 어렵다. 어떤 책으로 공부하든지 **본문의 개념을 완전히 이해하고, 수록되어 있는 예제와 연습문제를 완벽하게 풀 수 있을 때까지 공부해야 한다.** 필자는 회계원리를 제대로 공부하지 않고 중급회계 강의부터 회계학 공부를 시작했다가 시험 날까지도 기초가 부족해서 고생했다. 회계 실력이 좀처럼 늘지 않았는데 돌이켜 보면 회계원리 공부를 제대로 하지 않은 것이 그 이유였다.

회계원리를 마스터하면 중급회계로 넘어가야 한다. 중급회계는 회계원리에서 배웠던 개념들의 심화적인 내용과 회계원리에 없던 추가 주제들을 배운다. 이때 **서두르지 말고 천천히 분개를 끊어가며 공부하는 것이 필요하다.** 일부 주제를 제외하면, 결국 중급회계 정도의 내용은 CPA 수험생이라면 대부분 다 이해하게 되어 있다. 단지 시간이 좀 걸릴 뿐이니 조급해할 필요가 없다. 만약 강의와 교재의 설명으로도 이해되지 않는 부분이 있다면 체크를 하고 그냥 넘어가자. 다른 과목도 마찬가지지만 공부를 하다 보면 뒤쪽 파트를 알아야 이해가 되는 내용이 종종 앞쪽에 나온다. 그런 부분에 너무 얽매이다 보면 공부 리듬이 깨질 수 있다. 어차피 2회독, 3회독째부터는 이해될 것이라고 안심하고 본인 나름의 논리만 세워두고 넘어가자.

교재에 있는 연습문제는 다 푸는 것이 좋지만 **강사가 중요하지 않다고 언급한 부분이 있다면 과감하게 X 표시를 하고 보지 말자.** 불안하다고 남겨봤자 어차피 볼 시간은 없다.

중급회계를 어느 정도 마쳤다면 고급회계를 공부해야 한다. 고급회계는 중급회계에서 배운 내용들을 가지고 사이즈가 좀 더 큰 회계처리를 하는 '연결회계'와 수험생 입장에서 다소 생소한 '파생상품회계'를 공부한다. 이때 1차 회계학에서 고급회계의 출제 비중이 10% 정도밖에 되지 않는다고 **처음부터 고급회계를 통째로 포기해서는 절대로 안 된다.** 왜냐하면 첫째, 고급회계는 오히려 기본 개념만 숙지하면 쉽게 풀리는 문제들이 출제되며 둘째, 2차 시험에서는 연결회계 등의 고급회계 문제가 20~30점씩 큰 배점으로 출제되기 때문이다. 2010년 시험부터는 한국채택국제회계기준(K-IFRS)이 적용되고 있는데 K-IFRS에서는 연결회계를 매우 중요시한다.

재무회계는 모든 주제들을 빠짐없이 공부하는 것이 좋다. 교수님들이 선호하는 주제가 있긴 하지만 특별히 출제가 안 되는 주제는 거의 없다. 앞서 설명한 단기 합격을 위해 X 표시를 치고 보지 말라는 말은 '어떤 주제'를 통째로 포기하라는 게 아니라 '난이도가 어려운 부분'을 상황에 따라 넘어가라는 뜻이다. 즉, **모든 주제의 기본적인 개념들은 다 갖고 가야 한다.** 만약 기본적이면서 중요한 주제 중에서 2회독 이상 했음에도 이해가 안 되는 부분이 있을 수도 있다. 그럼 그 주제를 집중적으로 공부해야 한다. 어차피 구멍 뚫린 재무회계로는 승산이 없다. 질문을 하든지 날을 잡고 책과 한판 승부를 하든지 어떻게든 반드시 해결하고 넘어가자.

2012년부터 1차 재무회계에는 정부회계 파트가 출제 범위에 포함되었다. 정부회계는 정부회계 관련 법령 및 규정 등의 개념과 회계처리가 한국채택국제회계기준과 어떻게 다른지를 묻는 것이 애초의 목적이다. 따라서 그 둘의 차이점을 알아야 한다. 물론 문제 자체가 차이점만을 묻는 식으로 출제되는 것은 아니니 정부회계만의 회계처리를 제대로 알아야 한다. 법령 위주의 말 문제가 주로 출제되며 최근에는 간단한 계산 문제도 포함되고 있다. 정부회계도 세무회계의 약술세법처럼 학원 강의를 이용해서 중요한 부분만 중점적으로 정리하면 충분하다.

재무회계 회독 수에 따른 공부 방향은 다음과 같다.

1회독째는 전체적인 흐름을 파악하는 데 70%, 세부적인 기준 내용과 분개를 파악하는 데 30%의 비율로 공부한다.

2회독째는 세부적인 내용에 좀 더 집중하면서 첫 1회독으로 파악된 전체적인 흐름을 암기하도록 한다.

3회독째는 세부적인 내용을 암기하면서 객관식 문제를 같이 공부한다.

4회독째 이상부터는 기본서가 눈에 많이 익었을 테니 객관식 문제집을 병행하며 주제별로 골라서 공부한다.

재무회계 1차 시험을 위해 처음부터 기본서 공부와 함께 객관식 문제 풀이를 동시에 진행할 필요는 없다. 보통 기본서에도 기본적인 문제들이 수록되어 있는 데다 예제만으로도 충분히 개념 이해와 문제 연습이 동시에 가능하기 때문이다. 또한 **기본서는 반드시 한 권만 보도록 하자.** 학교 수업 등으로 본의 아니게 기본서를 하나 더 보게 될 경우에는 주로 보는 기본서에 없는 내용을 추가로 체크하는 용도로만 활용하자.

앞에서 서두르지 말고 천천히 분개를 끊어가며 공부하자고 한 부분이 있다. **회계의 기본은 분개다.** 분개는 그 자체만으로 깔끔한 논리를 가지고 있기 때문에 분개를 통해 공부를 하면 따로 암기할 부분이 줄어들게 된다.

그런데 1차 객관식 시험은 많은 문제를 한정된 시간 안에 풀어야 하기 때문에 분개로만 문제를 풀 경우 시간이 부족할 수 있다. 따라서 자주 출제되는 뻔한 유형의 문제들은 답을 내기 위한 스킬을 따로 연습해야 한다. 즉, 빠르게 답을 도출할 수 있는 '문제풀이 틀'을 숙지해야 한다. 물론 그렇다 하더라도 분개를 통한 공부를 소홀히 해서는 안 된다. 새로운 유형의 문제가 나왔을 경우에는 분개로 문제를 푸는 것이 안전할 수 있다. '문제풀이 틀'에 대해서는 뒤쪽 파트[1]에서 자세하게 설명한다.

재무회계는 CPA 시험의 뼈대이다. 원가관리회계나 세무회계 등 다른 과목에도 영향을 미친다. 따라서 많은 시간을 투자해서 회계 마인드 자체를 내재화하는 것이 중요하다. 필자는 지금 머릿속에 떠오르는 생각들을 컴퓨터에 입력하고 있는데 자판을 보며 어느 글자가 어디에 있는지 일일이 고민하지 않는다. 그냥 생각이 떠오름과 동시에 저절로 눌러지는 수준이다. 이는 수많은 작업을 통해 자판 입력이 무의식중에 가능할 정도로 내재화되었기 때문이다. 회계처리도 자판 입력과 비슷하게 만들어야 한다. **무의식적으로 회계처리가 떠오르도록 반복해서 학습해야 한다.** 이런 면에서 회계 공부는 영어를 공부하는 것과 비슷하다. 많은 시

---

1) PART 05 CPA 공부 관련 TIP 180쪽 '문제풀이 틀'

간과 노력을 투자해야 성과가 나온다. 그렇다고 회계 공부를 매일 조금씩 하는 것으로는 한계가 있다. 한 번 정도는 푹 빠져서 공부해야 한다.

또한 회계는 수험생활 내내 꾸준히 감을 유지해 줘야 한다. 미국의 노숙자가 한국의 고학력 전문직 종사자보다 영어를 잘하는 이유는 매일같이 쓰기 때문이다. 재무회계는 보통 수험생활에서 제일 먼저 공부하기 때문에 다른 과목으로 넘어가면 한동안 보지 않게 된다. 이때 감을 계속 유지해 주지 않으면 나중에 애를 먹을 수 있다.

세법

2014년 수석 합격생 김선영 씨의 합격수기를 보면 CPA 시험 과목 중 가장 스트레스가 심했던 게 세법이라고 했다. 필자도 수험생 시절 세법을 가장 힘들게 공부했다. 그렇다고 겁먹을 필요는 없다. 처음에는 어렵겠지만 공부가 어느 정도 돼서 내용들을 대부분 이해하고 나면 세법이 오히려 쉽게 느껴질 것이다. 물론 양이 많다는 사실은 끝까지 변함없지만 말이다.

세법은 내용이 방대하고 휘발성이 상당하여 무작정 암기해서는 끝이 없다. 따라서 공부를 할 때, **조세를 걷는 사람의 입장이 되어 입법 배경과 취지를 고려해야 한다.** 그렇게 되면 일정한 논리가 생길 것이고, 여기에 반복 학습을 통한 암기만 이루어진다면 세법에 자신감이 붙을 것이다. 조세를 걷는 입장이 되는 방법은 어렵지 않다. 정부는 기업이 세금을 적게 내는 것을 싫어한다. 그렇다고 이유 없이 많은 세금을 부과하면 조세 저항이 있을 것이다. 일관성과 형평성을 고려하면서 최대한 많은 세금을 부과하고, 공공의 이익에 기여하는 부분이 있다면 고려해 준다는 느낌이면 충분하다.

세법은 학원 강의가 필수다. 법을 공부해 본 적이 없는 대부분의 수험생은 용어가 낯설고 공부해야 할 양이 많기 때문에 강의를 통한 **빠른** 이해가 필요하다. 법인세법, 소득세법, 부가가치세법의 공부 순서는 딱히 상관없지만 법인세법은 재무회계 이후 공부하는 것이 좋다. 주요 3법을 다 마친 후, 또는 중간중간 나머지 기타 세법을 공부하면 된다.

출제 비중은 법인세법, 소득세법, 부가가치세법이 80%, 그 외 기타세법이 20%로 구성되어 있다. '법인세법'은 회사가 내는 세금으로 **재무회계에 대한 정확한 이해가 반드시 선행되어야 한다.** 간혹 재무회계를 강의만 듣고 복습도 제대로 하지 않은 상태에서 아무 생각 없이 세법을 시작하는 수험생들이 있는데, 십중팔구 재무회계와 세법 모두 무너지게 된다. 만약 재무회계 강의를 모두 수강하였는데 복습이 제대로 되지 않았다면 세법을 시작하기 전에 재무회계 회독을 먼저 늘려주자. 세법보다 원가관리회계를 먼저 수강하면서 재무회계 복습 시간을 확보하는 것도 한 가지 방법[2]이다.

'소득세법'은 개인이 납부하는 세금이다. 법인세법보다 교재의 페이지

---

2) 원가관리회계도 재무회계가 선행되어야 하지만 세법만큼 재무회계 실력이 뒷받침될 필요는 없다.

수는 적은데 암기할 양은 더 많다. 개인의 경우엔 법인보다 고려해야 할 것도 많고 사례도 훨씬 다양하기 때문이다. 일정한 논리가 있다기보다 다양한 내용을 단순하게 암기한다는 느낌이 크다. 그렇기 때문에 암기를 단순하지 않게 만들어 줘야 한다. 즉, **자신만의 논리나 사례 등을 이용해서 본인만의 암기 방식을 만들어야 한다.**

'부가가치세법'은 생산 및 유통 단계에서 창출되는 부가가치에 대해 과세하는 세금이다. **부가가치세법은 처음부터 끝까지 일관된 논리가 존재한다.** 이 점을 깨닫는 순간 부가가치세법에서 암기할 양이 확 줄어들게 된다. 따라서 부가가치세법의 경우 특히 큰 사이즈의 주관식 문제를 경험하고 나면 개별 내용을 공부하기가 훨씬 수월해진다. 커다란 문제를 풀다 보면 일관된 논리가 더 쉽게 보이기 때문이다. 여유가 있다면 전체적인 큰 틀을 묻는 2차 문제를 1차 때 공부하도록 하자.

기타세법은 국세기본법, 상속증여세법, 지방세법, 종합부동산세법 등으로 구성되어 있다. 이렇게 자질구레하고 애매한 파트는 **학원 강의를 적극 활용하는 것이 효율적이다.** 대부분의 CPA 학원에서 공개강의를 통해 무료로 제공하고 있으니 강의에서 찍어주는 부분만 준비하고 나머지는 버리도록 하자. 만약 버리는 부분에서 출제가 된다면 틀리면 된다. 그런 지엽적인 부분은 어차피 다른 수험생들도 틀릴 것이기 때문에 합격하는 데는 아무런 영향이 없다. 찍어주는 부분만 잘 준비한다면 오히려 투입 대비 산출이 가장 좋은 파트다.

세법 규정은 1차 시험에 임박한 1월에 주로 개정이 이루어지고, 개정된 부분이 전부 반영되어 문제가 출제된다. 따라서 학원 홈페이지 등을 통해 개정 현황을 파악하여 암기한 내용을 업데이트해야 한다. 다른 과목의 객관식 강의는 추천하지 않지만 세법만큼은 객관식 강의를 추천하는 이유가 여기에 있다. 객관식 강의를 수강하게 되면 수험생 입장에서 편하게 개정된 부분을 공부할 수 있다. 그렇다고 세법 개정이 이루어질 때까지 기본서만 공부하면서 객관식 공부를 미뤄서는 안 된다. 세법은 원가관리회계와 함께 **객관식 문제를 통해 개념 이해가 보완되는 과목이다.** 따라서 나중에 개정될 것이 예상되더라도 **기본서와 함께 객관식 문제집을 공부해야 한다.** 1월에 객관식 문제를 처음 공부하는 것과 미리 공부해 두었다가 개정된 부분만 반영하는 것은 천지 차이이다.

세법은 투입한 만큼 비례적으로 성과가 나오는 과목이다. 따라서 아무리 양이 많다 해도 열심히만 한다면 반드시 정복할 수 있다. 성실하게 공부하는데 세법을 못하는 수험생은 드물다. 세법 한 과목 유예생의 최종 합격률은 매년 100%에 육박한다. 그만큼 세법은 시간만 충분하다면 쉽게 정복이 가능하다.

CPA 수험생에게 세법 점수는 성실함의 척도이다.

원가관리회계

원가관리회계는 재무회계 다음에 공부하는 과목으로 '원가회계'와 '관리회계'로 이루어져 있다. 재무회계가 외부정보이용자를 대상으로 한 회계 정보라면 원가관리회계는 내부정보이용자에게 유용한 정보를 제공한다. 따라서 원가관리회계에서는 특별히 지켜야할 기준이 없다.

재무회계와 원가관리회계는 약 8대 2의 비율로 함께 출제된다. 일단 1차 시험 난이도는 원가관리회계가 재무회계보다 쉬운 편이다. 필자는 재무회계에서 부족한 점수를 원가관리회계로 만회하는 전략을 사용했었다.

'원가회계'의 주목적은 제품 원가의 계산이다. **원가회계 첫 장에서는 기본 개념과 함께 원가계산의 흐름이 나오는데 이 부분을 완벽하게 숙지해야 한다.** 처음에 배운 원가계산의 흐름이 이어지는 개별원가, 활동기준원가, 결합원가, 종합원가, 변동원가 등 다른 주제들의 토대가 되기 때문이다. 재무회계로 치면 회계원리가 원가회계에서는 첫 장 원가계산의 흐름이다.

또한 **처음에 나오는 각종 용어의 정의를 완벽하게 암기해야 한다.** 이때 각종 용어가 뜻하는 바에 대한 정확한 이해가 필요하다. 이해 없이 암기만 하면 금방 잊어버리게 될 뿐더러 아무리 공부를 해도 좀처럼 실력이 늘지 않게 된다.

다시 한 번 강조하자면, 원가회계는 처음에 나오는 '원가계산의 흐름 숙지'와 '이해를 동반한 용어의 암기'가 절대적으로 중요하다.

'관리회계'는 의사 결정 과정이다. 경영자가 원가 정보를 바탕으로 경제적 의사 결정을 하는 방식에 대해서 공부한다. 미시경제학과 유사한 느낌이 들기도 하는데, 실제로 비슷한 주제도 있다.

관리회계를 공부하다 보면 익숙한 개념들이 많이 나온다. 따라서 어렵지 않다고 착각할 수 있다. 그런데 문제가 어렵지 않다는 것은 아니기 때문에 착각하지 말자. 오히려 문제를 보고 답을 내는 것은 원가회계보다 까다롭고 시간을 많이 잡아먹기 때문에 내용 공부와 함께 **유형별 문제풀이 연습도 많이 해야 한다.**

원가관리회계의 경우 본문을 공부할 때 객관식 문제를 풀어주면서 공부하는 것이 좋다. 즉, **개념 공부와 문제풀이가 동시에 진행되어야 한다.** 그렇다고 개념 공부를 적당히 넘겨버리고 문제풀이 연습을 일찍 시작하라는 게 아니다. 문제풀이를 통해 개념을 더 확고하게 잡자는 것이다. 문제 풀이라기보다는 문제 공부라고 하는 것이 더 적절하겠다. 또한 원가관리회계는 재무회계에 비해 상대적으로 단순한 문제 유형이 많다. 이러한 전형적인 문제를 빠르고 완벽하게 푸는 연습이 필요하다.

원가관리회계와 재무회계에서는 계산 문제와 함께 말 문제가 출제된다. 그런데 재무회계보다 원가관리회계 말 문제가 조금 더 어렵다. 왜냐하면 재무회계는 회계기준을 바탕으로 말 문제를 출제하기 때문에 어느 정도 눈에 익은 문장들이 보기로 나와 빠르게 답을 골라낼 수 있는 반면, 원가관리회계 말 문제는 처음 보는 문장들로 출제되어 고민을 필요로 하는 경우가 많기 때문이다. 평소 공부를 할 때 보다 정확한 개념 이해가 수반되어야 한다.

재무관리

재무관리의 정의는 '기업이 필요로 하는 자금을 합리적으로 조달하고, 조달된 자금을 합리적으로 운용하는 것'이다. 따라서 재무관리에서는 자본조달결정과 투자결정이 가장 중요한 이슈다. 이 두 가지 이슈를 통해 기업 가치 극대화를 모색한다. 즉, 재무관리 과목의 가장 큰 주제는 기업의 '가치평가'다. 재무관리 공부를 시작하면 제일 처음 현재 가치의 개념부터 시작해서 재무관리의 개별 주제들을 차례로 배우게 될 것이다. 전체적인 실력이 어느 정도 쌓이면 **이러한 주제들이 밀접한 상호 관련성을 가지고 '가치평가'라는 커다란 주제를 위해 존재한다**는 것을 깨닫게 될 것이다.

사실 재무관리가 암기할 양이 적은 이해 위주의 과목이라는 데는 이견이 없을 것이다. 교수님들이나 학원 선생님들의 재무관리 공부 방법론을 보면 스스로 개념을 깨우칠 수 있도록 철저한 **이해 위주의 공부를 추천한다.** 그러나 지나친 이해에 대한 욕구는 CPA 시험을 단기에 합격하는 데 독이 될 수 있다. 머리 좋은 수험생이 재무관리에서 깔끔한 이해를 추구하며 많은 시간을 투자했다가 수험생활이 말리는 경우를 심심치 않게 봤다. 따라서 **어느 정도 공부를 했는데 이해가 되지 않는 부분이 있다면 그냥 공식을 단순 암기하자.** 단순 암기를 통해 이해가 더 잘되는 부분도 있을 것이다.

재무관리는 재무회계와 마찬가지로 주제별로 포기하는 부분이 있어서는 안 된다. 최근의 재무관리 출제 경향은 특별히 더 중요하거나 덜 중요한 부분이 없이 고르게 출제된다. 따라서 다양한 출제 범위를 대비해서 포괄적으로 공부해야 한다. 시간 부족으로 선택을 해야 하는 순간이 온다면 '난이도별로' 어려운 부분을 포기하면 된다. 즉, 모든 주제의 쉬운 부분은 전부 공부해야 하며, 상대적으로 덜 중요한 주제가 있다면 기본적인 부분까지만 공부하고 그 이상의 난이도를 전략적으로 포기하도록 하자.

재무관리는 일반경영학과 함께 '경영학' 과목으로 출제된다. 출제 비중은 일반경영학과 재무관리가 6:4 정도이다. 그런데 1차 시험에서 재무관리 **출제 비중이 적다고 소홀히 해서는 절대로 안 된다**. 재무관리는 2차에서 단독 과목으로 출제될 뿐 아니라, 난이도 예측이 힘든 일반경영학의 불확실성을 줄이기 위해선 어느 정도 재무관리 점수가 뒷받침돼야 하기 때문이다.

앞서 설명한 원가관리회계처럼 기본서 공부와 동시에 객관식 문제 풀이를 진행할 필요는 없다. 경제학, 원가관리회계나 세법의 경우는 문제 공부가 개념 이해에 도움이 된다. 하지만 재무관리는 문제를 통해 개념 이해가 되는 과목은 아니다. 반대로 개념 공부를 철저하게 해 주면 문제는 저절로 풀리는 스타일이다.

추가로 수험생 시절 재무관리 선생님이 1차 시험에 임박해서 소개해 준 방법이 있는데 나름 괜찮은 방법이라 생각되어 소개하겠다. 무엇이냐면, 기본 강의는 다 들었지만 이해도가 떨어지고 재무관리에 투자할 시간이 부족한 수험생들은 '주요 문제만 50개 정도 암기해서 시험장에 가는 편법을 사용하라'는 것이다. 정석적인 방법은 절대 아니지만 결과적으로 상당히 효율적일 수 있다고 생각한다. 물론 정석대로 준비하는 것이 가장 좋지만 말이다.

경제학

경제학은 '희소한 자원을 가지고 이익(또는 효용)을 극대화시키기 위한 선택 과정에 대한 학문'이다. 개인차가 있긴 하겠지만 암기 과목 중에선 가장 어렵다고 생각한다. 참고로 CPA 1차 시험에 출제되는 과목은 현대경제학이 아닌 '전통경제학'으로, 이미 한참 지난 과거의 학문이다. 이러한 전통경제학을 공부하다 보면 논리가 왜 그렇게 되는지 의문이 들 때가 있을 것이다. 이는 전통경제학의 가장 큰 전제인 'Ceteris Paribus(다른 모든 조건이 동일하다면)' 때문이다. 즉, 어떤 논리를 전개할 때마다 그 주어진 조건 안에서 논리를 전개하기 때문에 항상 조건이 어떤 상태인지를 잘 살펴야 한다. 그래야 흔들림이 없는 공부가 가능하다.

비유하면, 경제학 공부는 경제학자가 제작한 게임을 플레이하는 것이라고 생각하면 된다. 게임은 아무리 자유도가 높아도 플레이 범위가 제한적이다. 경제학도 마찬가지로 주어진 조건과 상황 하에서만 일관된 논리가 성립한다. 따라서 이 조건을 살피는 것이 첫 번째 단추이다. 수험생 혼자서 "이거 버그야" 하면서 게임 개발자를 탓해봤자 엔딩을 보는 데는 도움이 되지 않는다.

경제학은 미시경제학과 거시경제학, 국제경제학으로 이루어져 있다. '미시경제학'은 개별 단위 경제 주체인 소비자와 공급자의 의사 결정 분석을 통해 경제 현상을 설명한다. 이러한 '미시경제학'을 공부하는 것은 징검다리를 건너는 것과 비슷하다. 징검다리는 차례로 건너야 한다. 즉, 논리를 한 단계씩 밟고 넘어가야 하며 중간 논리를 이해하지 않고는 다음 단계로 넘어가기 힘들다.

미시경제학에서는 특히 '한계'의 개념이 중요하다. 만약 수험생이 이 개념을 자유자재로 다룰 수 있다면 경제학을 공부하는 것이 한결 수월할 것이다. '한계'는 경제학에서 미세한 최적의 포인트를 결정하는 지표로 '미분'이라는 도구를 사용한다. 따라서 미분을 할 줄 알아야 미시경제학을 공부할 수 있다. 그렇다고 어려운 미분 관련 응용문제까지 공부할 필요는 없고 기본적인 개념과 기술적인 방법만 간단하게 알면 된다.

'거시경제학'은 경제를 총체적인 관점에서 분석한다. 미시경제학이 징검다리라면 '거시경제학'은 그림퍼즐이다. 그림퍼즐을 맞출 때는 어느정도 퍼즐 조각을 채우기 전에는 그림이 어떻게 생겼는지 알 수가 없다. 그런 의미에서 거시는 미시에 비해 공부할 맛이 떨어진다. 공부를 해도 실력이 늘고 있다는 기분이 들지 않기 때문이다. 그런데 실제 시험에서 높은 점수를 받기는 거시가 미시보다 쉽다. **공부만 제대로 하면 문제 풀이 시간도 짧고 난이도의 변동성도 적다.** 따라서 미시보다 거시를 열심히 준비하는 것이 유리하다.

거시경제학에서는 각 시대·학파별 경제 논리를 배운다. 그런데 오랜 시간에 걸친 학문을 압축해서 배우다 보면 전체적인 내용을 한 번에 정리하기가 쉽지 않을 것이다. 더구나 양이 많기 때문에 기본서만 봐서는 깔끔하게 정리하기가 힘들다. 따라서 수험생이 시행착오를 거쳐 가며 직접 정리하는 과정이 필요하다. '국제경제학'은 해외를 고려한 거시경제학으로 폐쇄경제가 개방경제로 바뀌었을 뿐 전체적인 느낌은 거시경제학과 비슷하다. 국제경제학의 출제 비중은 점차 증가하는 추세이므로 꼼꼼하게 공부해야 한다.

필자는 경제학과 출신으로 다양한 경제학 관련 과목을 수강하였다. 군대를 다녀온 후에는 경제학 공부를 나름 열심히 했는데 수강하는 과목마다 성적이 매우 좋았다. 그런데 한 번은 학교 내외로 유명하신 교수님의 거시경제학 수업을 듣게 된 적이 있었다. 그 교수님께서는 주관식으로 시험문제를 출제하는 다른 교수님들과 달리 객관식으로 중간·기말고사를 내셨다. 시간도 20문제에 30분 정도로 매우 촉박하게 줬다. 지금 생각해 보면 CPA 시험과 매우 유사한 스타일이었다. 아무튼 평소 다른 과목을 준비했을 때처럼 교과서 내용을 완벽하게 이해하고 자신 있게 중간고사를 치렀는데 처음 본 문제 스타일과 짧은 시험 시간에 당황하며 시험을 망쳤다. 기말고사 때는 중간고사의 실패를 만회하기 위해 책을 거의 통째로 암기하다시피 해서 시험장에 들어갔다. 그럼에도 결과는 중간고사와 다르지 않았다.

객관식 시험은 객관식 문제로 대비해야 한다. 객관식 경제학은 특히 이를 위한 맞춤 준비가 필요하며 CPA 1차 경제학의 경우는 개념 공부와 문제 풀이가 반드시 같이 진행되어야 한다. 경제학 개념과 문제 사이에는 상당한 괴리가 있다. 따라서 개념 공부와 별개로 이 괴리감을 없애는 연습이 필요하다. 단기에 성과를 내야 하는 CPA 수험생의 경우 이 거리를 좁히는 연습을 나중으로 미루지 말고 바로바로 해야 한다. 필자는 다음 학기에 해당 교수님의 거시경제학 수업을 재수강했는데 연습용 객관식 문제를 따로 입수하여 어렵지 않게 A 학점을 받았다.

필자는 '정병열 경제학연습책'[3]을 기본서로 공부했다. 경제학을 처음 공부하는 수험생이 CPA 1차 경제학을 준비하기에 부족한 내용이 없으며 객관식 문제도 많이 수록되어 있기 때문에, 어느 정도 실력을 쌓을 때까지 해당 교재만 공부해도 충분하다. 교재에는 기본적인 기출/핵심 문제부터 어려운 고급/응용문제까지 있는데 1~2회독 완료 전까지는 기본문제만 풀도록 하자. 정 시간이 없다면 고급문제는 기출된 문제만 풀고 나머지는 시험 날까지 풀지 않아도 상관없다.

경제학은 비록 1차 시험에만 출제되는 암기 과목이지만 절대로 소홀히 해서는 안 된다. 특히 수험 기간이 짧은 초시생은 경제학뿐 아니라 경영학과 상법에서 안정적으로 득점을 해줘야 확실하게 1차를 통과할 수 있다. 주요 과목은 시간을 많이 필요로 한다. 따라서 상대적으로 주요 과목이 탄탄한 초시생보다 경제학을 잘하는 초시생이 오히려 1차 시험에서는 안정적일 수 있다. 1차를 통과해야 2차를 볼 기회가 주어진다는 사실을 명심하자. CPA를 단기에 합격하고 싶다면 경제학을 반드시 열심히 해야 한다.

상법

회계사는 세법 말고도 상인의 상행위(영리를 추구하는 행위)와 관련

---

3)   미시 편과 거시 편 두 권으로 구성되어 있다.

된 '상법'에 대해서도 잘 알아야 한다. 상법은 1차 시험에만 출제되는 암기 과목이다. 비록 2차에는 출제가 되지 않지만 과목 특성상 막판 몰아치기로 고득점이 가능하기 때문에 어떤 면에선 굉장히 중요한 과목이라고 볼 수 있다.

상법은 상법총칙, 상행위, 회사법, 어음·수표법으로 구성되어 있다.

순서상 '상법총칙'을 가장 먼저 공부한다. 상법이 어떤 과목인지 느끼면서 낯선 법률 용어 등에 익숙해지는 파트이다.

다음은 '상행위'다. 총론을 통해 전반적인 상행위의 개념을 정리하고 각론을 통해 여러 종류의 상행위를 비교 정리하게 된다. 상행위는 일반적으로 실생활에서 볼 수 있는 개념들이기 때문에 상대적으로 쉽게 이해되는 파트이다.

'회사법'은 주식회사, 유한회사, 합명·합자회사 등 회사의 전반적인 개념과 능력을 공부하는 파트다. 특히 주식회사를 중점적으로 공부해야 하며 나머지 회사들은 주식회사와 비교해가며 정리하는 것이 편하다. 상법은 회사법의 출제 비중이 가장 크기 때문에 회사법, 그중에서도 특히 주식회사를 집중적으로 공부해야 한다.

'어음·수표법'은 어음과 수표에 대해 규정한다. 환어음을 중심으로 정리하고 그 외의 어음과 수표의 특성을 따로 정리하면 된다. 어음·수표법은 평소에 수험생이 접할 수 없는 개념이기 때문에 이해하기 쉽지 않다. 상법 내에서도 특히 강의가 필요한 파트다.

상법은 단순한 법조문 암기로는 고득점이 불가능한 추세로 출제되고 있다. 법 특유의 논리를 이해해야 할 뿐 아니라 판례를 통해 추상적인 법조문을 구체적인 사례로 적용하는 능력까지 요구한다. 물론 법이론적 이해를 묻는 문제와 판례 문제가 늘어난다고 해서 법조문 암기를 소홀히 해서는 안 된다. 기본서 외에도 '상법전'을 구비해서 중요한 조문들을 암기하는 공부가 필요하다. 간혹 상법전의 조문을 기본서에 옮겨 적는 단권화 작업을 하는 수험생들이 있다. 그렇게 해도 되고 상법전을 따로 두고 공부해도 상관없다.

필자는 '오수철' 선생님의 상법 기본서[4]로 공부했는데 책이 워낙 좋아서 따로 상법전을 볼 필요가 없었다. 본문 내용 암기만으로 대부분의 문제가 커버되었다. 또한 기본서에 OX 문제가 굉장히 많아 문제풀이 연습을 충분히 할 수 있었다. 사실 상법 시험은 보기 5개짜리 40문제라기보다 OX로 된 200문제라는 느낌에 가깝다. OX 문제를 많이 풀도록 하자. 실력도 쌓이면서 문제를 빠르게 푸는 연습도 될 것이다.

수험생 입장에서 어색한 법률용어는 한자 뜻을 찾아가면서 이해하는 방법도 나쁘지 않다. 용어에 대한 이해가 있어야 후속 공부가 탄력 받는다.

시험 직전엔 모의고사 문제집을 사서 빨리 풀어보는 연습을 하는 것이 좋다. 상법과 세법은 2교시에 함께 보는데 상법을 최대한 빨리 풀어서 세법에 할애할 시간을 확보해야 되기 때문이다.

---

4) 최근엔 오수철, 심유식 공저로 바뀌었으나 교재 구성에 큰 변화는 없다.

일반경영학

일반경영학은 인사·조직·전략·마케팅·생산운영관리 등으로 구분되며 시험에는 재무관리와 함께 경영학 한 과목으로 출제된다. 일반경영학의 출제 비중은 재무관리를 제외하고 40문제 중 24문제 정도 된다. 내용은 쉬운 편이지만 범위 자체가 워낙 넓어서 점수는 잘 나오지 않는다. 2000년대 초·중반까지만 해도 경영학이 워낙 어려워서 폭탄 취급을 많이 받았다고 한다. 그래도 최근엔 예상된 문제들이 많이 출제되는 편이다.

보통 경영학은 각론에 대해 구분된 책을 보기보다는 요약형의 경영학 연습책을 많이 본다. 경영학은 이해하기 어려운 편은 아니기 때문에 **처음 공부할 때부터 암기를 해 주는 것이 좋다.** 물론 무턱대고 암기하는 것보다 중요하다고 생각되는 부분, 특히 기출됐던 부분을 중점적으로 체크하는 것이 좋다. 암기노트를 가볍게 따로 만드는 것도 괜찮다. 필자는 8절 스케치북에 경영학의 각 챕터별 암기해야 할 내용을 한 장에 한 챕터씩 집어넣고 스케치북을 통째로 외웠다. 암기할 내용을 챕터별로 한눈에 볼 수 있어서 편하게 외울 수 있었다.

일반경영학은 내용이 어렵진 않기 때문에 기본강의를 꼭 들을 필요는 없다. 대신 일일특강은 효과적일 수 있다. 평소 많은 시간을 투자하지 않으므로 막판에 찍어주는 예상문제가 도움이 많이 되기 때문이다. 1차를 두 번째 보는 재시생들은 일일특강만 듣고 경영학을 대비하는 경우도 있다고 한다. 시험 직전 통학 시간이 부담스럽지 않다면 일일특강을 이용하는 것을 추천한다.

2차 과목 구성 및 공부 순서

2차 과목은 1차에도 있는 재무회계, 원가관리회계, 세무회계, 재무관리와 새롭게 추가되는 회계감사까지 총 다섯 과목이다. 중복되는 과목은 똑같은 내용에 대해 시험을 보기 때문에 추가로 배워야 할 내용이 많지는 않다. 즉, 1차 시험을 제대로 준비했다면 2차는 이미 준비되어 있는 것이다.

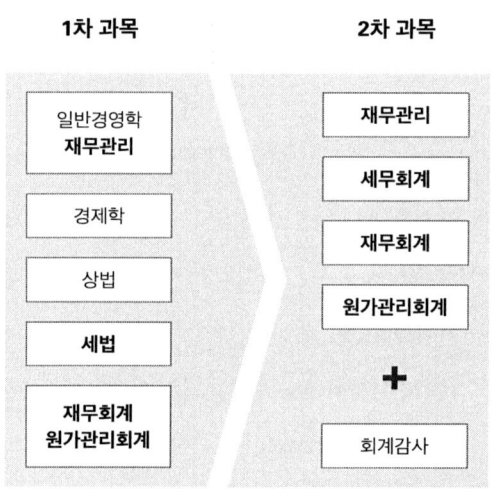

물론 2차 시험은 주관식(논술형)이기 때문에 답안 작성 연습이 필요하다. 필자는 답안 작성 연습을 제대로 하지 않았다가 실제 시험장에서 큰 실수를 한 적이 있다. 2차 첫 시험인 세무회계 시간에 10점짜리 문제를 남기고 주어진 답안지 10장을 다 써버렸던 아찔했던 기억이다. 2교시부터는 문항과 배점을 염두에 두고 답안지 구성에 최대한 신경을 썼다. 100점 만점에 10장의 답안지가 주어진다면 문제 10점당 답안 1

장을 넘기지 않는 게 안전하다.

　1차 시험에 합격했다면 제일 먼저 회계감사 강의를 수강하는 것이 좋다. 처음 듣는 과목에 대한 두려움을 일찌감치 해소할 수 있고, 다른 과목에 비해 상대적으로 가볍게 들을 수 있기 때문이다. 1차를 향해 달려오느라 지친 몸과 마음을 잠시 회복하면서 사그라진 열정의 불씨를 다시 지필 수 있다.

　이후에는 1차 시험에서 비중이 적었던 원가관리회계와 재무관리를 먼저 시작하고 세무회계와 재무회계를 나중에 보는 것을 추천한다. 아무래도 1차 기간 동안 투입 시간이 적었던 과목을 먼저 보는 것이다. 물론 전체적으로 1회독이 끝나면 하루에 여러 과목을 마음대로 봐도 상관없다. 정리하면 다음과 같다.

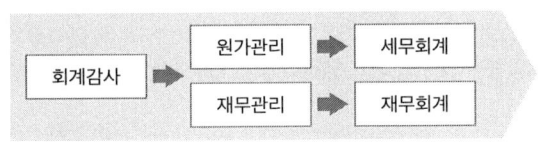

　그런데 만약 개인적으로 특별히 약한 과목이 있다면 정해진 순서와 상관없이 그 과목부터 공부하는 게 좋다. 예를 들어 1차 시험 합격을 위해 출제 비중이 적은 원가관리회계나 재무관리를 제대로 보지 않고 2차 시험을 준비하게 되었다면 해당 과목을 제일 먼저 공부하는 것이다. 이때 아무리 실력이 부족한 과목이라도 포기하지 말고 2차 준비를 하자. 왜냐하면 2차 시험은 어떤 과목이 얼마나 쉽게 나올지 예측할 수 없기 때문이다. 주어진 기회를 쉽게 포기하지 말자.

2차 시험은 '부분합격제'라는 사실을 잊어버리고
다섯 과목 전부 다 공부하는 것이 좋다.

1차 vs 2차 문제 예시

하단의 2014년 2차 재무회계 【문제 3】의 〈사례 4〉, 〈사례 5〉와 2013년 1차 회계학 23번과 5번을 통해 비슷한 내용이 1차와 2차에서 어떤 식으로 출제되는지 살펴볼 수 있다.

2014년 2차 재무회계 【문제 3】

다음은 20x1년 재고자산과 관련된 회계자료이며 각 사례는 독립적이다. 모든 사례에서 재고자산 회계처리는 계속기록법을 사용한다. 독립된 사례 각각에 대해 20x1년에 해야 할 모든 분개를 적절하게 했을 경우, 재고자산 장부금액에 미치는 영향과 당기순이익에 미치는 영향을 구하시오. 다음 양식의 빈칸(①~⑩)에 해당하는 금액을 제시하되 감소의 경우에는 금액 앞에 (-)를 표시하고, 영향이 없는 경우에는 "0"으로 표시하시오.

(예시) (주)대한은 ₩1,000에 취득한 재고자산을 ₩1,200에 현금 판매하였다.

	재고자산	당기순이익
예시	(-)₩1,000	₩200
사례 1	①	②
사례 2	③	④
사례 3	⑤	⑥
사례 4	⑦	⑧
사례 5	⑨	⑩

(중략)

〈사례 4〉 (주)D는 20x1년 12월 1일 당기에 생물자산(재고자산에 해당)을 최초로 수확하였고, 수확시점의 **수확물 순공정가치**는 ₩15,000이다.

〈사례 5〉 (주)E의 재고자산과 관련한 기중 회계처리는 모두 이루어졌으며, 기말에 재고자산 평가와 관련된 자료는 다음과 같다.

장부수량	50개
실제수량	45개
단위당 취득원가	₩1,000
단위당 **순실현가능가치**	900

2013년 1차 회계학

23. 다음의 회계처리에 대한 설명 중 옳은 것은?

① 정부보조금 중 자산관련보조금은 이연수익으로 표시하는 방법과 관련자산에서 차감하는 방법 중 한 가지 방법을 선택할 수 있으나, 수익관련보조금은 관련비용에서 차감하는 방법만 적용하여야 한다.
② 생물자산은 최초 인식시점에 순공정가치로 인식하여 발생하는 평가손익 및 최초 인식후 생물자산의 공정가치 변동으로 발생하는 평가손익을 당기손익에 반영하는 반면, **수확물은 최초 인식시점에 순공정가치**로 인식하여 발생하는 평가손익만 발생기간의 당기손익으로 인식한다.
③ 과거기간에 중단영업으로 구분표시한 금액은 당해연도에 더 이상 중단영업에 해당되지 않게 되더라도 비교표시하는 과거기간의 재무제표를 소급하여 계속영업손익으로 재분류하지 않는다.
④ 탐사 및 평가활동 관련 지출은 기업이 수립한 회계정책에 따라 회계처리하되, 광물자원 추출에 대한 기술적 실현가능성과 상업화가능성을 제시할 수 있는 시점 이후의 지출만 탐사평가자산으로 인식한다.
⑤ 유동 비유동 구분법으로 재무상태표를 작성할 경우 매각예정 비유동자산은 중단영업에 해당되는지의 여부에 관계없이 유동자산으로 분류하고, 평가손익을 계속영업손익에 반영한다.

5. 다음은 (주)흥덕의 20×1년과 20×2년의 상품재고와 관련된 자료이다.

20×1년 기말상품재고		20×2년 기말상품재고	
취득원가	**순실현가능가치**	취득원가	**순실현가능가치**
₩200,000	₩150,000	₩300,000	₩100,000

20×1년 기초상품재고액은 ₩100,000이며, 20×1년도와 20×2년도의 당기 상품매입액은 각각 ₩500,000과 ₩600,000이다. 20×1년 기초재고자산의 재고자산평가충당금은 없으며 취득원가와 순실현가능가치는 같다. 또한 (주)흥덕은 재고자산평가손실과 재고자산평가손실환입을 매출원가에 반영한다. (주)흥덕의 20×1년도와 20×2년도의 매출원가를 계산하면 각각 얼마인가?

	20×1년도 매출원가	20×2년도 매출원가
①	₩400,000	₩500,000
②	₩400,000	₩650,000
③	₩400,000	₩700,000
④	₩450,000	₩650,000
⑤	₩450,000	₩700,000

2013년 1차 23번에 출제되었던 수확물의 순공정가치 말 문제는 2014년 2차의 〈사례 4〉에서 동일 내용을 그대로 이용해서 주관식 문제로 출제되었다. 같은 주관식 문제 안의 〈사례 5〉는 마찬가지로 2013년 1차 5번 재고자산평가손익 문제와 유사하다.

이렇게 1차와 2차 시험은 똑같은 내용에 대해서 출제 방식만 객관식, 주관식으로 다를 뿐이다. 따라서 1차 시험을 통과하였다면 이미 2차는 80% 이상 준비되어 있다는 말이니, 처음 보는 주관식이라고 겁먹을 필요가 없다. 오히려 2차 주관식이 1차 객관식보다 더 쉽게 출제될 수도 있고, 2차에는 출제되지 않고 1차에만 출제되는 내용이 있을 수도 있다. 이를 그림으로 표현하면 다음과 같다.

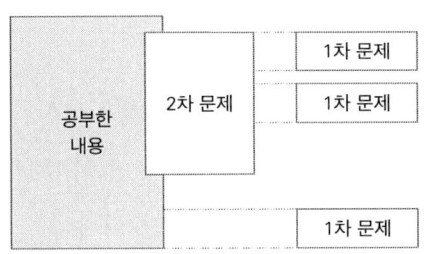

그림과 같이 2차는 1차에 비해 사이즈가 크다. 1차 객관식 문제 여러 개가 합쳐진 것이 2차 문제라고 보면 된다. 하지만 난이도와 출제 범위는 사이즈와 별개의 문제기 때문에 2차라고 1차보다 어렵게 생각할 필요가 없다.

회계감사

회계감사란 회사의 재무제표를 정보이용자가 이용할 수 있도록 제3자의 입장에서 객관적·전문적으로 검증해 주는 절차이다. 대부분의 수험생들은 CPA 시험에 합격하면 감사 업무를 주로 하게 될 것이다.

1차생 입장에서 회계감사 책을 들고 다니는 사람을 보면 멋있고 대단해 보인다. 회계감사 공부를 하는 사람은 대부분 2차 준비생이기 때문이다. 필자도 괜히 고시식당에 회계감사 책을 들고 가서 1차생들 사이에서 우쭐한 기분을 느껴본 적이 있다. 여담이지만 1차 준비생이 보기에 2차 준비생은 지옥 같은 난관을 통과한 영웅으로 느껴진다. 하지만 나중에 합격하고 보면 1차 준비생이나 2차 준비생이나 육군 훈련소 1주차와 4주차 햇병아리 훈련병으로 보일 뿐이다. 이 책을 읽는 독자 여러

분들도 나중에 똑같이 느낄 것이다.

회계감사는 2차 과목 중 양이 적고 공부하기 쉬운 편에 속한다. 따라서 처음 공부하는 동차생들도 충분히 고득점을 노려볼 만하다. 처음 보는 과목이라고 어렵게 생각할 필요가 없다.

회계감사는 회계를 잘 알아야 한다. '회계'감사이기 때문이다. 일부 문제의 경우는 회계를 모르면 답을 적을 수 없다. 따라서 회계감사는 재무회계와 함께 공부하는 것이 좋다.(반면 회계감사 공부가 재무회계를 공부할 때 도움이 되는 것은 아니다) 재무회계와 회계감사 두 과목 유예생은 운이 좋은 경우라 볼 수 있다.

또한 단순히 '감사기준'을 외우는 것뿐 아니라 문제에서 요구하는 답안이 무엇인지 즉, 출제 의도를 파악하는 연습이 중요하다. 회계감사를 처음 공부하는 수험생에게 감사기준을 묻는 문제는 풀 만하겠지만 이렇게 출제 의도를 숨겨 놓은 채 사례를 묻는 문제는 어떻게 풀어야 할지 막막할 것이다. 학습 조교 일을 하다 보면 회계감사 공부 방법을 묻기 위해 상담을 신청하는 2차생들이 유난히 많다. 필자는 그럴 때마다 결국엔 **많은 문제를 경험해 봐야 한다**고 얘기한다.

또한 다른 과목에 비해 상대적으로 유연하게 생각하는 법이 중요하다. 다른 과목은 교수님들이 100% 출제하지만, 회계감사는 교수님들과 현직 회계사들이 반씩 나눠서 출제한다. 따라서 책에서 접해 보지 못한 사례 문제를 대비할 수 있는 유연한 사고가 필요하다. 회계감사 선생님의 표현을 빌리자면, 뇌를 물렁물렁하게 만들어야 한다.

회계감사는 **공부를 제대로 하고 있는지 확인하기 위한 모의고사 활용이 필**

수적이다. 다른 과목은 연습서의 답을 보고 본인이 어디를 틀렸고 어느 부분의 공부가 부족한지 바로 알 수 있다. 반면 회계감사는 답안을 보고도 포인트를 정확하게 알 수 없는 경우가 많다. 따라서 학원 모의고사를 통해 첨삭을 받는 것이 좋다.

회계감사는 문장 안에 핵심 키워드가 있는지 여부로 채점된다. 따라서 어느 정도 본문 공부를 마치고 문제 풀이 연습을 할 때는 문제에서 묻는 바가 무엇인지, 교수님이 원하는 키워드가 무엇인지 고민하는 연습이 필요하다. 단순히 아는 내용을 많이 적는다고 득점을 하는 것은 아니다.(물론 아는 내용을 많이 적다보면 핵심키워드가 나올 확률이 커지는 효과는 있다)

직접 손으로 답안을 작성해가며 공부해야 하는 다른 과목들과는 다르게 회계감사는 눈으로 하는 공부가 가능하다. 즉, 학원, 독서실 등을 오갈 때나 밥을 먹을 때 등 책상에 앉아 있지 않을 때에도 공부를 할 수 있다. 필자는 당시 회계감사 강의를 녹음한 MP3를 구해서 동차 기간 내내 수시로 들었다. 실질적으로 얼마나 도움이 됐을지는 모르겠지만 나름 심리적인 위안을 얻을 수는 있었다. 참고로 MP3로 강의를 듣는 방법은 회계감사뿐 아니라 단순 암기가 필요한 경영학이나 상법 등의 1차 과목에도 활용 가능하다.

회계감사는 CPA 시험의 모든 과목 중 가장 끝자락에 놓여 있는 과목이다. 합격에 가장 가깝게 놓여 있는 과목이기도 하다. 사실상 결승점이 눈앞이다. 회계감사 동차 강의를 수강하다 보면 강의 마지막 시간에 선생님께서 하시는 멘트가 있다.

"그럼 필드에서 만납시다."

이 말을 들었을 때 가슴이 뛰어야 CPA 수험생이다.

조금만 더 열심히 하면
'회계감사를 공부하러' 가는 것이 아니라
'회계감사를 하러' 간다는 사실을 명심하자.

재무관리

동차생의 2차 재무관리 포인트는 공식 암기다. 일단 1차를 통해 쌓은 실력에서 이해의 폭을 억지로 넓히려 하지 말자. 간혹 '재무관리 기본 실력이 부족하니 2차 시험을 앞두고 기본강의를 다시 봐야 할지'에 대해 묻는 수험생들이 있다. 이런 경우는 차라리 재무관리 과목을 포기하는 편이 낫다. 모든 과목이 마찬가지지만 재무관리도 2차 준비를 위해 기본서를 다시 볼 필요는 없다. 기본서는 연습서 문제를 풀면서 중간에 모르는 부분을 찾아보는 용도로만 사용하고 **2차 시험은 2차 연습서를 통해 준비해야 한다.**

보통 2차 연습서에는 기본문제와 고급문제가 구분[5]되어 있다. 동차생

---

5)   교재에 따라 기본문제와 고급문제의 구분이 다를 수 있다. 그럴 경우, 쉬운 순서대로 약 60% 정도를 기본문제라고 생각하면 된다.

은 고급문제는 웬만하면 처음부터 풀지 않는 것이 좋다. 암기된 공식을 이용해 2차 연습서의 기본문제 푸는 연습을 하자. 공식을 이용해 자연스럽게 풀리는 문제들은 (공식만 외우고 있다면) 실제 시험장에서도 풀릴 것이기 때문에 X 표시를 하고 더 이상 보지 않아도 된다. 동차생은 4개월간 다섯 과목을 봐야 되기 때문에 범위를 좁히는 효율적인 공부가 매우 중요하다.

암기된 공식만으로 풀리지 않거나 껄끄러운 문제들이 있다. 이는 공부하지 않았던 새로운 내용이 나와서라기보다 수험생들이 공식을 쉽게 대입할 수 없도록 숨겨 놨기 때문일 가능성이 크다. 그래서 **재무관리에서는 독해력이 중요하다.** 예를 들면, 근의 공식을 외우고 있는 고등학생에게 이차함수를 바로 보여 주면서 근의 공식으로 답을 도출하도록 하는 것이 아니라, 한두 번의 추리 과정을 거쳐야 이차함수가 보이도록 숨겨 놓는 것이다. 알고 있는 공식을 바로 대입할 수가 없다. 따라서 문제를 읽고 필요한 부분을 뽑아내는 연습이 필요하다.

정리하면, **2차 재무관리는 공식 암기가 가장 중요하며 고급문제보다는 기본문제 위주로 공부하자. 또한 문제에서 숨겨 놓은 '공식을 대입할 단서'를 찾는(독해) 연습을 하자.** 이 정도면 충분하다.

원가관리회계

개인적으로 2차 원가관리회계는 CPA 시험의 끝판왕으로 드래곤볼의 마인부우, 슬램덩크의 산왕이라고 볼 수 있다. CPA 시험을 수준 낮은 시험이라 말하는 사람이 있다면 그에게 보여주고 싶은 2차 원가관리회계 문제가 많다.

원가관리회계는 1차와 2차의 갭이 가장 큰 과목이다. 필자는 아직도 2차 원가관리회계 첫 강의를 잊을 수가 없다. 분명 1차 원가관리회계는 나름 쉽게 공부했던 과목이었다. 그런데 2차 첫 강의 시간에 1차 때와 똑같은 선생님이 똑같은 주제를 갑자기 새로운 과목인 것처럼 가르치기 시작했던 것이다. 충격을 받고 바로 그날부터는 다음 강의 진도를 예습하는 데 많은 시간을 보냈다. 그렇게 CPA 수험 기간을 통틀어 유일하게 전 범위를 모두 예습하고 강의를 들었다. 그렇지 않으면 강의를 따라갈 수가 없었기 때문이다.

2015년 초, 한 유예생을 상담한 적이 있다. 원가관리회계가 자신의 천적이라며 어떻게 공부해야 좋을지를 상담하러 왔었다. 그는 2011년도에 1차를 합격한 이후 2차 원가관리회계를 응시한 네 차례의 시험에서 한 번도 60점을 넘겨본 적이 없다고 했다. 강의도 여러 개 듣고 문제도 반복해서 풀어봤지만 영 자신이 없다며 조언을 구했다. 원가 하나 때문에 합격의 문턱에서 네 번이나 좌절되었다는 그 유예생의 심정이 상상조차 되지 않는다. 물론 개인별로 차이가 있을 것이기 때문에 이 글을 읽는 모든 사람들이 지레 겁먹을 필요는 없다. 오히려 원가관리회계가 다른 과목에 비해 쉽다는 수험생들도 있다. 실제 2차 원가관리회계 합격률이 다른 과목에 비해서 낮은 것도 아니다.

2차를 처음 보는 동차생은 원가관리회계도 재무관리처럼 기본문제를 완벽하게 푸는 데 초점을 두고 공부하자. 2차 원가관리회계는 4~5문제 정도가 출제되는데 쉬운 문제와 어려운 문제가 골고루 출제된다. 수험생은 60점만 넘으면 되기 때문에 쉬운 문제는 완벽하게 풀고 어려운 문제는 부분점수를 노리는 전략이 합리적이다. 이를 위해서는 연습서의 예제와 기본문제를 완벽하게 암기하는 공부가 좋다. **문제를 푸는 것이 아니라 통째로 암기하는 것이다.** 필자처럼 원가관리회계에 재능이 없는 수험생도 정형화된 문제의 경우는 비슷한 문제를 암기하고 있으면 답을 낼 수가 있다. 2차 원가는 정형화된 문제가 반드시 50% 이상 출제된다. 기본문제를 다 풀었다고 해서 문제 수를 더 늘려서 공부할 필요는 없다. 차라리 풀었던 문제를 반복해서 암기하는 것이 유리하다.

2차 원가관리회계는 단순한 계산 실수로 인한 타격이 굉장히 크기 때문에 각별히 신경 쓰면서 문제를 풀어야 한다. 초반 계산 실수로 인해 잘못 나온 숫자를 마지막까지 사용해서 정답과 전혀 다른 답이 나오게 된다면 이보다 억울할 수가 없다. 물론 채점할 때는 계산 실수를 반영해서 점수를 주는 것으로 알고 있다.(예를 들어 계산 실수 이후 과정이 맞으면 답이 완전히 틀려도 약간의 감점만 한다)

그렇다고 해도 이를 믿고 대충 해서는 안 된다. 1~2점 차이로 당락이 갈리기 때문이다. 더구나 초반부터 계산 실수가 나오기 시작하면 보통 숫자들이 소수점 이하로 떨어지지 않아 답안이 지저분해진다. 그렇게 되면 답에 대한 확신이 사라지면서 제대로 실력발휘가 되지 않는다. 따라서 평소에 덤벙대지 않도록 꼼꼼하게 문제 푸는 습관을 들여야 한다. 문제를 풀면서 자주 실수하는 부분이 있다면 체크해 놓고 주의하도록 하자. 실수로 틀린 부분을 따로 모아놓는 '실수노트'를 만드는 것도 좋은 방법이다.

재무회계

재무회계는 1차와 2차의 차이가 가장 적은 과목이다. 사실 1차 재무회계를 제대로 준비했다면 2차에서 따로 준비할 것은 거의 없다. 특히 **2차에서는 기본적인 회계 이론을 묻는 문제들이 많이 출제되기 때문에 기본만 충실히 하면 합격하는 데 무리가 없다.**

2차 재무회계는 매년 주제별로 10문제 정도 출제가 된다. 이 정도면 넓은 범위에서 골고루 출제되는 것이라 볼 수 있다. 따라서 특별히 버리는 주제 없이 전 범위를 꼼꼼하게 봐야 한다. 최근 3년간 출제된 주제를 보면 다음과 같다.

2012년	2013년	2014년
1. 현금흐름표 [13점]	1. 채권채무조정 [14점]	1. 오류수정·변경 [14점]
2. 재고자산 [16점]	2. 재고자산 [12점]	2. 재고자산 [10점]
3. 유형자산 [12점]	3. 유형자산 [16점]	3. 유형자산 [9점]
4. 유가증권 [12점]	4. 유가증권 [13점]	4. 유가증권 [15점]
5. 전환사채 [16점]	5. 전환사채 [13점]	5. 전환사채 [16점]
6. 이연법인세 등 [26점]	6. 자본회계 [15점]	6. 자본회계 [12점]
7. 연결 [15점]	7. 주당순이익 [13점]	7. 이연법인세 [12점]
8. 합병 [18점]	8. 리스 [13점]	8. 리스 [12점]
9. 외화환산 [12점]	9. 연결 [31점]	9. 연결 [26점]
10. 파생상품 [10점]	10. 외화환산 [10점]	10. 합병 [14점]
		11. 파생상품 [10점]

세무회계

2차 세무회계는 법인세 40%, 소득세 20%, 부가가치세 20%, 상증세 10%, 약술세법 10%의 비율로 출제 된다. 법인세, 소득세, 부가가치세 등 주요 3법의 경우 예전에는 종합문제라고 해서 커다란 사이즈에 많은 내용을 한꺼번에 묻는 문제가 출제되었다. 반면 최근에는 종합문제보다 단답형으로 각각의 문제들이 독립적으로 출제되고 있다. 학원 선생님들의 표현을 빌리면 '덩치 큰 객관식'이다.

약술세법은 서술형 답안을 요구하는 문제인데 2차 시험 전에 학원에서 제공하는 강의를 이용하면 충분하다. 찍어주는 부분에서 90% 이상 커버되므로 동차생은 해당 부분만 집중적으로 준비하면 된다.

주요 3법의 전체적인 틀을 잡기에는 커다란 종합문제가 좋다. 따라서 연습서에 있는 종합문제를 잘 공부해 보자. 필자도 커다란 종합문제를 공부하면서 세법 실력이 많이 늘었다. 단답형 문제만을 준비하다 보면 좀처럼 문제별로 적용될 내용이 암기되지 않는다. 종합문제는 전체적인 관점에서 세법을 바라보게 해 주기 때문에 암기를 좀 더 수월하게 해 준다. 예를 들면, 애국가의 중간 가사가 뭔지 갑자기 기억나지는 않지만 첫 소절부터 전체를 차례대로 부르다 보면 중간도 쉽게 떠오르는 것과 같은 이치다.

2차 세무회계는 논리의 비약 없이 꼼꼼하게 답안을 작성하는 연습이 필요하다. 그래야 실수를 줄일 수 있고, 실제 시험에서 답이 틀리게 도출됐다 하더라도 부분점수를 받을 수 있다. 그렇다고 너무 풀이를 늘어지게 작성해서는 안 된다. 시간도 부족할뿐더러 답안지 배분에 실패할 수 있다.

　세무회계는 법인세, 소득세, 부가가치세를 매일 한 문제씩 꾸준히 풀어주는 것이 도움이 된다. 주요 3법의 논리는 비슷하면서도 다르기 때문이다. 예를 들어, 부가가치세의 논리는 부가가치세 문제를 풀어야 연습이 된다. 법인세 문제를 푼다고 부가가치세도 연습이 되는 것은 아니다. 연습서를 반복해서 정말 많이 풀어봐야 한다. 풀이는 다음과 같은 느낌으로 진행하면 된다.

　연습서에 총 100문제가 있다면 2회독까지는 100문제를 모두 2번씩 풀고 3회독부터 두 번 모두 맞힌 문제는 X 표시를 해가며 풀어야 할 문제 수를 줄인다. 두 번 모두 맞힌 문제는 웬만해선 실전에서도 틀리지 않을 것이다. 3회독 70문제, 4회독 40문제, 이런 식으로 줄이는 공부를 한 뒤 시험 직전에는 **지금까지 계속 틀렸던 부분과 맞혔던 부분이지만 정말 중요한 부분을 다시 풀면서 대비**하면 된다.

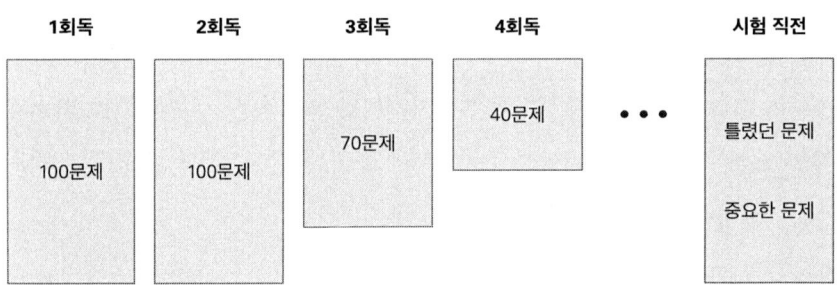

유예 전략 – 4과목 이하 전략

필자는 아무리 실력이 부족한 동차생이라도 포기하지 말고 다섯 과목을 다 준비해서 시험 보는 것을 추천한다. 올해 및 다음 해의 과목별 난이도를 예측하기 힘들기 때문이다. 포기한 과목이 올해는 쉽게 출제되었는데 다음 해에는 어렵게 출제된다면 호미로 막을 것을 가래로 막는 격이 된다. 더구나 2차 시험은 생각보다 어렵지 않다. 1차를 합격한 수험생은 모두 동차로 합격할 가능성을 가지고 있다.

만약에 개인적인 사정으로 하나 또는 그 이상의 과목을 포기해야 한다면 포기할 과목은 다음과 같이 정하면 된다.

첫 번째 후보는 1차에서 아예 공부를 하지 않은 과목이다. 간혹 1차 시험에서 출제 비중이 낮은 원가관리회계나 재무관리를 통째로 포기한 합격생들이 있다. 이런 수험생들은 포기한 과목의 2차 시험 준비를 위해 투입해야 할 시간이 너무 많다. 이 때문에 다른 과목들마저 위태로워질 수 있다. 이럴 때는 대를 위해 소를 희생해야 한다. 과감히 해당 과목을 다음 기회로 넘기자.

두 번째 후보는 유예를 하면 합격할 확률이 높은 과목이다. 필자가 생각하는 유예 시 합격 확률이 가장 높은 과목은 세무회계다. 세무회계는 내용이 어렵다기보다는 양이 많아서 힘든 과목이다. 따라서 시간만 있다면 누구나 잘할 수 있다. 세무회계 한 과목 유예생의 최종 합격률은 매년 100%에 육박한다. 그만큼 변수가 적다는 뜻이다. 세무회계 다음으로는 재무회계가 유예 시 합격 확률이 높은 편인데, 사실 재무회계는 1차에서 어느 정도 공부를 하지 않고는 2차로 넘어오기 힘들기 때문에 포기하기 아깝다.

　세 번째 후보는 올해 어렵게 출제되거나 내년에 쉽게 출제될 것으로 예상되는 과목이다. 사실 출제 난이도를 직접 예측하는 것은 불가능하다. 다만, 과목별 응시생 수를 통해 간접적으로 짐작할 수는 있다. 예를 들어, 원가관리회계 유예생이 500명, 재무관리 유예생이 1,000명이라면 1차 시험 합격자 1,700명과 함께 원가관리회계는 2,200명, 재무관리는 2,700명이 시험을 보게 된다. 이때 최종 합격자 수[6]는 정해져 있기 때문에 재무관리 채점이 상대적으로 엄격할 것으로 예상할 수 있다. 따라서 유예생이 많은 과목이 아무래도 합격률이 조금 떨어질 것인데, 사실 첫 번째와 두 번째 고려 사항에 비하면 미미한 요소다. 개인적으로 참고할 만한 가치는 별로 없다고 생각한다. 다만 극단적인 상황이 나올 수도 있으니 그럴 때에는 고려해 주자.

　반대로 회계감사는 절대로 포기하지 말아야 할 과목이다. 회계감사는 숫자보다 말로 적는 답안이 많기 때문에 점수 변동성이 다른 과목에 비해 상대적으로 크다. 즉, 실력과 점수의 상관관계가 낮을 수 있다는 뜻이다. 더구나 회계감사는 양이 적은 편이고, 수험 기간에 비해 실력 차이가 가장 적게 나는 과목이다. 필자는 동차 때 진도별 모의고사에서 네 과목은 하위 20%를 찍었지만 회계감사는 항상 상위 20%였다. 1차

---

6)　2010년~2014년까지 최근 5년간 최종 합격자 수는 차례대로 953명, 961명, 998명, 904명, 886명이다.

를 오랫동안 공부했던 수험생일지라도 보통 회계감사는 준비하지 않기 때문에 필자에게 비교우위가 있었던 것이다.

참고로 최근 과목수별 유예생들의 최종 합격률을 살펴보면 다음과 같다.

과목 수	2014년 최종 합격률	2013년 최종 합격률
1과목 유예	100.0%	97.5%
2과목 유예	97.4%	85.7%
3과목 유예	91.9%	55.0%
4과목 유예	65.5%	26.7%

3과목까지는 최종 합격률이 꽤 높다.(특히 1차 합격생이 유난히 적었던 2014년도는 엄청나게 높은 유예 합격률을 보인다) CPA 2차 시험이 투입 대비 성과가 정직한 시험이라는 증거이기도 하다.

PART 04

기간별 공부 방법

기간별 공부 방법

    CPA 1차와 2차를 모두 한 번에 합격하기 위해서는 언제 공부를 시작해야 할까? 당연히 늦게 시작할수록 합격률은 떨어질 것이다. 따라서 수험공부는 최대한 일찍 시작하는 것이 유리하다. 하지만 마냥 일찍 시작해서 오랫동안 공부를 하게 되면 길어진 수험 기간 동안 매너리즘에 빠지기 쉬우며, 1년이 훨씬 넘어가게 되면 애당초 그 전년도의 시험을 준비하는 것이 맞다.

    따라서 각종 합격수기와 필자 주변의 사례를 통해 동차로 합격하기 가장 좋은 시작 시점인 3월 (토익, 학점이수 등을 제외한 본격적인) 시작을 가정하고 기간별로 어떤 식으로 공부하면 좋을지에 대한 팁을 보여주려 한다. 공부 시작 시점이 다른 분들은 참고용으로 사용하면 될 것이다. 이를테면 시작이 좀 늦은 분들은 기간을 압축하거나 중요도가 떨어지는 부분을 생략하면 된다.

시작 전 준비	1차 12개월 전 ~ 8개월 전	1차 8개월 전 ~ 4개월 전	1차 4개월 전 ~ 시험 직전	1차 직전	1차 시험
		2차 4개월 전 ~ 2개월 전	2차 2개월 전 ~ 시험 직전	2차 직전	2차 시험

위 그림과 같이 '시작 전 준비' 단계부터 '1차 시험'과 '2차 시험'까지 기간을 나누어 기간별 공부 방법을 알아보자.

시작 전 준비

왜 CPA를 해야 하는지에 대한 고민을 수험 기간 도중에 해서는 안 된다. 이에 대한 고민은 수험 생활을 시작하기 전에 해야 하는 것이고 반드시 결론을 내고 본격적인 공부를 시작해야 한다. 필자가 보아온 단기 합격생들 대부분은 **본격적인 수험생활을 시작하기 전에 CPA 시험에 대한 선택을 확실히 하고 그 선택에 대해서 더 이상 고민하지 않았다.** 선택에 대한 이유는 어떤 것이든 상관없다. 때로는 유치한 이유가 고귀한 사명감보다 강력할 수 있다.

학습 조교로 일을 하다 보면 더 이상 공부에 대한 열정이 생기지 않는다며 찾아오는 수험생들이 있다. 이럴 때마다 필자는 이들에게 왜 **CPA 시험 준비를 시작했는지를 묻는다.** 특별한 이유가 없다고 대답하는 학생들에겐 돌아가서 'CPA 시험을 준비하는 이유'를 연습장에 적어볼 것을 권한다. 이런 과정을 통해 이유가 명확해진 수험생들은 슬럼프를 오뚝이처럼 가볍게 극복한다. 적어도 단기적으로는 예외 없이 효과적이었다.

이유를 찾았다면 그때부턴 본인의 합격에 대해 완전한 믿음을 갖자.

즉, 신념을 갖자. 내년 2차 시험이 끝난 후엔 회계사가 되어 있을 것이라고 스스로 생각하는 것이다. **자신의 목표를 주변 사람들에게 구체적으로 말하자.** 필자는 CPA 준비를 시작하기 전에 가족과 친구들에게 입버릇처럼 이렇게 말했다.

"회계사는 내년에 1,000명이 아니라 999명 뽑는다. 내 자리는 이미 예약되어 있다."

물론 필자를 제외하고는 아무도 그 얘기를 믿지 않았다. 사실 필자도 특별히 자신이 있어서 그렇게 얘기한 것은 아니었다. 오히려 필자는 겁이 많다. 뭔가 조금이라도 틀어지는 느낌이 나면 걷잡을 수 없이 무너지는 스타일이기 때문에 아예 그런 생각을 하지 않았을 뿐이다. 약한 만큼 강한 신념이 필요했다.

> 아무리 소박한 꿈이라 해도 다른 사람들에게 이야기해보세요.
> 열 명 정도에게 말을 했을 때쯤에는 꿈이 이루어질 확률이 높아집니다.
> – 『멈추면, 비로소 보이는 것들』, 103쪽, 혜민 스님 –

정신적인 부분 외에 실질적인 준비도 필요하다. **영어점수와 학점을 완료해 놓아야 한다.** 특히 필자는 영어 때문에 수험 기간 전체가 꼬여버린 수험생을 수도 없이 봤다. 영어를 아예 못하거나, 효율적으로 공부해서 700점만 살짝 넘기려다 실패하고 결국엔 1년을 통째로 날리는 것이다. 따라서 회계 공부를 시작하기 전에 확실하게 토익을 해결하도록 하자.

학점은 실제 시험 과목과 관련이 있는데 왜 미리 완료해야 하는지 의문일 수 있다. '같은 과목인데 어떻게든 도움이 되지 않을까?'라는 생각을 하는 것이다. 물론 여의치 않다면 수험생활을 하면서 학점 이수를 병행해도 된다. 그러나 학점 이수를 위한 강의 수강은 수험 목적용 공부와 명백하게 차이가 난다. 효율성 측면에서 바라보자는 건데, 수험 공부를 쏟아지는 폭포수에 비유하면 학점 이수를 위한 강의는 졸졸 흐르는 시냇물과 같다. 별 도움이 안 될뿐더러 괜히 집중력만 흐트러진다. 차라리 그 시간에 휴식을 취했다가 폭포에 뛰어드는 편이 훨씬 낫다.

마지막으로 시작 전에 전반적인 시험 관련 자료를 합격수기, 인터넷 카페, 교수님이나 학원 상담 등을 통해서 수집해 놓는 것이 좋다. 수험과 관련된 정보도 따지고 보면 그 양이 엄청나게 방대하다. 학원 강의, 공부 장소 등 전체적인 수험 계획을 미리 짜 두자. 물론 수험생활 도중에도 끊임없는 개선은 필요하지만 미리 전체적인 계획을 갖고 시작을 해야 시행착오를 최대한 줄일 수 있다. 어떤 사람들은 본격적인 공부를 시작하기 전에 학원 단과 강의를 수강하여 미리 수험생활을 간접경험해 보고 본격적으로 뛰어들 것인지 결정하기도 한다. 이렇게 회계원리나 중급회계 과목을 가볍게 한 번 수강하면서 '견적'을 내 보는 것도 나쁘지 않다.

정리하면, 본격적인 수험생활을 시작하기 전에 CPA에 대한 본인의 당위성과 신념을 갖는 것이 첫째, 토익과 학점을 준비하는 것이 둘째다. 마지막으로 관련 정보를 최대한 수집, 정리하여 계획을 짜두자. 세 가지가 전부 완료됐다면 출사표를 던져도 좋다.

준비에 실패하는 것은 실패를 준비하는 것이다.

– 벤자민 프랭클린 –

1차 시험 12개월 전 ~ 8개월 전

진부한 멘트를 하나 소개하겠다. 보통 이등병이 막 자대에 배치되면 선임 중 한 명이 눈을 감도록 한 뒤에 보이는 것을 묻는다. 그러면 이등병들은 각 잡힌 자세로 '아무것도 보이지 않습니다!'라고 대답한다. 익살맞은 선임이 '그게 네 남은 군 생활이야'라고 말해 주는 것이 다음 수순이다. 여담이지만 이때 이등병들은 뻔하다는 표정을 지으면 절대 안 된다. 선임의 위트에 감탄했다는 느낌과 난처함이 동시에 묻어나는 표정을 지어줘야 한다.

이등병과 마찬가지로 수험생활을 막 시작한 수험생들은 자신이 시험 앞에 어떤 운명인지 아무것도 볼 수가 없다. 합격이라는 종착지가 저 우주 너머 어딘가에 존재하는 느낌이다. 그렇다고 걱정하지는 말자. 왜냐하면 합격을 위해서 꼭 종착지를 바라보면서 가야 할 필요는 없기 때문이다. 수험생들은 오늘 하루 무엇을 할 수 있는가에만 집중하면 그만이다. 이는 1차 시험 1년 전이든 하루 전이든 동일하다. 수험생활은 어두운 밤 자동차를 운전하는 것에 비유할 수 있다. 헤드라이트가 비추고 있는 바로 앞만 보고 달리다 보면 어느새 목적지에 도착할 것이다.

무엇보다 합격을 위해서 눈앞의 한걸음만 바라봐야 하는 이유는 **인간은 평소 가늠해 보지 못했던 거대한 개념 앞에서는 그것을 과대평가하는 경**

향이 있기 때문이다. 예를 들어 중간고사와 같이 2주 정도 빡세게 공부하는 것은 그 고통의 정도를 예상할 수 있다. 경험해 봤기 때문이다. 그런데 최소 1년 이상 공부해야 할 때의 고통은 예상하기가 힘들다. 적당한 부자의 재산은 감이 오지만 '만수르'가 가진 재산은 상상조차 되지 않는 것과 비슷하다. 주눅이 들고 힘이 빠지게 된다. 그렇게 되면 능률이 오르지 않는다.

필자는 그래서 수험생들에게 '도미노 효과'를 강조한다. 물리적으로 한 개의 도미노는 자신보다 1.5배가 큰 것을 넘어뜨릴 수 있는 힘을 가진다. 이를 이용하면 사람 키만 한 도미노도 9번째는 피사의 사탑만 하고 22번째는 에베레스트 산만 하다. 그리고 48번째 도미노는 지구에서 달에 이르는 거리만큼이나 커진다.

이제 막 수험생활을 시작한 수험생에게 합격의 길은 지구에서 달에 이르는 거리만큼 요원하게 느껴질 것이다. 따라서 보이지 않는 목표에 도달하기 위해서는 수험생활에서 도미노 효과를 만들어야 한다. 도미노 효과를 내기 위해서는 '매일 그날의 도미노 조각을 찾은 다음, 그것이 넘어질 때까지 있는 힘껏 내리치는 것'이면 충분하다. 나머지는 저절로 될 것이다.

훌륭한 성공은 동시다발적으로 일어나는 것이 아니라 순차적으로 일어나기 때문이다. 선형으로 시작된 것이 기하급수적으로 변한다. 올바른 결정을 내리고, 그 다음에 또 한 가지 올바른 결정을 내린다. 시간이 흐르면서 이것들이 쌓이다 보면 성공의 잠재력이 봇물 터지듯 발산된다. (중략) 성공은 연속하여 쌓인다. 단, 한 번에 하나씩이다.

－『원씽』, 26쪽, 게리 켈러 · 제이 파파산 －

　과목별로는 제일 먼저 회계원리를 시작해야 한다. 이후에는 1차 시험과 관련된 과목들을 앞서 설명했던 과목별 순서대로 1회독을 하면 된다. 여기서 수험생들 사이에서 잘못 알려진 것이 하나 있다.

　'상법은 찬바람 불 때 하면 된다.'

　한참 전부터 전해오던 수험가의 이 말은 9~10월쯤 상법을 시작하면 이듬해 1차 시험까지는 충분히 대비할 수 있다는 말인데 필자의 생각은 다르다. 암기 과목도 주요 과목과 마찬가지로 실력을 쌓는 데 시간이 걸린다. 때문에 시험에 임박해서 시작하면 좀처럼 실력이 늘지 않는다. 또한 주요 과목이 부족했지만 암기 과목의 선방으로 1차 시험을 합격하는 수험생이 무수히 많다. 필자도 그런 케이스였다. 1차 경제학과 상법 점수가 회계, 세법에 비해 높았다. 만약 암기 과목에 투자했던 시간을 회계, 세법에 배분했다면 1차 시험을 통과하지 못했을 것이다. 물론 1차와 2차 모두 있는 회계, 세법 등의 주요 과목이 중요한 것은 사실이다. 단지 그렇다고 해서 **암기 과목의 시작을 늦춰서는 안 된다**는 얘기다.

　잠시 전쟁 얘기를 하겠다. 전쟁이 시작되면 보통 처음에는 적진에 융단폭격을 가한다. 효율성은 떨어지지만 곳곳에 흩어져 있는 적군에 막대한 피해를 입혀 전의를 상실시키기 위해 특별한 타겟 없이 전 지역을 대상으로 폭격을 가하는 것이다. 이후 정해진 주요시설에 조준폭격이

가해진다. 이미 융단폭격으로 대부분의 시설이 파괴된 뒤에는 주요시설을 찾아 공격하는 효율성이 중요해지기 때문이다.

마찬가지로 어떤 과목이든 처음 1회독은 중요도에 차별 없이 기본서의 전 범위를 커버해 주는 것이 좋다. 학원 강사가 직접 보지 말라는 부분을 제외한 기본서의 전 부분을 꼼꼼하게 정독하자. 개인적으로 '무자비하고 무차별적으로 공부해야 한다'는 표현이 딱 맞는 것 같다. 효율적인 공부는 1~2회독 이후 어느 정도 본인의 깜냥이 생기면 그때부터 시작해 주자.

수험생활 초반에는 공부하는 습관을 들이는 것이 매우 중요하다. 대부분의 CPA 수험생은 수능 이후 오랫동안 제대로 공부해 본 적이 없다. 기껏해야 대학교 중간·기말고사 직전 벼락치기가 전부였기 때문에 처음엔 하루 종일 공부하는 것이 힘들 것이다. 수험생활은 중간·기말고사 기간이 1년 이상 이어진다고 생각하면 적절하다. 벼락치기를 수험생활 내내 하는 것이다. 따라서 지금까지의 느슨했던 마인드를 바꿔줄 필요가 있다. 공부 습관을 잡는 법[1]에 대해서는 뒤쪽에서 자세히 설명한다.

공부가 잘돼서 공부를 하는 것이 아니다.
공부를 하다 보면 공부가 잘될 것이다.

---

1) PART 06 전반적인 수험생활 TIP 252쪽 '공부 습관'

1차 시험 8개월 전 ~ 4개월 전(전 과목 1회독 이후)

1차 전 과목을 1회독 이상 한 수험생에게는 두 가지 미션이 주어진다. 첫 번째는 이제 '누적복습'[2]을 통해 객관식 전까지 1차 과목의 개념을 탄탄히 하는 것이고, 두 번째는 2차 시험을 대비하기 위해 **2차 과목을 미리 어느 정도 준비하는 것**이다.

'누적복습'은 각 과목의 개념들이 서로 연결되도록 돕고, 반복을 통해 단기기억을 장기기억으로 전환해 주는 학습법이다. CPA 시험의 방대한 범위를 커버해 주기 위해서는 2~3회독부터는 반드시 누적복습을 해야 한다. 또한 본격적으로 객관식 공부를 시작하면 기본서를 다시 정독할 시간이 좀처럼 나지 않게 된다. 따라서 그때가 되면 기본서는 객관식 문제집을 공부하면서 모르는 부분을 중간중간 찾아보는 용도로밖에 사용할 수 없다. 마치 사전처럼 사용하는 것이다. 따라서 이 시기에 기본서를 확실히 정리해 두는 것이 매우 중요하다.

두 번째는 2차 과목 준비다. 1차와 2차가 겹치는 과목은 재무회계, 세무회계, 재무관리, 원가관리회계 네 과목이다. 수험생들은 주어진 상황과 능력에 맞게 네 과목 중 한 과목 이상 2차 준비를 해 두는 것이 좋다. 필자가 보았던 대부분의 동차 합격생들은 1차 때부터 2차 준비를 어느 정도 해 두었다. 그렇다면 부족한 시간 속에서 어떤 2차 과목을 우선적으로 공부해야 하는 것일까?

---

2) PART 05 CPA 공부 관련 TIP 215쪽 '누적복습'

필자가 생각하는 우선순위는 세무회계 → 재무회계 → 원가관리회계&재무관리 순이다. 1순위인 세무회계는 2차 연습서를 공부하면 1차 객관식 준비만 했을 때에 비해 실력이 많이 상승하는 과목이다. 특별한 이유가 없다면 시간이 좀 부족해도 1차 때 세무회계 정도는 공부하는 것이 좋다.

2순위는 재무회계다. 1차 합격 후 2차 시험까지 4개월이란 기간은 다섯 과목 강의를 전부 듣기에는 다소 짧다. 따라서 2차 때 부담을 좀 줄이기 위해서는 상대적으로 강의 의존도가 낮은 재무회계를 미리 해 두는 것이 좋다. 그렇게 되면 2차 때 재무회계 강의를 듣지 않고 혼자 준비하는 것이 가능해진다. 강의를 듣지 않았기 때문에 절약된 시간에 다른 과목 공부를 좀 더 할 수 있다.

재무관리와 원가관리회계는 미리 공부해 두면 당연히 좋겠지만 굳이 다른 1차 과목에 투입할 시간을 뺏으면서까지 공부할 필요는 없다. 어차피 동차생은 두 과목에 대해서는 기본적인 문제들만 대비한 채로 2차 시험장에 가기 마련이다. 1차 합격 후에 시작해도 충분하다. 회계감사는 특히 미리 들을 필요가 없다. 시험 형식이 자주 바뀌기도 하고, 상대적으로 양이 적어 1차 시험 이후 준비해도 충분히 고득점이 가능하기 때문이다.

이 시기에는 이제 타이트한 생활이 4개월째로 접어들면서 더워진 날씨와 함께 체력과 집중력이 떨어지기 시작한다. 전 과목 1회독을 했음에도 머리에 남은 게 별로 없는 것처럼 느껴져 심리적으로 더 지치게 된다. 다람쥐 쳇바퀴 돌듯 반복되는 생활도 슬슬 지겨워진다. 여름휴가

시즌이 되면 다 잊고 1박 2일 정도 바다로 떠나고 싶어진다. 그러나 이때 뛰쳐나가 버린다면 지금까지 쌓아 놓은 모든 것들이 물거품이 될 수 있으니 절대 그래서는 안 된다. 대부분의 수험생들이 시험 직전에 하는 소리가 '딱 일주일만 더 있었으면 합격할 수 있을 것 같은데…!'이다. 그 일주일이 바로 이 시기이다. 수험 기간 전체를 놓고 봤을 때 가장 집중도가 떨어져 흐지부지 보내기 쉬운 시기가 7~8월 여름이다. 이때 공부 장소를 변경하든지 생활 스터디를 하든지 강제적으로 열심히 할 환경을 만들어 주자.

서울여대 김창옥 교수는 세상 모든 일에는 '열정, 권태, 성숙기'가 있다고 했다. 딱 이 시기가 수험생에게 권태기가 발생할 수 있는 시기다. (2차 시험을 준비하는 4월쯤 두 번째 권태기가 온다) 김창옥 교수는 권태기를 성숙기로 안전하게 넘기기 위해서 다음과 같은 생각을 하는 것이 도움 된다고 한다.

이 또한 지나가리라.
- 미드라쉬 -

결국 공부가 안 되는 시기는 지나가게 되어 있다. 나중에 후회하지 않도록 그냥 꾹 참고 자리에 앉아 있어야 한다. 필자가 수험생일 때 학원 회계 선생님이 하셨던 말씀이 있다.

"자리에서 박차고 일어나는 순간 합격도 같이 물 건너가는 거다."

합격의 비결은 힘이 들 때마다 꾹 참고 그냥 앉아서 공부하는 데 있다. 혜민 스님의 에세이 『멈추면, 비로소 보이는 것들』을 보면 '존버 정신'에 대해 나온다. 수험생들에게도 '존버 정신'이 필요하다.

또한 이때가 수험생 커플이 가장 많이 생기는 시기이다. 7~8월은 건너온 거리는 꽤 되지만 막상 시험 날까지는 한참을 더 가야 하는 망망대해의 한복판이다. 수험생이 외로움을 가장 많이 느끼면서도, 아직 현실적인 위기의식은 생기기 전이다. 주변에 같이 공부하는 오빠들이 많은 여자 수험생들은 각별히 조심해야 한다. 남자 수험생들도 인생의 중요한 시기에 어리석은 행동을 하지 않도록 주의하자.(물론 역으로 생각하면 관심 있는 수험생에게 마음을 표현하기 적절한 시기다)

이 시기가 지나면 본격적으로 객관식 공부를 시작하게 되는데, 공부 장소와 숙소의 거리가 먼 수험생들은 객관식을 시작하기 전에 통학 시간을 줄여주자. 통학 시간이 좀 걸린다 하더라도 이때까지는 그래도 감수할 만하다는 뜻이기도 하다. 막상 이사를 하려면 적당한 곳을 찾는 데 며칠이 소요될지 모르고, 이사하느라 하루가 날아가며, 바뀐 잠자리에 적응해야 한다. 따라서 최소한 10월 전까지는 새로운 보금자리를 마련하는 것을 추천한다.

이외수 선생님께 힘들게 살아가고 있는 젊은이에게 해 주고 싶은 말이 있으신지 여쭈니 이렇게 대답하셨습니다.

"존버 정신을 잃지 않으면 됩니다."

"아, 존버 정신… 그런데 선생님, 대체 존버 정신이 뭐예요?"

"스님, 존버 정신은 존나게 버티는 정신입니다."

–『멈추면, 비로소 보이는 것들』, 244쪽, 혜민 스님 –

1차 시험 약 4개월 전 ~ 1차 시험 직전(객관식 공부 기간)

이제 본격적으로 객관식 공부를 시작해야 한다. 10월까지도 기본서를 붙들고 있는 과목이 있어서는 안 된다. 또한 강의 듣는 시간을 줄이고 혼자 공부하는 시간을 최대한 늘려야 한다.

이전까지는 식사 시간을 1시간씩 풀로 썼다면 이제는 짧게 마치고 공부시간을 최대한 확보하자. 같은 공부를 하지 않는 친구들과의 연락도 슬슬 차단해야 할 때이다. 메신저 어플을 지우거나 핸드폰을 일시 정지 시키는 것도 고려해 볼 만하다. 필자는 1월 초에 핸드폰을 일시 정지시켰다. 당시엔 1년에 2회까지 추가 비용 없이 일시 정지가 가능했는데[3] 1차 시험 전과 2차 시험 직전에 한 번씩 이용하면 딱이었다. 앞서 설명했듯이 통학 시간조차 아까워지는 시기다. 수면 시간도 조금씩 줄여가

---

3) 현재는 월 3천 원 이상의 번호 유지비용이 든다.

며 페이스를 올리는 것도 필요하다.

연말에 있는 크리스마스부터 12월 말일과 다음 해 1월 1일까지의 뒤숭숭한 분위기는 특히 조심해야 한다. 이때 괜히 기분이 들떠서 친구들을 만나 노는 수험생들이 많다. 필자도 '하루 정도는 괜찮겠지'라는 생각에 친구들을 고시원 근처로 불러서 영화도 보고 사우나도 가고 술도 한잔 하면서 정신 나간 짓을 했었다. 특히 핸드폰을 일시 정지하기 전 마지막이라는 생각에 친구들을 만났다가 그 여파가 이틀 이상 갔다. 지금도 이때를 생각하면 아찔하다.

또 1차 시험이 가까워지면서 좀처럼 오르지 않는 실력에 포기하는 수험생들이 나오게 된다. 만일 주변에 '내년에 더 완벽하게 준비해서 수석을 해야겠다'는 친구들이 있으면 멀리하자. 그 친구들은 내년 똑같은 시기에 지금과 똑같은 실력의 자기 자신을 마주하게 될 것이다.

학원가의 선생님들이 이구동성으로 하는 소리가 "실력은 점진적으로 올라가지 않고 계단식으로 올라간다. 특히 시험 직전에 엄청난 폭으로 상승하니 마지막까지 포기하지 말라."이다. 왜 시험 직전에 실력이 엄청난 폭으로 상승하는 걸까? 이유를 굳이 살펴보자면, 막판의 공부는 점수와 직결되는 공부이며 이전까지는 이런 공부를 가능하게 하는 기초공사 과정이었기 때문이다. 물은 섭씨 100도가 되기 전에 끓지 않는다. 99.9도가 되어도 임계점에 도달하기 전까지는 아무런 변화가 없다.

여객기 한 대가 황량한 사막에 추락해 조난을 당했다. 생존자는 11명이었다. 대학교수, 공무원, 회사 사장, 장교 외에 피터라는 이름의 바보도 있었다. 사막은 한낮이면 기온이 50~60도에 육박했다. 그들은 오아시스를 찾아 길을 나섰다. 그런데 오아시스는 무정하게도 계속 뒷걸음질 치더니 어느 순간 사라져버렸다. 그들은 여러 번 반복되는 신기루에 지쳐 녹초가 되어 쓰러졌다. 단 한 사람, 바보 피터만 빼고 말이다. 신기루가 무엇인지 피터가 알 리 없었다. (중략) 구조대원들은 피터를 조난자들 곁으로 데리고 왔다. 그리고 그들이 왜 물가와 얼마 떨어지지 않은 곳에서 모두 죽었는지 이유를 물었다.

"제가 저쪽에 샘이 있다고 했더니 신기루일 뿐이라며 아무도 제 말을 믿으려 하지 않았어요. 저는 신기루가 뭔지도 몰랐어요. 그런데 신기루가 도대체 무슨 뜻인가요?"

－『성공하고 싶을 때 일하기 싫을 때 읽는 책』, 44쪽, 바이취엔전 －

이 시기에 포기해버리는 수험생들은 자기보다 부족하다고 생각했던, 바보 피터와 같은 친구가 먼저 합격하는 모습을 보게 될 것이다. 자신이 불합격할 것 같다는 판단은 본인이 하는 것이 아니다. 시험지와 OMR 카드가 판단해 준다.

경영학에서는 제품수명주기를 '도입기-성장기-성숙기-쇠퇴기'로 구분한다. 이를 수험생활에 대입하면 '도입기-성숙기-성장기'가 된다. **성숙기 다음에는 성장기가 반드시 온다!** 이것은 필자가 수많은 수험생들에게서 보았던 현상이므로 믿어도 좋다. CPA에 대한 목표가 확실하다면, 끝날 때까지 포기하지 말자.

앞에서 모든 과목의 1회독은 융단폭격을 하듯이 전 범위를 무차별적으로 공부해야 한다고 설명했다. 반대로 이 시기가 되면 선택과 집중이 중요해진다. 더 이상 새로운 부분을 공부해서는 안 되며 공부 범위를 좁혀가며 끝까지 가져갈 것과 버릴 것을 구분해야 한다. 영화에서 보면 단골로 등장하는 조연이 있다. 부상을 당해 뒤처지는 바람에 악당들의 시간을 끌고 주인공을 살리기 위해 희생하는 캐릭터이다.

'난 이미 틀렸으니 먼저 가…'

안타깝지만 공부에 있어서도 희생하는 캐릭터를 정해야 한다. 이 시험은 100점을 맞는 시험이 아니다. 희생된 문제를 애도하기엔 시간이 부족하다. 가져갈 문제가 무엇일지에 대한 냉철한 판단만이 필요하다.

1차 시험 직전

1차 시험 직전 한 달가량에 대한 설명이다. 더 이상 학원 강의 없이 하루 종일 혼자서 공부해야 하는 시기이다.

연초에 있는 전 범위 모의고사는 수험생 본인의 상황에 맞게 한 번에서 두 번 정도 보도록 하자. 시간 배분 연습과 실제 시험장의 분위기를 체험하는 용도 및 부족한 부분이 어디인지 찾는 정도로 활용할 수 있다.

모의고사 이후 기간에도 실력이 엄청 늘기 때문에 점수에 신경 쓸 필요는 없다.

전 범위 모의고사를 남은 기간 공부 스케줄을 짜는 데 활용하는 것도 괜찮다. 2013년 CPA 1차 시험을 한 번에 합격했던 신상섭 군은 모의고사 날을 실제 시험 날이라고 생각하며 계획표를 짰다.

> 1월 말에 전국모의고사를 중간목표로 놓았던 것이 굉장히 좋은 선택이었던 것 같습니다. 미리 그 시점까지 시험에 합격할 만한 실력을 만들려고 생각을 하고 공부계획을 짰더니, 굉장히 빡센 계획이 되긴 하였지만 1~2월 학원 커리큘럼에서 벗어난 기간에 긴장감을 놓치지 않고 공부할 수 있었던 원동력이 되었던 것 같습니다.
>
> – 합격수기 '꾸준히 그리고 긍정적으로', 신상섭 –

필자는 개인적으로 시험 직전의 일일특강은 추천하지 않는다. 학원에 오가는 시간조차 아까울 정도로 미친 듯이 공부해야 하기 때문이다. 또한 1차 시험의 경우 상대평가이기 때문에 총점을 높이는 것이 가장 중요하다. 따라서 특별히 과락을 걱정하는 과목이 없다면 투입 대비 효과가 좋은 과목에 시간 투자를 많이 해야 한다. 개인차는 있겠지만 주로 상법, 경제학, 경영학이 효율적인 과목이다.

'서울에서 부산까지 가장 빠르게 가는 방법은 좋아하는 사람과 함께 가는 것이다'라는 말을 들어본 적이 있을 것이다. 시간이란 개념은 상대적이라고 생각한다. 굳이 아인슈타인의 상대성이론처럼 복잡한 이론을 논할 필요도 없이 CPA 수험생이라면 모두 느낄 수 있다. 1차 시험 직전의 시간은 1차 시험 1년 전의 시간에 비해 30배 정도 중요하다. 이때는 하루에 1년 전 한 달과 맞먹을 만큼의 많은 공부를 할 수 있다는 뜻이다.

1회독은 2회독을 더 빠르게 하기 위해서고, 2회독은 3회독을 더 빠르게 하기 위해서이며, 결국 우리는 시험 직전 마지막 회독을 짧은 시간 안에 하기 위해서 한참 전부터 공부하는 것이다. 이 말은 결국 시험 직전에는 전 범위를 다 봐야 한다는 뜻이기도 하다. 만일 기억력의 한계가 이틀이라면 시험 직전 이틀간 전 범위를 다 봐야 한다.

천재는 노력하는 자를 못 이기고,
노력하는 자는 즐기는 자를 못 이기며,
즐기는 자는 전날 본 자를 못 이긴다.

또한 이 시기는 '내가 안 해서 그렇지 제대로 하면 다 끝장낼 수 있지'라는 생각으로 살아온 수험생들이 자신의 생각을 실제로 증명해야 하는 시기다.

인생에서 잠재력이 발휘될 수 있는 시기는 많지 않다. 보통 인생에서 중요한 첫 번째 관문인 입시 경쟁은 자발적 의사와 상관없이 남들 다 하니까, 혹은 나이가 차서 휩쓸려가듯 아무 생각 없이 맞이하는 경우가 많다. 그러나 CPA 시험은 다르다. CPA 수험생들은 성인으로서 명백히 본인의 선택에 의해 이 바닥에 들어왔을 것이다. 따라서 자신의 자발적인 선택과 노력에 대해 심판을 받는 인생 첫 번째 시기라고 볼 수 있다.

필자는 CPA 시험 이전까지는 시험에서 큰 스트레스를 받아본 기억이 없다. 왜냐하면 내 의사와는 상관없이 보는 시험이었기 때문이다. 하지만 CPA 시험은 달랐다. 1차 시험 직전에는 지금껏 꽁꽁 숨겨왔던 잠재력이란 친구를 애타게 찾았고, 이것보다 더 열심히 할 수는 없을 정도로 하얗게 불태웠다.

이때는 어느 학교 어느 교수님이 출제위원으로 들어갔다는 소문이 돌기 시작한다. 간혹 해당 교수님의 중간·기말고사 시험지를 입수하려 하거나 평소에 강조했던 주제를 찾아보는 등 시간을 낭비하는 수험생들이 있다. 당부하지만 절대로 그러지 말자. 설령 그 소문이 맞다 하더라도 소요될 시간에 다른 중요 주제를 공부하는 것이 훨씬 효율적이다. 귀를 막고 본인의 원래 계획대로 공부하자.

『불합격을 피하는 법』(이하 불피법)의 저자 최규호 변호사는 시험 전날엔 모르는 사람에게 뺨을 맞더라도 맞서 싸우면 안 된다고 했다. 싸움을 피해버리면 당장은 억울해도 30분이면 잊을 것이다. 1년 넘게 공부해야 하는 시험을 대비하는 수험생의 마음가짐은 그 정도는 되어야 한다.

또한 시험 잘 보라는 주변의 연락도 받지 말아야 한다. 오로지 시험 당일 쏟아낼 내용에 대해서만 생각하고 있어야 한다. 가끔 시험 본 이후의 약속을 미리 잡는 수험생들이 있는데 그래선 안 된다. 공부 이외에는 아무것도 떠올리지 말자. 필자는 한 달 전에 미리 시험 장소와 끝나는 시간을 친구들에게 전달하고 그 뒤로는 저녁 약속에 대해 최대한 떠올리지 않았다. 마지막으로 강조하지만 OMR 카드를 제출하기 전까지는 오직 시험에 대해서만 생각하자.

시험 당일 TIP

시험은 아침에 본다. 따라서 컨디션 조절을 위해 시험 전날에는 최대한 일찍 잠자리에 드는 것이 좋다. 일단 누웠다면 잠이 오지 않는다고 자리에서 일어나지 말자. 필자는 특별히 생체시계를 맞추진 않았지만 시험 전날은 9시 전에 자리에 누워서 잠이 올 때까지 무작정 기다렸다. 누워 있으면 굳이 잠에 들지 않아도 잠든 것과 비슷한 효과를 낼 수 있을 뿐 아니라 누워 있지 않는 경우보다 잠도 더 잘 온다. 올빼미형 수험생은 미리 아침형으로 생체시계를 바꾸는 것도 괜찮다.

수험표나 계산기, 컴퓨터용 사인펜 등 준비물은 전날 밤에 미리 여유 있게 준비해 두자. 수험표는 뒷면을 연습장으로 사용하게 해 주는 감독관도 있으니 여유 있게 여러 장 뽑아 가자. 지금껏 잘 사용되던 계산기가 시험 당일 갑자기 안 될 것 같은 기분이 들겠지만 걱정하지 말자. 카시오 계산기는 10년을 써도 절대 고장 나지 않는다. 시험장 온도가 어떨지 모르기 때문에 얇은 옷을 여러 벌 겹쳐 입고 가자. 더우면 벗으면 되지만 추운데 옷이 없다면 큰일이다.

교통수단으로는 택시를 추천한다. 지하철이나 버스의 경우 사람들 사이에 치여 에너지 소모가 있을 수 있으며 지하철역이나 버스 정류장에서 시험장까지의 거리가 꽤 될 수도 있다. 대신 러시아워를 피해서 여유 있게 이용하자. 택시 안에서는 마음이 흐트러지지 않도록 택시기사와 아무런 얘기를 하지 않는 것이 좋다.

필자가 2차 시험을 봤던 2010년 6월 26일은 대한민국과 우루과이의 월드컵 16강전 경기가 있는 날이었다. 2차 시험은 26일, 27일 이틀 동안 진행되었기 때문에 첫날 시험을 치른 뒤 다음 날 컨디션을 생각해 일찍 잠자리에 들었다. 축구는 밤 11시에 했기 때문에 보지 못하고 자야 했다. 다음 날 아침, 택시를 타고 시험장에 가는데 결과가 너무 궁금해서 택시기사에게 어제 축구 결과를 물어봤다. 택시기사가 깜짝 놀라서 고개를 돌려 쳐다보며 "아니, 어제 축구를 안 보셨어요?"라고 했던 기억이 난다.

시험장에 가면 이제 공부를 엄청 잘할 것 같이 생긴 응시생들이 비법이 담겨 있을 것 같은 프린트를 정신없이 보고 있을 것이다. 이때 내가 공부하지 않았던 다른 교재가 보여도 침착해야 한다. 필자 같은 경우는 '시험 직전 10분'이라는 이름을 붙인, 과목별 목차와 시험 직전에 외워야 할 사항들이 적힌 노트를 준비해 갔다.

주변 사람의 기를 죽이고 싶은 수험생이라면 캐리어에 지금까지 공부했던 책을 모조리 싸들고 가도 된다. 하지만 남 신경 쓰지 않고 본인의 시험에 집중하는 것이 무엇보다 중요하며, 힘들게 많은 책을 들고 가봤자 볼 시간도 없기 때문에 웬만하면 두꺼운 기본서보다 얇은 요약집 등을 가져가도록 하자.

필자는 긴장하면 화장실에 자주 가는 타입이라 물을 넉넉히 준비해

떨어질 사람들이다.

시험 직전에는 잠재력 운운하며 능력을 100% 이상 끌어내야 한다고 설명하였다. 하지만 실제 당일은 약간 힘을 빼고 80% 정도의 느낌, 즉 연습하듯이 보는 것이 좋다. 처음 보는 문제가 나오면 학원 강사 욕을 한 번 하고 바로 잊어버리자. 어차피 아는 문제만 다 풀기에도 시간은 부족하다.

아무리 급해도 문제를 정확하게 읽도록 하자. '아닌 것은, 옳지 않은 것은, 옳은 것은' 등 문제에서 요구하는 바를 유념해서 답을 골라야 한다. 필자는 글을 읽을 때 건너뛰는 버릇이 있어서 실수가 너무 잦았다. 그래서 시험문제를 풀 때는 항상 중요한 단어에 동그라미를 치며 읽었다.

헷갈리는 보기가 두 개 있다면 무조건 처음 읽고 답이라고 느낀 것을 밀고 나가자. 문제를 여러 번 읽는 것은 시간 낭비이다. 두 번째 보기를 읽을 때는 오답 또한 익숙해지기 때문에 무의식 속에 있는 직감이 잘 발휘되지 않는다. 시험장에서는 본인을 최대한 신뢰하도록 하자. 설령 그것이 틀린 보기라 할지라도 자신감을 유지하는 것이 중요하다.

만약 답이 짐작조차 가지 않는 문제가 나왔을 경우엔 최대한 상식적으로 생각하자. 괜히 함정이 있을 것이라 생각하고 비상식적인 보기를 고르는 수험생들이 있다. 항상 그런 것은 아니지만 상식적인 보기가 답일 확률이 높은 편이다.

필자는 평소 공부할 때나 시험 문제를 풀 때 어려운 문제가 나타나면 상체를 뒤로 젖혀 문제를 전체적으로 바라보는 버릇이 있다. 문제를 한눈에 담으면서 뇌를 환기시킨다는 느낌이다. 한 연구에 따르면, 복잡한 과제와의 물리적 거리가 멀어질수록 심리적 거리도 멀어지면서, 과제에 대해 느끼는 어려움의 정도가 완화된다고 한다. 여러분도 풀리지 않는 문제가 나타났을 때 한 번씩 시험지를 멀리서 바라보자. 좀처럼 떠오르지 않던 해결의 실마리가 떠오를 수 있다.

마지막으로 수험번호, 성명 등을 제대로 기재했는지 반드시 확인하자. 시험이 끝난 날 저녁 인터넷 카페에는 항상 올라오는 글이 있다. 'OMR 카드에 수험번호를 적지 않고 제출한 것 같다'는 글이다. 사소한 실수 때문에 2차 공부에 집중하지 못하고 흔들릴 만한 여지를 만들지 말자.

1차 시험 – 1교시(경영학, 경제학)

1교시는 경영학과 경제학을 각각 40문제씩 110분 동안 본다. 문제당 OMR 카드 마킹 시간을 5초라 가정한다면 1분 17초 안에 한 문제씩 풀어야 한다. 시간이 매우 촉박하므로 문제풀이 순서가 매우 중요해진다.

경영학 40문제 중 24문제를 차지하는 일반경영학을 먼저 푸는 것이 좋다. 일반경영학은 아는 문제는 답이 바로 나오고 모르는 문제는 아무리 고민해도 답이 뭔지 알 수 없기 때문이다.

이후에 거시경제학과 국제경제학을 풀어준다. 마찬가지로 큰 고민 없이 빠르게 풀 수 있기 때문이다. 그다음이 미시경제학인데 쉽게 풀리는 문제만 먼저 풀어주고 고민이 필요한 문제는 바로바로 넘겨야 한다. 물론 평소 보지 못했던 새로운 유형의 문제도 계속 고민하다 보면 풀릴 수도 있다. 단지 투입 시간 대비 효율이 좋지 않기 때문에 미루는 것이다.

마지막엔 재무관리를 풀고 남는 시간에 지금까지 답을 고르지 못하고 넘어갔던 문제의 답을 골라주면 된다. 정리하면 다음과 같다.

1차 시험 1교시 문제풀이 순서

필자도 거의 위 순서대로 풀긴 했지만 경제학에 자신이 있었기 때문에 미시경제학에서 모르는 문제를 넘기지 않고 한 번에 다 풀려 했다. 그러다 미시경제학 게임이론 한 문제에 5분 이상 시간을 쓰는 실수를 했는데 결국 그 문제를 제대로 풀지 못하고 찍었다. 여러분은 아무리 실력에 자신이 있더라도 미리 세워둔 전략대로 하는 것을 추천한다. CPA 1차 시험은 즉흥적인 전략 수정이 좋은 방향으로 작용하기엔 시간이 너무 촉박하다.

점심시간

1교시 이후엔 점심 식사 시간이다. 이때는 친구들끼리 모여서 채점하는 수험생, 난이도를 평가하는 수험생, 집에 가는 수험생, 눈물을 흘리는 수험생 등 다양한 인간들이 등장한다. 여러분들은 귀를 막고 남은 시험에 정신을 집중하자. 1교시에 봤던 시험은 이제 머릿속에서 지워버리는 편이 마인드 컨트롤을 하기에 좋다. 점심은 평소 소화가 잘되던 것으로 소식을 해야 속이 편하다. 시험이 끝나고 맛있는 것을 마음껏 먹으면 되니까 배가 조금 고프더라도 참도록 하자.

1차 시험 – 2교시(상법, 세법)

2교시에는 상법과 세법을 각각 40문제씩 120분 동안 본다. 1교시보다 10분이 더 주어진다. 2교시는 전략이 좀 더 간단한데, 계산 문제가 없는 상법을 30분~40분 안에 빠르게 풀고 나머지 시간을 전부 세법 문제를 푸는 데 할애하면 된다. 세법도 말 문제 먼저 풀고 계산 문제는 나중에 풀어 주는 것이 좋다. 물론 상법과 세법 말 문제가 어렵게 출제되고, 세법 계산 문제가 쉽게 출제될 가능성도 없지는 않다. 따라서 말 문제를 풀 때는 아무리 헷갈려도 1분 내로 풀고 넘어가는 안전장치를 해 두자.

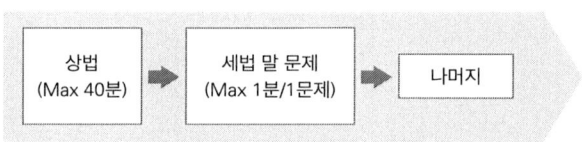

1차 시험 2교시 문제풀이 순서

마지막 3교시는 재무회계와 원가관리회계가 80분 동안 50문제 출제된다. 회계학은 시간이 정말 부족하다. 극단적으로 수험생에게 문제풀이 시간을 마음껏 줬을 경우, 1교시와 2교시는 실제와 점수 차이가 크지 않겠지만 3교시 회계학은 엄청나게 차이가 날 것이다. 그만큼 아는데 시간이 없어서 못 푸는 문제가 많이 나온다. 따라서 문제를 보고 답을 도출하는 데까지 걸리는 시간을 예측하는 능력 즉, 견적을 내는 능력이 매우 중요하다. 견적은 단순히 문제 크기나 주제로 판단할 수도 있지만 무엇보다 '답을 내기 위해 고려해야 하는 단서의 개수' 파악이 중요하다. 예컨대, 다음 두 문제를 보자.

---

25. (주)대경의 20×2년 1월 1일 현재 보통주자본금은 ₩50,000,000(주당 액면금액은 ₩5,000)이고 자기주식과 우선주자본금은 없다. (주)대경의 20×2년 당기 희석주당이익 계산을 위한 자료는 다음과 같다.

- 기초미행사 신주인수권: 1,000개(신주인수권 1개당 보통주 1주 인수)
- 신주인수권 행사가격: 주당 ₩6,000
- 기중 보통주 평균시가: 주당 ₩10,000

20×2년 10월 1일에 신주인수권 800개가 행사되었다. 가중평균주식수를 월할계산했을 때 20×2년 당기 희석주당이익이 ₩620이라고 하면, 20×2년 (주)대경의 당기순이익은 얼마인가? 단, 법인세 효과는 고려하지 않는다.

① ₩ 6,398,400   ② ₩ 6,423,200   ③ ₩ 6,522,400
④ ₩ 6,572,000   ⑤ ₩ 6,671,200

46. (주)한국은 제품라인별로 부문 X, 부문 Y 및 부문 Z를 유지하고 있다. (주)한국의 지난 달 부문별 및 회사전체의 매출액, 비용, 이익에 관한 정보는 다음과 같다.

	부문 X	부문 Y	부문 Z	회사전체
매출액	₩1,250	₩750	₩500	₩2,500
변동비	500	250	300	1,050
공헌이익	750	500	200	1,450
고정비:				
급여	325	205	150	680
감가상각비	10	20	20	50
기타일반관리비	260	156	104	520
총고정비	595	381	274	1,250
영업이익(손실)	₩155	₩119	₩(74)	₩200

(주)한국의 재무담당이사(CFO)가 부문 Z의 폐지 여부 결정을 하기 위해 세 부문에 부과되는 비용들에 대해 분석한 결과는 다음과 같다.

(1) 급여는 각 부문에 속한 종업원들에게 직접 지급되며, 부문 Z가 폐지될 경우 회사는 부문 Z에 근무하는 종업원들을 추가 비용의 발생 없이 즉시 해고시킬 수 있다.
(2) 감가상각비는 각 부문의 설비에 대한 것이다. 각 부문의 설비는 부문의 특성에 맞게 주문제작된 것이기 때문에, 부문 Z가 폐지될 경우 부문 Z의 설비는 시장가치가 없다.
(3) 기타일반관리비는 회계 구매 관리비용을 나타내며, 각 부문의 매출액을 기준으로 각 부문에 배부된다. 부문 Z가 폐지되더라도 매월 발생하는 기타일반관리비 총액은 변동하지 않을 것으로 예상된다.

(주)한국이 부문 Z를 폐지하기로 결정한 경우, 부문 Z가 사용하던 유휴 공간 및 설비에 대한 대체적 용도가 없다. 다음 설명 중 옳지 않은 것은?

① 지난달 회사전체 공통고정비는 ₩520이다.
② 지난달 부문 X에 대해 추적가능한 고정비는 ₩325이다.
③ 지난달 부문 Y에 대한 공통고정비 배부전 부문이익(segment margin)은 ₩275이다.
④ 부문 Z를 폐지하기로 결정한 경우, 회피가능한 고정비는 월 ₩150이다.
⑤ 부문 Z를 폐지하기로 결정한 경우, 회사 전체의 영업이익은 월 ₩50만큼 감소할 것이다.

상단의 두 문제는 모두 2014년 CPA 1차 회계학 기출문제이다. 먼저 25번 문제의 경우 주당이익 관련 문제인데 작은 사이즈와는 달리 '가중평균유통보통주식수, 잠재적 보통주식수, 희석주당이익'을 차례로 구하기 위해 적어도 6~7개의 단서와 4번 이상의 계산 과정을 거쳐야 한다.

반면에 46번 문제는 수험생을 압도하는 큰 사이즈이지만 ②번 보기를 구하기 위해 부문 X의 급여 325와 감가상각비 10을 더하기만 하면 답이 바로 나온다.(물론 다른 보기를 모두 검증하기 위해선 좀 더 많은 단서를 고려해야 하지만 실전에서 그래서는 안 된다. ②번 보기를 골랐다면 다른 보기는 무시하고 넘어가야 한다) 이처럼 시험지에는 짧은 문제임에도 불구하고 여러 가지 단서를 고려해야 하는 문제와 사이즈는 크지만 단서 한두 개로 풀리는 문제가 혼재되어 있다. 다음은 필자가 좋아하는 '무라카미 하루키'의 소설 『1Q84』에 나오는 문구다.

> 체호프가 말했어. 이야기 속에 권총이 나왔다면 그건 반드시 발사되어야만 한다고. 이야기 속에 필연성이 없는 소도구를 끌어들이지 말라는 거지. 만일 거기에 권총이 등장했다면 그건 이야기의 어딘가에서 발사될 필요가 있어.
>
> *– 『1Q84』 제2권, 36쪽, 무라카미 하루키 –*

소설과 시험문제는 다르다. 이야기 속의 권총은 발사되어야 하지만 시험 문제 속의 수많은 권총은 대부분 발사되지 않는다. 특히 '매력적인 단서'에 현혹되지 말자. 아무 감정 없이 시작한 친구 사이도 자주 보다 보니 서로에게 매력을 느껴 연인으로 발전하는 경우를 봤을 것이다. 수험공부의 경우도 마찬가지다. 자주 본 개념은 매력적이다. 그렇지만 매력적인 개념이 문제에 나왔다고 꼭 사용해야 하는 것은 아니다. 문제에서 쓸데없는 살을 다 발라내고 필요한 뼈대만 남겨 놓는다면 그 앙상함에 다들 놀랄 것이다. 만일 핵심을 그대로 묻는 문제만 출제된다면 CPA 합격까지 두 달이면 충분할 것이다. 문제에 붙은 살을 발라내기 위해 수험생들은 그 많은 시간을 공부하는 것이다.

실제 시험장에서 '이 문제는 풀 수는 있지만 고려할 요소가 많아서 5분은 걸리겠군'이라고 생각이 드는 문제는 일단 넘겨야 한다. 설령 그 문제를 맞아도 다른 쉬운 문제를 2개 이상 날리게 되면 손해다. 이렇게 견적을 뽑는 능력은 당연히 많은 연습을 필요로 한다.

재무회계와 원가관리회계 구분 없이 말 문제를 가장 먼저 풀어주고 그다음에 원가관리회계 계산 문제, 재무회계 계산 문제 순으로 풀어주는 것이 좋다. 단, 원가관리회계가 어렵게 출제되고 재무회계가 쉽게 출제될 수도 있기 때문에 원가관리회계 계산 문제에 과도하게 시간이 투입되지 않도록 주의하자. 또는 재무회계부터 차례로 풀어도 크게 상관은 없다.

1차 시험 3교시 문제풀이 순서

풀이 시간을 예측해서
'맞힐 수 있지만 시간이 오래 걸리는 문제'를
미루는 능력이 필요하다.

1차 시험 직후

2013년도까지는 과락 없이 총점 330점을 넘기면 1차는 무조건 합격이었다. 따라서 매년 합격자 수가 들쭉날쭉했다. 그러나 2014년도 시험부터는 1,700명 정도 합격자가 나오도록 합격 점수를 정한다. 따라서 합격 점수가 들쭉날쭉하다. 2014년도의 합격자 커트라인은 393.5점, 2015년도는 344.5점이었다. 그런데 바뀐 제도 때문에 커트라인을 예측하기 힘들어져 수험생들이 향후 휴·복학 여부를 결정하는 데 애로 사항이 생겼다. 그래서 최근 들어 합격자 발표를 종전보다 앞당겨서 하는 편[4]이다.

점수가 다소 애매하더라도 과락 없이 총점 330점을 넘겼다면 복학을 고려하는 것과 별개로 바로 2차 준비를 시작하는 것을 추천한다. 인터넷 카페 등에서 예측하는 커트는 정확도가 떨어진다. 특히 경쟁자들이 일찍 공부를 시작하는 것을 방해하기 위한 일명 '분탕질'(커트가 굉장히 높게 될 것이라는 소문을 퍼뜨려 합격 예정자가 2차 공부를 포기하게

---

4) 2015년의 경우 1차 시험 2주 뒤인 3월 13일에 합격자 발표를 했다.

만드는 행위)이 활개를 치게 된다. 이를 믿고 합격자 발표일까지 기간을 통으로 날리는 수험생들이 있다.

시험이 쉽게 출제됐다면 330점을 넘겼어도 1차에 불합격할 가능성이 높겠지만, 발표일까지 공부를 한다고 해서 손해 볼 것은 별로 없다. 그런데 만에 하나라도 합격을 하게 되면 발표일까지 날린 시간이 굉장히 치명적일 수 있다. 교통사고가 발생할 확률은 매우 작지만 만에 하나 발생하면 피해가 매우 크기 때문에 안전벨트를 매는 것과 같은 이치다. 통계 용어로는 1종 오류를 피해야 한다는 것인데 정리하면 다음과 같다.

	2차 준비를 바로 시작함	2차 준비를 하지 않음
발표 결과 합격한 경우	옳은 선택	**1종 오류** – 공부시간을 날린 타격이 너무 크다.
발표 결과 불합격한 경우	2종 오류 – 복학을 조금 늦게 하는 것 정도의 피해만 있다. CPA에 대한 목표가 확실하다면 미미한 피해다.	옳은 선택이긴 하나 어차피 CPA 합격이 최종 목표라면 공부를 계속 하는 것도 좋은 선택이다.

그렇다고 1차 시험을 본 당일 저녁부터 바로 공부를 시작할 필요는 없다. 시험 직전과 1차 시험 당일은 짧은 기간에 많은 에너지를 쏟아내야 했기 때문에 체력 소모가 컸을 것이다. 따라서 3일 정도 충분히 휴식을 취하는 것이 바람직하다. 집이 먼 수험생은 이 시기에 부모님을 뵙고 오자. 필자는 당시에 동차 종합반이 개강하기 전까지 거의 일주일을 푹 쉬었다. 2차 연습서를 한 번도 본 적이 없어서 뭘 해야 할지 모르기도 했고, 체력을 회복한 후 남은 4개월을 미친 듯이 달리겠다는 마음이었다.

이의제기

1차 시험 직후 가답안이 발표되는데 이에 대해서 2주 안에 이의제기를 할 수가 있다. 이의제기는 이의제기서에 본인의 인적사항, 이의제기 내용 및 대학교수 등의 전문가 의견을 첨부하여 금융감독원 회계제도실 공인회계사시험 업무 담당자에게 등기우편으로 보내면 된다. 접수된 이의제기서는 출제위원과는 별도로 과목별 3명 이상의 정답확정위원회가 구성되어 검토된다. 이의제기가 반영된 최종 답안은 공인회계사시험 홈페이지를 통해 공고된다.

점수가 애매하다고 판단되는 수험생들은 이의제기를 통해서 더 큰 확신을 가질 수 있긴 하다. 하지만 초시생이라면 이의제기에 신경 쓰기보다는 그냥 2차 공부를 열심히 하자. 왜냐하면 오류가 있는 문제를 찾고 학원 선생님이나 학교 교수님의 의견서를 받아 제출하는 과정이 번거롭고 시간이 오래 걸리기 때문이다. 더구나 수험생이 한두 문제로 당락이 좌우될 점수대에 속할 확률도 거의 없고, 초시생은 실력이 부족하기 때문에 오류가 있는 문제를 발견하기가 쉽지 않다. 또한 초시생이 발견할 정도로 오류가 심한 문제라면 누군가(주로 장수생) 대신 제출해 줬을 가능성이 높다. 따라서 그 시간에 2차 공부에 집중하는 것이 전략적으로 우월한 선택이다.

2차 시험 4개월 전 ~ 2개월 전

이전까지는 CPA 최종 합격이라는 목적지가 은하계 저편 너머에 있는 느낌이었다면, 이 시점부터는 서울에서 제주도 정도의 느낌이다. 앞쪽에 나온 2차 공부 순서를 참고해서 연습서 공부를 시작하자. 회계감사를 비롯한 2차 연습서를 보고 있으면 이제 조금만 더 하면 CPA가 될 것 같은 기분이 든다.

그런데 화장실 들어갈 때 마음과 나올 때 마음이 다르고, 돈 빌릴 때 마음과 갚을 때 마음이 다른 법이다. 막 수험생활을 시작했을 때의 마음가짐으로는 1차만 붙으면 정말 미친 듯이 공부할 수 있을 것 같지만 막상 2차생이 되면 절대로 그렇지가 않다. 3~4월 날씨가 점점 따뜻해지면서 부분합격제라는 거부하기 힘든 달콤한 유혹이 수험생들을 힘들게 한다. 악마의 유혹이다. 따라서 이때는 **너무 잘하려고 하지 말고 꾸준히 페이스를 유지하는 데 집중하자.**

특히 이 시기에는 퍼지는 날이 반드시 생길 텐데, 이를 빠르게 극복하는 의지가 매우 중요하다. 2009년 1차 수석 합격자의 합격수기를 보면 이 시기에 합격하지 못할 것 같은 불안감에 다 팽개쳐버린 적이 종종 있었다고 한다. 하지만 그런 실수는 하루를 넘기지 않았고, 다시 돌아와 공부를 했기 때문에 최종적으로 동차로 합격할 수 있었다.

2차 시험에서 포기하지 않고 꾸준하게 공부하는 것이 얼마나 중요한지는 필자의 케이스로도 알 수 있다. 필자는 1차 시험 날까지 한 번도 2차 연습서를 보지 못했다. 결국 2차 다섯 과목을 4개월간 생으로 준비한 셈인데 그 와중에도 멘탈이 깨져서 자리에서 뛰쳐나와 몇 시간씩 날린 날만 열흘이 넘는다. 당시 동차 종합반에서 진도별 모의고사만 보면 하위 20%를 꿰차고 있었으니 그럴 만도 했다. 그래도 날을 넘기지 않고 다시 책상으로 돌아와 꾸역꾸역 할 일을 했고, 결국에는 다섯 과목 모두 한 번에 합격할 수 있었다.

> 중요한 것은 공부하기 싫다는 생각이 아니라, 그럼에도 불구하고 당신이 어떤 선택을 하느냐다. 버틸 것이냐, 가방을 쌀 것이냐. 선택에는 책임이 따른다. 피할 수 없다. 양념을 주문하면 양념치킨이, 프라이드를 주문하면 프라이드치킨이 배달된다. 공부도 마찬가지다. 당신이 '가방 싸기'를 선택하면 무엇이 다가올까.
>
> – 『365 공부 비타민』, 166쪽, 한재우 –

초시 합격생들은 학원의 동차 종합반을 많이 수강한다. 그냥 학원 커리큘럼을 그대로 따라가는 것도 나쁘진 않지만 좀 더 효율적인 대비를 하고 싶다면 회계감사 과목을 미리 당겨 듣자. 시험 직전에 혼자 공부하는 시간을 얼마나 확보하는지가 합격 확률과 직결된다. 어차피 공부는 혼자 해야 실력이 느는 것이기 때문이다. 추가로 1차 때 미리 들었던 2차 과목 한두 개 정도는 강의 없이 혼자 공부하는 것도 괜찮다.

2차 시험 2개월 전 ~ 2차 시험 직전

이 시기에 접어들면 슬슬 시험 직전까지 반복해서 풀어야 할 문제와 버릴 문제를 과감하게 구분해야 한다. 공부할 부분을 어떻게 압축하느냐가 관건이다. '과감하게'라는 표현을 쓴 이유는 생각보다 훨씬 많은 문제를 버려야 하기 때문이다. 예를 들면 재무관리나 원가관리회계의 경우는 2차 연습서에 기본문제와 고급문제(또는 복합문제)가 있다면 고급문제는 포기하는 것이 좋다. 선생님이 출제를 예상하여 찍어주는 부분을 제외하고는 예외를 두지 말자. 만약 초시생인데도 불구하고 이 시기에 기본문제를 충분히 소화하고 고급문제를 풀 정도의 습득력을 가졌다면 어떻게 공부하든 합격할 수 있다. 따라서 단기에 합격하고자 하는 모든 수험생들은 본인의 습득력과 상관없이 기본문제만 풀고 시험장에 들어가는 전략을 쓰는 게 가장 효과적이다.

**가장 중요한 결정이란 무엇을 할 것인가가 아니라
무엇을 하지 않을 것인가를 결정하는 것이다.
– 피터 드러커 –**

동차생은 가능하다면 빠르게 강의를 끝내고 회독 수를 늘리는 것이 좋다. 따라서 동차 종합반을 다니는 수험생들은 늘어지는 강의는 과감히 스킵하는 방법도 괜찮다. 사실 그러기 위해서라도 1차를 준비할 때 2차 연습서 공부가 필요하다.

전 범위 모의고사의 경우는 1차보다 중요도가 떨어진다. 4개월이라는

식이 더 좋은지는 잘 모르겠다.

실력이 많이 부족한 수험생이라면, 매일 다섯 과목을 조금씩 공부하는 것보다 '원샷-원킬' 전략을 베이스로 사용하며 추가로 한두 과목 정도를 가볍게 보는 것이 가장 좋지 않을까 싶다.

> 책 하나를 잡았으면 그 책이 끝날 때까지 3일이든 5일이든 그 책만 보는 것이 좋다. 아침부터 밤까지, 그리고 그 다음날도 똑같이. 이렇게 해야 하는 이유는 바로 공부의 연속성과 통합성이다. 공부는 단편적으로 한다고 해서 그것이 효과가 있는 것이 아니다. 제1장의 내용부터 마지막 장까지의 내용이 동시에 머릿속에 떠오른 상태에서 서로 섞이고 연결되고 통합되어야 전체적인 내용이 이해가 되고 관통되어 마스터가 되는 것이다.
> – 『불합격을 피하는 법』, 127쪽, 최규호 –

2차 시험 직전

2차 시험은 보통 홍익대학교에서 이틀에 걸쳐 치러진다. 하루에 승부를 보는 1차 시험보다 신경 쓸 것들이 많다. 숙소가 멀다면 시험장 근처에 이틀간 잘 곳을 구해야 하고, 첫째 날 시험을 본 후 저녁 식사와 공부할 장소를 정해놔야 한다. 참고로 2차 시험장 근처 홍대, 신촌, 합정 일대에는 숙박시설이 충분하므로 걱정할 필요는 없다.

최종 정리는 둘째 날 시험 볼 과목인 재무회계와 원가관리회계를 먼저 해 주고 첫째 날 시험 보는 과목인 세무회계, 재무관리, 회계감사를 나중에 하는 것이 좋다. 그렇게 해야 첫째 날 직전에 봤던 부분으로 바로 시험을 보고, 첫째 날 시험이 끝난 후 둘째 날 시험 볼 부분을 한 번 더 가볍게 정리할 수 있다. 주의할 것은, 둘째 날 가볍게 정리한다는 정도가 시간 관계상 '서브노트를 한 번 읽는 수준'밖에 되지 않으므로 대부분의 정리는 이틀 전에 마무리해야 한다.

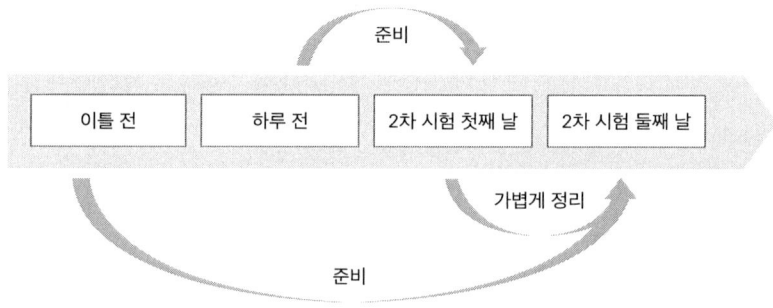

2차 시험은 많은 부분을 수험생 머릿속에서 스스로 꺼내 답안을 작성해야 하기 때문에 공부했던 모든 범위를 **빠짐없이 전부 훑어보는 것이 중요하다.** 왜냐면 1차 객관식 시험은 정답을 골라내지 못하면 결국 점수화되지 않기 때문에 확실하게 아는 부분을 추려서 보는 것이 효율적이지만, 2차 주관식 시험은 답안을 어떻게든 작성하면 조금이나마 부분점수를 받을 수도 있기 때문이다. 물론 상대적으로 그렇다는 것이지 1차든 2차든 정확하게 공부하는 것이 가장 중요한 것은 사실이다.

2차 시험 – 첫째 날 1교시 세법

필자는 게임방송을 즐겨 본다. 게임방송에서 스타크래프트 프로리그는 양 팀의 선수들이 일대일로 붙는 경기가 5전 3선승제로 최소 3세트에서 최대 5세트 진행된다. 양 팀의 엔트리(출전 순서)가 4명씩 공개되고 4세트까지 승부가 나지 않으면 마지막 다섯 번째 경기(에이스 결정전)로 승리 팀을 결정하는 방식이다. 결국 각 팀의 감독들은 선수들의 실력과 상성, 경기 맵 등을 고려해서 엔트리를 짜게 되며, 이것이 팀의 운명을 결정한다. 첫판부터 실력 있는 선수가 출전하면 초반에 선취점을 딸 확률이 높아지므로 뒤이어 같은 팀 선수들이 기세를 이어갈 수 있다. 그러나 만약 잘하는 선수가 패해버리면 팀이 0:1로 밀리는 상황에서 실력이 부족한 선수가 다음 세트에 출전하게 된다. 그것도 심리적 부담이 가중된 상태라 0:2로 차이가 벌어질 확률이 높다. 따라서 선봉장의 역할은 무엇보다 중요하다.

2차 시험 다섯 과목 중 선봉장은 세법이다. 세법은 나머지 과목에 미치는 영향이 가장 크기 때문에 잘 보는 것이 매우 중요하다. 다행스럽게도 2차는 채점을 바로 할 수 없고 추측만 가능하다. 일단 답안지 열 장을 가득 채웠다면 그냥 무조건 잘 봤다고 생각하자. 그것이 착각이라도 상관없다.

필자처럼 2차 전 범위 모의고사를 응시하지 않은 초시생은 2차 1교시에 답안 작성을 처음 경험하게 된다. 따라서 시간 배분과 함께 답안지 열 장에 적절하게 답안을 배분하는 감을 익혀야 한다. 보통 10점당 답안지 한 장을 채운다고 생각하고 작성하면 된다. 문제를 차례대로 풀지 않을 경우 특별히 신경 써 줘야 한다. 만약 30점 정도의 문제를 건너 뛰고 다음 문제를 풀게 된다면 석 장 정도를 비워두고 답안을 작성하면 된다. 세법은 은근히 작성할 분량이 많다. 풀이 과정을 적다 보면 답안 지가 부족할 수 있기 때문에 항상 답안지 활용을 염두에 두자.

앞서도 설명했지만 필자는 2차 세무회계 답안을 작성할 때 마지막 10 점짜리 문제를 하나 놔두고 답안지 열 장을 다 써버린 아찔했던 기억이 있다. 이런 경우는 중간에 여백이 조금이라도 있다면 이를 어떻게든 활용해 보자. 예를 들어 끝에 'X페이지 중간에 X번 문제풀이를 적어 놓았 습니다'라고 적어 둔 뒤 중간 여백에 X번 답안을 작성하면 된다. 확실하 진 않지만 이렇게라도 해야 조금이라도 점수를 받을 수 있을 것이다.

도중에 아예 모르는 문제가 나오더라도 최대한 답안을 작성하자. 채 점자가 어떻게 부분점수를 줄 지는 아무도 모르는 것이다. 또한 시험장 에서의 답안지를 혼자서 푸는 연습장으로 착각해선 안 된다. '익入, 손 入'이라고 약어를 사용하면 큰일 난다. '익금산입, 손금불산입'이라고 생략된 부분 없이 완전한 단어를 적자. 습관적으로 '1,000,000'을 '1, —,—' 이런 식으로 적는 수험생도 조심해야 한다. 시간을 절약하고 싶 다면 답안에 '(백만 단위)'라고 적고 백만 단위로 숫자를 넣는 것이 낫 다. 물론 이때도 **최종 답은 반드시 원 단위로 작성해야 한다.** 나 혼자 먹는 식사는 적당히 때워도 되지만 2차 답안지는 채점자를 위한 요리라는 점을 명심하자.

최근 세무회계 문제는 일정한 답안 양식에 따라 작성하도록 출제되는 추세이다. 답안 양식은 보통 다음과 같이 주어진다.

익금산입 및 손금불산입			손금산입 및 익금불산입		
과목	금액	소득처분	과목	금액	소득처분
...			...		
합계			합계		

세무회계 답안 양식 예시

이 경우 답안지에 동일한 양식으로 답을 적고 각주를 달아 풀이를 추가하는 방식을 사용하면 된다. 예를 들면 다음과 같은 형식이다.

익금산입 및 손금불산입			손금산입 및 익금불산입		
과목	금액	소득처분	과목	금액	소득처분
미지급금	10,000,000	유보	전기건물상각부인액	3,800,000*	스유보

$*$ 1기 상각 시부인 (백만단위)
 (1) 회사 감가비 : $20 + 8 = 28$
 (2) Tax 한도 : $(200 + 10 + 8) \times 0.1 \times 12/12 = 21.8$
 (3) 한도초과 : $28 - 21.8 = 6.2$
　　14기 상각 시부인
 (1) 회사 감가비 : $15 + 3 = 18$
 (2) Tax 한도 : $(200 + 18) \times 0.1 \times 12/12 = 21.8$
 (3) 한도미달 : $21.8 - 18 = 3.8$ (한도 6.2)

세무회계 답안 작성 예시: 문제에 주어진 양식대로 답을 작성하고 *표시로 풀이를 덧붙인다. 이때 풀이는 백만 단위로 작성해도 되지만 답에는 0을 전부 적어야 한다.

2차 시험 – 첫째 날 2교시 재무관리

재무관리는 시간적으로 여유가 있는 편이다. 따라서 조금 천천히, 꼼꼼하게 문제를 풀어도 괜찮다.

보통 초시생들은 깊이 있는 이해에 따른 접근보다는 암기된 공식에 의한 기계적인 풀이를 주로 할 것이다. 이때 만약 공식이 대입되지 않는 처음 보는 형식의 문제가 출제됐다 하더라도, **암기했던 관련 주제의 공식을 억지로 끼워 맞춰서 최대한 답안을 완성해 보자.** 정확한 답을 내지 못해도 이렇게 알고 있는 부분을 최대한 적어내면 채점하는 교수님 입장에선 부분점수를 줄 수밖에 없다. 왜냐하면 처음 보는 문제는 누구든 익숙하지 않을 것이고, 정답을 제대로 작성한 답안이 거의 없을 것이기 때문이다.

보통 채점은 절대적인 기준에 의한 1차 채점 이후, 합격자 수 조정을 위한 문제별 배점 조정이 이루어지게 된다. 이 점수 조정은 대부분 수험생들의 점수를 올리는 방향(베이스 업)으로 이루어진다. 이때 오답률이 낮은 문제보다 높은 문제의 베이스 업 효과가 크다. 따라서 어려운 문제일수록 어떻게든 답을 적어 내는 것이 실력 대비 높은 점수를 받는 방법이다.

같은 맥락으로, 남들도 다 맞히는 쉬운 문제는 당연히 실수 없이 맞혀야 큰 점수 하락을 막을 수 있다. 따라서 시간상 일부 문제만 검산을 할 수 있다면 쉬운 문제부터 해야 한다. 맞힐 수 있는 쉬운 문제를 실수로 틀리게 된다면 타격이 크다.

2차 시험 – 첫째 날 3교시 회계감사

첫째 날 마지막 과목은 회계감사이다. 대부분 CPA 2차 과목이 숫자 위주의 답안 작성을 요구하는 것과 달리 회계감사는 논술형 답안을 요구한다. 그렇다고 해서 기승전결이 필요한 거창한 논술 능력을 요구하는 것은 아니다. 답안이 4~5줄씩 작성되어 있다 해도 보통 채점은 핵심 키워드 및 핵심 주제가 서술되었는지 여부로 이루어진다. 극단적으로 말하면 출제자가 의도하는 핵심 키워드만 답안지에 있다면 문장이 조금 이상해도 점수를 획득할 가능성이 높다. 물론 부분점수를 줘야 하는 상황에서는 아마 꼼꼼하게 문장을 읽어볼 것이기 때문에 최대한 신경 써서 작성해야겠지만 회계감사라고 특별히 글쓰기 능력이 요구되진 않는다는 소리다.

개인적으로 생각하는 회계감사 과목의 답안 작성 팁은 **채점하는 교수님들을 최대한 편안하게 만들어 드리는 것**이다. 컬럼비아 대학의 조나단 레바브 교수는 이스라엘 수감자의 가석방 요청에 대한 1,112건의 자료를 분석한 결과, 판사가 간식이나 식사를 한 직후 가석방 판결률은 65%, 점심 식사 직전 등 배고픔을 느끼는 시간에는 0%로 나타났다고 한다. 공정함이 요구되는 의사 결정 전문가들도 정신적인 피로에 많은 영향을 받는다는 것이다. 따라서 여러분들이 교수님을 식사 직후 채점하도록 만들 수 없다면, 그 외의 요소라도 할 수 있는 것을 최대한 신경 쓰자.

답안을 작성할 때는 보기 좋게 넘버링을 하자. 또한 문제별로 간격을 띄워 가독성을 높이자. 대신 핵심 키워드가 어떻게든 얻어 걸릴 수 있게 글자 수 한도 내에서 최대한 많은 양을 적는 것이 좋다. 예를 들어 100자 이내로 작성하라는 문제는 90자 이상 100자 미만으로 적는 것이 이상적이다. 또한 회계감사 교수님들은 보통 회계감사의 효과에 대해 긍정적인 입장을 취하므로 회계감사에 대해 긍정적인 뉘앙스를 풍기는 답안을 작성하는 것이 좋다.

또한 회계감사는 다른 과목에 비해 답안에 수정테이프를 사용할 때 신중해야 한다. 아무래도 수정테이프가 들어가면 답안이 지저분해지고 가독성이 떨어진다. 세무회계 등 숫자로 답을 적는 과목이야 지저분하든 깨끗하든 답만 맞으면 영향이 없겠지만 글로 답을 작성하는 회계감사의 경우는 이 또한 교수님들의 피로도에 영향을 미칠 수 있다. 그리고 글씨를 잘 쓸 필요는 없지만 또박또박 정확하게 써야 한다. 또박또박 쓴 글씨가 읽기 편하다. 시간이 부족하다고 휘갈겨 쓴 글씨는 교수님이 알아보지 못하는 경우가 생길 수도 있다.

2차 시험 – 둘째 날 1교시 원가관리회계

둘째 날 1교시는 원가관리회계 과목이다. 보통 다섯 문제 정도만 출제되기 때문에 문제풀이 순서가 중요해진다. 처음에 시험지를 받아서 파본 확인을 할 때 어떤 주제가 출제됐는지 눈으로 확인할 시간이 생긴다. 이때 시험 시작 전까지 머릿속으로 풀이 순서를 미리 정하는 것이 좋다. 당연히 상대적으로 자신 있는 주제를 먼저 시작해야 한다. 그래야 처음부터 탄력을 받아 나중에 자신 없는 주제의 문제도 해결할 가능성이 생긴다.

그러나 필자처럼 특별히 자신 있는 주제가 없는, 아무 생각이 없는 수험생이라면 그냥 1번 문제부터 차례대로 풀자. 답안지 작성에 특별히 신경 쓰지 않아도 되기 때문에 경험이 부족한 초시생에게 적합하다.

원가관리회계는 보통 큰 문제 안에 작은 문제가 여러 개 구성되어 차례로 연결되는 답안을 작성하게 된다. 보통 교수님들이 문제를 만들 때는 대부분 숫자가 깔끔하게 떨어지도록 한다. 따라서 중간에 갑자기 숫자가 딱 떨어지지 않고 소수점이 계속해서 나온다면 틀린 부분이 생겼을 가능성이 높다는 것이므로 그 부분부터 다시 한 번 검토해 보는 것이 좋다.

2차 시험 – 둘째 날 2교시 재무회계

마지막 시간은 재무회계다. 2차 재무회계는 1차 회계학만큼은 아니지만 그래도 시간이 꽤 부족하다. 따라서 두 시간 반 동안 쉴 틈 없이 답안을 작성해야 한다. 따라서 다른 과목은 시험지에는 샤프로 작성하고 답안지에는 따로 펜으로 작성했다면, 재무회계는 시간 절약을 위해 시험지 풀이와 답안지 작성을 펜으로 한꺼번에 하는 것을 추천한다.

재무회계는 150점 만점으로 6할 이상 득점하면 90점이다. 필자는 동차 종합반 기간 동안 재무회계 모의고사에서 90점이 넘는 점수를 받아본 적이 없었다. 그런데 오히려 실제 시험장에서는 모의고사 때보다 훨씬 술술 문제가 풀리는 느낌을 받았다. 실제 시험은 수험생들이 쉽게 맞힐 수 있는 문제가 일정량 출제된다. 이 부분만 점수를 잘 받아도 충분히 합격할 수 있다.

서술형 문제는 기본서에서 공부했던 기준 문구를 떠올려 보며 최대한 많이 적도록 하자. 회계원리, 중급회계, 고급회계, 객관식 재무회계, 재무회계 연습서를 거쳐 2차 시험장까지 온 수험생이라면 대부분의 서술형 문제는 뭐든 적어 넣을 순 있을 것이다. 자신이 없다고 비워두지 말고 최대한 채워 보자.

재무회계는 문제 수가 정말 많다. 시험 시간도 2시간 30분으로 시험 시간이 영원히 끝나지 않을 것처럼 길다. 하지만 이 시간이 끝나면 CPA를 향한 긴 여정에 마침표를 찍을 수 있게 된다. 마지막 종이 울릴 때까지 최선을 다하도록 하자.

필자는 정말 마지막 순간까지 하얗게 불태우고 후회 없이 시험장에서 나올 수 있었다. 미련이 남지 않았기 때문에 들고 갔던 재무회계와 원가관리회계 연습서를 시험장 복도 쓰레기통에 던져버리고 고시원으로 돌아가 남은 책들도 후배들에게 모두 나눠줬다. 합격을 자신했던 것은 아니었다. 그냥 수험생활과 관련했던 모든 것을 잊고 싶은 심정이라 그럴 수 있었던 것 같다. 다행스럽게도 다섯 과목 모두 합격하여 다시 새 책을 사야 하는 일은 발생하지 않았다. 여담이지만 CPA 합격 후에도 실무를 하다 보면 수험서를 볼 일이 종종 생기니 여러분들은 필자처럼 책을 전부 버리는 일이 없도록 하자.

PART
05

CPA 공부 관련 TIP

CPA 공부 관련 TIP

문제풀이 틀

CPA 1차 시험의 경우 1교시는 110분에 80문제, 2교시는 120분에 80문제, 3교시는 80분에 50문제를 풀어야 한다. OMR카드 작성 시간을 감안하면 문제당 1분 15초에서 1분 25초 정도 안에 풀어야 한다. 문제를 읽는 시간을 추가로 고려하면 읽자마자 30초 안에 답을 내야 한다. 그야말로 시간과의 싸움이다. 그래서 **전형적인 문제는 기계적으로 답을 도출할 수 있도록 '문제풀이 틀'을 준비해야 한다.**

문제풀이 틀은 단순히 공식일 수도 있고, 그림이나 도표 등 빠르고 정확하게 답을 낼 수 있는 도구라면 어떤 것이든 상관없다. 대표적인 주제의 문제풀이 틀은 학원 선생님들이 알려준다.

주의할 점은, 문제풀이 틀을 공부할 때는 기본 개념의 충분한 이해가 선행되어야 한다는 것이다. 기본 개념을 숙지하지 않은 상태에서 문제풀이 틀부터 바로 암기해서는 안 된다. 다음 예시를 보자.

1. (1) 당기법인세 = (₩10,000 + 1,500 − 4,000) × 30% = ₩2,250

   (2) 이연법인세 계산

   20×1년 말에 세법이 개정되어 미래에 적용될 예상세율을 알고 있으므로, 일시적차이의
   소멸기간별로 상이한 세율을 적용하여 이연법인세자산과 부채를 계산한다.

세무조정항목	20×1년말 일시적차이	일시적차이 소멸				20×1년말 이연법인세
		20×2년	20×3년	20×4년	20×5년	
차감할 일시적차이	1,500	(500)	(500)	(500)	−	350(자산)[1]
가산할 일시적차이	(4,000)	1,000	1,000	1,000	1,000	900(부채)[2]
적용세율		25%	25%	20%	20%	

   (1) ₩500 × 25% + 500 × 25% + 500 × 20% = ₩350
   (2) ₩1,000 × 25% + 1,000 × 25% + 1,000 × 20% + 1,000 × 20% = ₩900

   (3) (차) 법 인 세 비 용   2,250   (대) 미 지 급 법 인 세   2,250
       (차) 이 연 법 인 세 자 산   350   (대) 법 인 세 비 용   350[*]
       (차) 법 인 세 비 용   900   (대) 이 연 법 인 세 부 채   900

   * 대변의 법인세비용을 굳이 법인세수익으로 분개할 필요는 없을 것이다. 분개는 차변과 대변 모두
     법인세비용으로 표시하고, 법인세비용이 대변 잔액일 경우에 포괄손익계산서에 법인세수익으로
     표시하는 것으로 이해하면 될 것이다.

IFRS중급회계(신현걸·최창규·김현식 저) 843p 법인세비용 문제의 해설: 정석 문제풀이의
경우 문제를 푸는 데 시간이 오래 걸린다. 하지만 개념을 정확하게 이해하기 위해선 반드시 정
석 풀이를 공부해야 한다.

(예제 2)

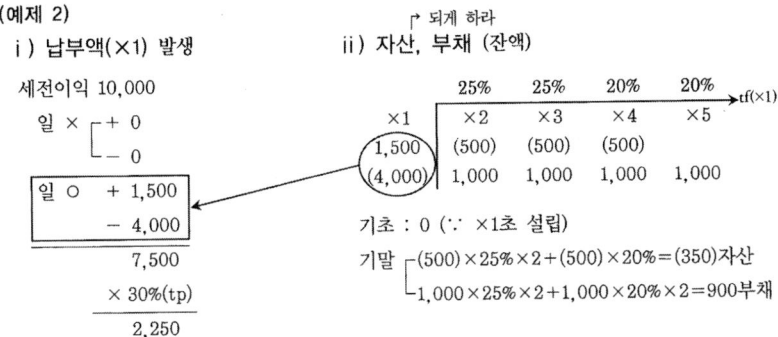

위 문제를 풀기 위한 '문제풀이 틀': 오랫동안 기억이 가능하며, 무엇보다 실전에서 실수 없이
빠르게 문제를 풀 수 있다. 그렇다고 바로 '문제풀이 틀'부터 공부를 하게 되면 기본 개념이 흔
들릴 수 있다.

간혹 도전정신이 투철한 수험생들의 경우 멋진 문제풀이 틀을 개발해 보겠다며 시간을 소비할 때가 있다. 이런 적극적인 시도가 반드시 나쁘다고 볼 순 없지만 그보다는 정석 풀이를 통해 자연스럽게 떠오르는 방식이 가장 무난하다. 즉, 억지로 만들려고 하지 말고, 문제를 반복해서 공부하다가 직관적으로 떠오르는 방식을 다듬는 정도까지만 생각하자. 물론 1차 시험까지 아직 시간이 많이 남았다면 잠깐 쉬는 시간에 기분 전환의 느낌으로 한 번씩 고민해 보는 것은 괜찮다.

문제풀이 틀은 문제를 빠르게 풀 수 있게 할 뿐 아니라 놓칠 수 있는 단서를 습관적으로 점검해 주는 역할도 한다. 즉, 실수를 줄여준다. 만약 어떤 주제가 평소에 공부한 것과 다른 방식으로 출제된다면 고려해야 할 단서를 빼먹는 경우가 종종 생긴다. 하지만 문제풀이 틀은 이러한 문제를 마치 익숙한 문제처럼 바꿔줄 것이다. 속도와 정확성 모두 높여주는 것이다.

독학 vs 학원 강의

회계법인 시절 같은 팀에 특이한 수험 이력을 가진 후배 회계사 K 군이 있었다. K 군은 CPA에 합격할 때까지 1차, 2차 통틀어 단 한 번도 학원 강의를 듣지 않았다. 전 과목의 모든 과정을 교재로만 독학했다고 한다. 물론 경영학과 출신이기 때문에 학교 수업을 듣긴 했을 것이다. 하지만 학교 수업은 수험 대비용으로 보기에는 부족한 부분이 많기 때문에 광범위한 CPA 시험 범위를 혼자 공부했다는 점에서 놀라지 않을 수가 없다. 보통의 합격생들보다 뛰어난 능력이 있었을 것이다. 실제로 같이 업무를 하면서도 뛰어난 부분이 있음을 느꼈다. 그런데 뛰어난 업무 능력과 어울리지 않게 K 군은 꽤 오래 공부를 했다. 4차 만에 시험을 합격했다고 하니 실제 수험 기간은 5년 이상 될 것이다.

K 군처럼 극단적인 케이스를 통해 학원 강의가 얼마나 수험생들의 시간을 단축시켜 줄 수 있는지 알 수 있다. 뛰어난 업무 능력을 보여줬던 K 군이 만약 필요한 부분을 학원 강의를 통해 공부했다면 훨씬 빠르게 합격했을 것이다. 학원 강의는 과도하게 들어선 안 되지만, 모든 범위를 독학으로 하는 것 또한 좋지 않다.

반면에 전형적인 불합격 케이스로 1년 내내 주야장천 강의만 듣는 수험생들이 있다. 스스로 공부하기는 싫고, 공부를 안 하면 죄책감이 들어서 궁여지책으로 학원 강의를 들으며 자기 위안을 하는 타입이다. 또 강의가 실력 향상의 필수 요소라고 생각하는 타입과 불합격에 대한 불안감을 학원 강의로 해소하려는 타입이 있다. 세 타입 모두 학원가의 VIP들로 가끔 보면 학원 강사들과 두터운 친목을 자랑하기도 한다. 안

타까운 것은 이러한 수험생들 중 일부는 학원 강의를 줄이고 혼자 공부한다면 충분히 합격할 수 있다는 점이다.

학원 강의는 수험생활에 필수적이지만 지나쳐서는 안 된다. 강의를 얼마나 이용할지는 개인의 성향에 따라 결정하면 된다. 상경계열의 초시 수험생을 대상으로 강의를 들어야 하는 과목을 추천한다면 다음과 같다.[1]

학원 커리큘럼	1차 기본 이론	1차 객관식	2차 주관식
강의를 꼭 들어야 하는 과목	중급회계, 고급회계, 세법, 경제학, 재무관리, 상법	세법	세무회계, 재무관리, 회계감사
강의를 꼭 듣지 않아도 되는 과목	경영학	중급회계, 고급회계, 경제학, 원가관리회계, 경영학, 상법	재무회계

1차 기본 이론 강의의 경우 경영학을 제외하고 대부분 듣는 것이 좋다고 본다. 기본 강의를 통해 교재의 어느 범위에 힘주어 공부해야 할지 파악하는 과정이 필요하다. 기출문제 분석 등을 통해 혼자 할 수도 있겠지만 비효율적이다.

원가관리회계의 경우 어느 정도의 중급회계 실력과 잘 정리된 교재가

---

1) 강의를 들을 때와 혼자 공부했을 때의 집중력이 동일한 수험생을 가정함으로써 강의의 부수 효과는 없다고 가정했다. 필자 같은 경우 혼자 공부하는 습관이 들어 있지 않아서 학원 강의를 수험생활을 통제하는 수단으로 사용했다.

있다면 독학이 가능하다. 하지만 경영학만큼 중요도가 떨어지는 것은 아니기 때문에 꼭 듣지 않아도 되는 과목에선 제외했다. 수험생 본인의 판단이 중요한 것 같다.

1차 객관식 강의의 경우 사실 매년 초 개정이 되는 세법을 제외하고 학원 강의가 불필요하다. 본인이 하루 종일 혼자 공부할 수 있는 의지가 있다면 혼자 공부하는 것이 가장 좋다.

재무관리 객관식 강의는 내용 자체를 이해하기 어렵기 때문에 꼭 듣지 않아도 되는 과목에서 제외했지만, 1차 시험에서 점수 비중이 낮아 꼭 들어야 하는 과목에서도 제외했다.

2차의 경우 세무회계, 재무관리, 회계감사는 강의를 꼭 듣는 것이 좋다. 내용도 어렵고 무엇보다 출제 포인트를 잡는 것이 중요하다. 재무회계는 사실 1차 시험을 제대로 준비했다면 독학이 가능하다. 또한 2차에서 다섯 과목 강의를 다 듣다 보면 혼자 공부할 시간이 부족해진다. 따라서 한두 과목 정도는 강의를 듣지 않아야 하는데 이때 재무회계를 혼자 하는 것이 가장 무난하다. 원가관리회계는 독학이 가능하지만 워낙 난이도 자체가 어렵기 때문에 특별히 분류하지 않았다. 역시 수험생 본인의 판단에 맡긴다.

강사 선택

CPA 시험 합격에 미치는 여러 가지 요인 중 강사의 영향은 매우 적다. 필자는 과목을 불문하고 어떤 강사의 수업을 듣는지에 따라 합격률이 달라진다는 애기를 들은 적이 없다. 또한 수험생이 강의 내용을 자기 것으로 만들기 위해서는 어차피 스스로 일정 수준 이상의 노력을 해야 한다. 좋은 강사에게 강의를 듣다 보면 쉽게 이해할 수는 있겠지만, 쉽게 얻은 것은 쉽게 사라지는 법이다.

더구나 학원에서 CPA 강의를 할 정도의 강사들은 엄청나게 많은 준비를 한다. 어떤 강사를 선택하든지 강의를 듣고 혼자 공부하는 데는 부족함이 없을 것이다. 따라서 기본적으로 과목별 강사는 수험생 본인의 취향대로 선택하면 된다.

그래도 굳이 강사를 고르겠다면 필자가 생각하는 올바른 강사 선택의 기준은 다음과 같다.

첫째, 좋은 교재로 강의하는 강사가 좋다. 학원 강의는 교재를 바탕으로 수험생의 이해를 도와주고 출제 포인트를 짚어주는 형식으로 진행된다. 따라서 먼저 교재가 수험용으로 적합해야 하며 출제 범위에 있어서 완전해야 하고 가독성이 좋아야 한다.

둘째, 많은 학생들이 수강하는 강의가 좋다. 만약 강의에서 다루지 않는 내용이 출제될 경우, 다수가 듣는 강의라면 크게 문제될 게 없다. 어차피 다른 수험생들도 대부분 모르기 때문이다. 반대의 경우는 리스크가 클 수 있다.

셋째, 목소리나 발음, 판서가 좋아야 한다. 과목당 100시간 이상 되는 강의를 듣기 불편한 목소리나 보기 힘든 칠판 글씨로 듣다 보면 공부하는 내용 외적으로 스트레스를 받을 수 있다.

마지막으로 강사 본인이 시험에 강해야 한다. 일반적으로 강사들은 자신이 공부했던 스타일대로 가르치게 되어 있다. 본인의 수험 기간이 길었던 강사의 강의는 꼼꼼하고 깊이가 있지만 단기 합격을 노리는 수험생에게는 적합하지 않을 수 있다. 물론 유예생들에게는 이러한 강의가 오히려 적합할 수 있다.

필자는 별 고민 없이 강의를 선택하는 스타일이다. 굳이 따지자면 두 번째 기준 정도를 적용했다. 수강생이 가장 많은 학원을 선택해서 해당 학원의 강의를 몽땅 들었다. 확실치 않은 소문으로 고민하기도 싫었고 어차피 공부는 혼자 하는 것이라고 생각했기 때문이다.

실강 vs 인강

필자는 주변의 유혹에 굉장히 약하다. 게임을 하다가 정신을 차려 보면 밤낮이 바뀌어 있고, 1시간짜리 인터넷 강의를 2배속으로 4시간 만에 듣는 기적을 보여주기도 한다. 자기 자신을 잘 알았기 때문에 수험생활을 시작하면서 컴퓨터와의 접촉을 최대한 차단해버렸다. 따라서 선택의 여지없이 학원 강의는 전부 실강으로 수강해야 했다.

실강은 자제력이 부족한 수험생에게 어느 정도 강제성을 부여한다. 학원 실강과 비슷한 통제 도구로 생활스터디가 있다. 그러나 생활스터디는 비슷한 성향의 수험생 두 명이 만날 경우 걷잡을 수 없는 최악의 시너지 효과를 일으킬 수 있으므로 수험생을 구속하는 용도로는 학원 실강이 더 낫다. 필자는 수험 기간 내내 강의 필요 여부와 상관없이, 단지 아침 일찍 일어나기 위한 목적으로 오전 9시 강의를 전부 신청했다.

또한 실강은 집중도 면에서 인강과 큰 차이가 있다. 인강은 언제든지 일시 정지를 할 수 있다는 생각에 좀 느슨해지는 게 사실이다. 하지만 실강은 선생님의 말씀을 잠깐만 놓쳐도 관련 부분을 완전히 놓치기 때문에 훨씬 긴장이 된다. 같이 강의를 듣는 경쟁자들의 존재 여부도 집중력에 영향을 미친다. 주변에서 다 열심히 공부하고 있으면 하기 싫을 때도 억지로 공부하게 되는 법이다.

하지만 최근 수험가의 대세는 실강이 아니라 인강이다. 학원가의 매출을 보면 실강의 비중은 점점 줄고 인강은 계속 늘고 있다. 합격수기를 읽어봐도 수석, 최연소 합격생들은 대부분 인강을 이용했다. 특출한 결과를 내기 위한 방법으로는 인강이 훨씬 효과적이라는 증거다.

인강의 가장 좋은 점은 원할 때 끊어 들을 수 있다는 점이다. 사실 수험생 입장에서 강의를 듣다 보면 '이쯤에서 잠깐 혼자 생각할 시간을 갖고 싶다!'는 경우가 많다. 하지만 실강은 일대일 과외가 아니기 때문에 잠깐 쉬었다 가자고 얘기할 수 없다.

공부할 내용을 물이라고 치면 수험생들이 강의를 통해 저장할 수 있는 물의 양은 조그마한 컵 정도다. 개념 설명이 시작되면 곧 물컵이 차오르게 되는데 일정 수준 이상의 실력 향상을 위해선 물컵에 찬 물을 커다란 대야에 모으는 중간 과정이 필요하다. 즉, 혼자 정리할 시간이 필요하다. 실강의 경우는 가득 찬 물컵에 물만 계속 붓다가 다 흘러넘치게 되고, 결국 물컵 하나 분량만 머릿속에 남긴 채 강의가 끝나는 것이다. 결국 혼자 책을 보면서 흘린 물을 다시 담는 과정이 필요하다.

또한 인강은 학원까지 오가는 불필요한 시간을 절약할 수 있고 강의 시간을 마음대로 조절할 수 있기 때문에 실강에 비해 시간 관리 측면에서 훨씬 우수하다. 또한 이해가 안 되는 부분은 반복해서 들을 수 있고 잡담을 하는 시간 등 필요 없는 부분은 빠르게 넘길 수 있다.

하지만 이렇게 세이브한 시간을 오롯이 공부시간으로 돌리는 것은 생각만큼 쉽지가 않다. 한 연구 결과에 따르면, 하이브리드 차량 운전자들은 환경을 살리기 때문에 다른 면에서는 비윤리적으로 행동해도 괜찮다고 여겨 교통법규를 덜 지키는 경향이 있다고 한다. 수험생도 마찬가지로 '이만큼 시간을 절약했으니 남는 시간에는 조금 나태해도 괜찮겠지' 하는 보상 심리가 발동하기 마련이다. 실강 대신 인강을 들음으로써 절약된 시간에 공부를 하지 않을 확률이 높다.

실강과 인강은 수험생 본인이 여러 요소를 고민해 본 후 상황에 따라 결정하면 된다. 필자의 생각에, 베스트를 뽑자면 인강이지만 자제력 등의 다른 요소를 고려하면 실강도 나름의 장점을 가지고 있다고 본다.

종합반

모든 CPA 학원은 종합반을 운영하고 있다. 필자는 2009년 학원 가을 종합반을 통해 2010년 1차 시험을 합격했고, 동차 종합반을 이용해서 2차 시험도 한 번에 합격할 수 있었다. 학원 종합반의 장점을 제대로 활용한 케이스이다. 그렇다고 종합반이 만능이란 소리는 아니다. 종합반에도 장점과 단점이 있기 때문에 개인 성향에 맞게 종합반을 활용할 것인지 결정하는 것이 좋다.

일단 종합반의 첫 번째 장점은 비상경계열 수험생들이 특별한 노력 없이 관련 정보를 얻을 수 있고, 대부분의 의사 결정(예를 들면 과목별 공부 순서)을 학원이 대신 해 준다는 점에 있다. CPA 시험뿐 아니라 고시나 공무원 시험 등 수험계는 예전부터 '정보전쟁'이었다. 수험 관련 정보를 얼마나 빠르고 정확하게 얻느냐가 생각보다 결과에 큰 영향을 미친다. 고시반이나 학원 종합반에서 공부하는 것이 혼자 공부하는 것보다 유리한 이유이다.

종합반의 두 번째 장점은 뒤이어 설명할 '의지력'[2]이 덜 소모된다는 점이다. 혼자 수험생활을 헤쳐 나가는 경우 의지력이 고갈될 일이 종합반을 수강할 경우보다 많이 생긴다. 공부 장소, 강의 선택 등 모든 결정을 혼자 해야 한다. 그러다 보면 공부 외적인 일로 의지력이 소모되기 때문에 공부가 자꾸 중단된다.

한 심리학 실험에 따르면 마트에 여섯 종류의 잼을 진열했을 경우 손님의 약 30%가 잼을 구입한 반면, 24가지 잼을 진열했을 경우엔 3%의 손님만 잼을 구입했다고 한다. 이런 현상을 '선택의 역설'이라 한다. 과도한 선택지가 주어질 경우 판단력이 흔들려 올바른 결정을 내리기가 힘들어지고, 오히려 선택지가 적었을 때보다 안 좋은 선택을 하거나 심지어 선택 자체를 포기하기도 한다는 것이다. 혼자 공부하는 수험생은 선택지가 적은 종합반 수강생보다 마음이 편치 않다. 다양한 선택권은

---

2) PART 06 전반적인 수험생활 TIP 261쪽 '의지력 관리하기'

모든 선택에 책임을 져야 한다는 점에서 수험생에게 압박으로 다가오는 것이다. 또한 선택지가 많다는 것은, 그중 하나를 선택함으로써 포기하게 될 나머지 기회에 대한 미련도 그만큼 많다는 것을 의미한다.

종합반은 선택지를 최소한으로 줄여주는 역할을 한다. 사실상 종합반 수강생은 그냥 주어진 스케줄대로 공부만 열심히 하면 된다. 필자가 만약 공부를 혼자 했다면, CPA 합격에 대한 의지는 많은 선택지 속에서 증발되어 버렸을 것이다. 중도에 시험을 포기했을지도 모른다.

종합반의 세 번째 장점은 진도별 모의고사이다. 학교 고시반이나 학원 종합반에서 실시하는 진도별 모의고사는 단기적인 중간 목표를 만들어줌으로써, 느슨해질 수 있는 수험 기간을 타이트하게 잡아주는 역할을 한다. 또 수험생들은 본인이 제대로 공부하고 있는지에 대한 확신이 부족하기 마련인데 진도별 모의고사를 통해 이러한 궁금증을 어느 정도 충족시켜 줄 수 있다. 모의고사 점수가 잘 나오면 현재의 공부 방법을 계속 유지하면 될 것이고, 잘 나오지 않는다면 공부 방법이 적합하지 않다는 신호로 보고 개선할 점을 찾으면 된다.

종합반의 네 번째 장점은 반 모임, 조 모임 등을 통해 동료를 만들 수 있다는 점이다. 외로운 수험 기간에는 같은 목표를 공유하는 동료에게서 많은 도움을 받을 수 있다. 필자는 종합반 시절 같은 조에 속해있던 친구, 형, 동생들과 아직도 연락을 하고 있다. 아마 그들이 없었다면 외로움을 이기지 못해 빠르게 합격하지 못했을 것이다. 한 연구에 따르면, 상자의 무게를 짐작하는 실험에서 동료가 있다는 사실만으로도 무게를 10% 정도 가볍게 추정한다고 한다. 동료가 옆에 있다는 것만으로도 수험생활은 덜 힘들게 느껴진다.

하지만 빛이 있으면 그림자가 생기는 법이다. 장점이 많음에도 불구하고 종합반 선택이 독이 되는 경우도 있다.

첫 번째 종합반의 단점은 타이트한 강의 스케줄이다. 1차 기본 종합반 강의를 전부 듣기 위해선 약 800시간이 필요하다. 하루 8시간씩 들으면 딱 100일인데, 5개월 과정이므로 일주일에 5일은 하루 8시간 동안 강의를 들어야 한다. 5개월이라는 시간 동안 주말을 제외하고 하루 8시간 실강을 들으면서 복습을 제대로 하는 것은 이제 막 수험생활을 시작한 수험생 입장에선 절대 만만치가 않다. 물론 어떻게든 잘 따라갔을 경우에는 짧은 시간 안에 전 과목을 볼 수도 있다. 전화위복이다. 하지만 필자는 타이트한 종합반 수업을 따라가지 못해 수험 기간이 엉망이 되는 수험생들을 수도 없이 보았다. 종합반 수업은 진도를 따라가지 못하는 수험생들을 기다려 주지 않는다. 따라가야 하는 것은 전적으로 수험생의 몫이다. 다소 비장한 각오가 요구된다. 물론 이런 문제를 보완하기 위해 복습 강의를 인강으로 제공하지만 일단 그런 식으로 루즈하게 종합반을 이용하기 시작한다면 학원 종합반의 메리트가 사라져버리는 셈이다.

종합반의 두 번째 단점은 강사 선택이 제한된다는 점이다. 흔히 수험가에는 과목별 1타 강사로 구성된 어벤져스가 있다. 물론 이러한 소문은 공식적인 것이 아니라 수험생 개개인이 생각하는 상상 속의 어벤져스다. 그런데 비록 상상으로 인한 것일지라도, 본인이 원하는 강사에게 수업을 듣지 못한다는 스트레스 자체는 실제로 존재하는 것이다. 보통 인간은 성과가 나오지 않으면 그 원인을 외부로 돌리게 된다. 수험생의 외부요인은 이제 강사, 혹은 강의가 되는 것이다. 정확한 인과관계를 떠나서, 예민한 수험 기간에는 이러한 부분이 굉장한 스트레스로 작용할 수 있다는 점이 중요하다. 따라서 개인적인 색깔이 강한 예민한 수험생들은 그냥 자신이 선호하는 강사를 선택해 듣는 것이 정신 건강에 이로울 것이다.

마지막으로 종합반은 학원 커리큘럼임에도 불구하고 휴학이 필수적이며 아르바이트 등 다른 활동과의 병행이 불가능에 가깝다는 단점이 있다. 앞서 설명했듯이 커리큘럼이 굉장히 타이트하게 진행되기 때문에 수험 기간을 길게 보는 수험생에게는 종합반이 적합하지 않다. 가끔 졸업 시기 등을 위해서 학교 수업을 3~6학점 정도 듣거나 아르바이트 등을 하면서 종합반을 다니는 수험생들을 보곤 하는데 다들 굉장히 힘들어하는 편이다.

각자 수험생의 특성과 처한 상황이 다르기 때문에 학원 종합반이 딱 이렇다 말할 수는 없다. 하지만 추가로 조언을 하자면 (지극히 현실적인 문제가 있는 경우를 제외하고는) 적어도 금전적인 문제가 종합반 선택에 있어서 영향을 미쳐서는 안 된다고 생각한다.

남자들 중에 혹시 좋아하는 여성과 데이트를 할 때 경제적인 이유만으로 허름한 식당에서 식사를 한 적이 있는가? 단순히 비싼 음식이 상대방의 마음을 얻기 쉽다는 뜻이 아니다. 데이트 시 식당의 선택은 '가격 대비 효과'가 아니라 '상대가 무엇을 좋아하는지'가 유일한 고려사항이 된다는 뜻이다. 수험생은 '합격 확률을 높이는 선택이 무엇일지'를 중점적으로 생각해야 한다.

고시반

세계 최강 대한민국 양궁은 1984년 LA올림픽 이후 금메달 19개, 은메달 9개, 동메달 6개로 총 34개의 메달을 가져갔다. 그야말로 활의 민족이다. 그런데 이러한 엄청난 결과 이면에는 국가대표가 되기 위한 치열한 내부 경쟁이 있었다. 양궁 선수들의 말에 따르면, 우리나라 양궁 국가대표가 되는 것은 올림픽에서 메달을 따는 것보다 훨씬 어렵다고 한다.

필자가 CPA 수험생활을 시작할 때, 처음에는 학교 고시반에 들어가고 싶었다. 보통 학교 고시반에 들어가기 위해서는 정기적으로 치러지는 입실 시험을 통과하거나 CPA 1차 시험에 합격해야 한다. 그런데 경영대생이 아니었던 필자에게 학교 고시반 입실 시험은 그야말로 '올림픽 전에 이루어지는 대한민국 양궁 국가대표 선발전'과 같은 느낌이었다. 그 당시 회계원리도 제대로 공부하지 않았던 필자는 고시반 입실 시험 자체를 포기할 수밖에 없었다. 그런데 이렇게 어려운 입실 시험을 거쳐야 함에도 고시반의 인기가 좋은 이유가 있다.

먼저 고시반에 들어가게 되면 독서실 자리를 배정해 준다. 이 독서실은 학교 도서관과 같은 공용이 아니라 수험생이 고시반에 속해 있는 동안 계속 사용할 수 있는 개인 자리다. 또한 고시반에는 일반적으로 인강을 들을 수 있는 컴퓨터가 준비되어 있으며, 인강 및 교재 구입액의 일부를 지원해 주기도 한다. 그리고 일반 학생이 학교 기숙사에 들어가기 위해서는 학점과 거주지 기준을 충족해야 하는데, 고시반 학생에게는 제한 없이 기숙사 방을 줄 때도 있다.

고시반에선 학원 종합반과 마찬가지로 진도별 모의고사를 제공한다.

이를 통해 수험생활을 잘하고 있는지 중간 점검을 할 수 있으며, 성적이 좋은 학생은 장학금을 받을 수도 있다. 그리고 아침, 저녁 출석체크를 통해 어느 정도 생활 관리도 해 준다.

또한 고시반의 경우 출제위원에 대한 소문의 정확도가 높은 편이라고 한다. 물론 출제 정보에 의해서 점수가 좌우되지 않는다는 필자의 입장에 의하면 이 부분이 큰 메리트는 아닌 것 같지만, 고시반 출신 회계사들에게 들은 바에 의하면 그렇다. 마지막으로 공식적인 사실은 아니지만, 고시반 출신 합격생이 비고시반 출신에 비해 회계법인 입사가 좀더 수월할 수 있다.

하지만 고시반에는 이렇게 강력한 장점들과 함께 큰 단점이 하나 있다. 고시반 출신 회계사들의 표현을 빌리자면, '너무 신난다'는 것이다. 고시반은 소속감이 굉장히 높고, 또래 수험생들이 오랜 시간을 함께하기 때문에 서로 많이 친해질 수밖에 없다. 이 부분은 친구가 있으면 공부가 잘 안 되는 스타일의 수험생 입장에선 큰 단점이다. 필자도 기숙학원에서 6개월 정도 재수 생활을 해봤지만, 같은 목표를 가진 사람들이 부대끼며 생활하다 보면 금방 친해지게 된다. 필자가 만났던 대부분의 고시반 출신 회계사들은 수험 기간이 짧은 편이 아니었다. 아마도 이런 부분이 영향을 미쳤을 것이다.

스터디

CPA 시험을 단기에 합격하고자 하는 초시생에게 스터디는 불필요하다. 보통 스터디가 필요한 시점은 2차 시험이 끝나고 수험생의 생활을 잡아주는 구속력이 필요할 때[3]이다. 그 정도 돼야 어느 정도 의지와 실력이 있는 구성원들이 모인다. 수험 초기에 어설프게 스터디를 해봤자 '우린 누구인가, 여긴 어디인가' 정도의 대화를 나눌 뿐이다.

물론 수험 초기에도 '기상 시간 체크 등의 생활스터디'는 잘만 하면 괜찮다. 아침에 일어나기 힘들 때나 일찍 집에 가고 싶을 때 그러한 마음을 잡아주는 역할을 한다. 스터디원들과 함께 식사하는 정도까지도 나쁘지 않다. 다만 식사를 하게 되면 응당 커피를 마시게 되고 그러다 보면 또 술도 먹고 놀게 되는 것이 사람 사는 세상이기 때문에 이를 적절한 시점에 끊을 수 있는 자제력이 필요하다.

모두가 열심히 공부하는 분위기의 생활스터디를 유지할 수 있다면 베스트다. 수험생활을 하다 보면 외로움과 스트레스를 풀 곳이 마땅치 않으며, 가끔씩 정보를 공유할 네트워크가 필요할 때가 있다. 스터디는 이를 해결해 줄 수 있지만, 웬만해선 그렇게 좋은 점만 활용되기는 힘들 것이다.

만일 스터디를 한다면 가장 경계해야 할 상황이 두 가지가 있다. 취미가 일치하는 수험생들이 만나는 경우와 스터디원 중에 매력적인 수험생(주로 여자가 담당한다)과 적극적인 수험생(주로 남자가 담당한다)이 있는 경우다. 후자의 경우는 학원 종합반이나 학교 고시반에서 가끔 펼쳐

---

3) 1차 시험에 한 번 떨어지고 두 번째 도전하는 수험생들의 경우에도 필요할 수 있다.

지는 상황인데, 다른 스터디원들에겐 한 편의 트렌디 드라마를 감상하는 듯한 기분이 들게 해 준다. 명심하자. 연애만 하다가도 사법고시에 척척 합격하는 드라마 속 주인공들과 달리, 현실에서 드라마를 찍는 수험생들은 절대로 CPA 시험을 단기에 통과할 수 없다.

언제 휴학을 해야 할 것인가

얼마 전까지 서울대학교 수험생들 사이에서는 CPA 1차 시험은 휴학을 하지 않고 학교생활을 병행하며 준비하는 것이 트렌드였다고 한다. CPA 시험이 졸업을 두 학기나 늦추면서까지 준비하기엔 메리트가 크지 않지만 한 번 이내의 휴학으로 딸 수 있다면 괜찮은 자격증이라는 것이다. 그런데 2014년 CPA 1차 시험 합격률을 보면 다음과 같다.

학교	응시자(명)	합격자	합격률(%)
고려대학교	688	168	24.4
연세대학교	716	167	23.3
성균관대학교	579	136	23.5
중앙대학교	474	117	24.7
한양대학교	480	93	19.4
서강대학교	392	87	22.2
경희대학교	427	86	20.1
서울시립대학교	375	73	19.5
서울대학교	**211**	**60**	**28.4**
경북대학교	207	52	25.1

합격자 수 기준 상위 10개 대학의 합격률을 보면 서울대학교의 합격률이 28.4%로 10개 대학 중 가장 높긴 하지만 다른 대학들과의 차이가 크지 않다는 것을 알 수 있다. 사법고시에서는 서울대 학생들의 합격률이 타 대학의 2배 이상인 것에 비하면 굉장히 저조한 결과다. 이런 결과가 나온 이유가 무엇일까? CPA 시험에 투입되는 서울대생과 비서울대생의 실력 차이보다 사법고시에 투입되는 서울대생과 비서울대생의 차이가 더 큰 것은 아닐 것이다. 시험의 스타일이 다른 것도 있겠지만, 역시 가장 큰 이유는 '서울대생들이 CPA 시험에서는 최선을 다하지 않기 때문'이라고 생각한다.

예전에 읽었던 합격수기 중에 "CPA 시험은 7~8로 아무리 오래 공부를 하더라도 시험 전 일정 기간 동안 10을 쏟아 붓지 않는다면 영원히 합격할 수 없다."라는 글이 있었다. 맞는 말이다. 필자는 무휴학으로 CPA에 합격한 학생을 직접 본 적이 없다. 인터넷에서만 간혹 얘기를 들을 수 있었는데 아무리 관련 학과 학생일지라도 학교생활을 병행하면서 CPA 시험에 합격할 수 있다니 놀라울 따름이다. 학교를 다니면서 CPA 시험에 10을 쏟기 위해서는 총 13 정도는 발휘해야 한다. 엄청난 의지와 근성이 뒤따르지 않으면 학점과 CPA 시험 모두 망할 수 있다.

개인적으로 CPA 합격을 조금이라도 앞당길 수 있다면 휴학을 최대한 빨리 하는 것이 좋다고 생각한다. 풀어 설명하면, 2학기부터 휴학한 경우의 CPA 시험 합격률보다 일찌감치 1학기부터 휴학을 해서 CPA 시험을 준비할 경우의 합격률이 조금이라도 높으면 휴학을 하고 CPA 시험에 올인하는 것이 전체적으로 봤을 때 좋은 선택이라는 것이다. 물론 본인의 능력에 자신이 있고, CPA 시험 말고 다른(이를테면 빠른 졸업이 요구되는) 계획이 있는 수험생이라면 무휴학 혹은 한 학기 정도로 짧게 휴학을 할 수는 있다. 또한 시험을 두 번째 보는 재시생이거나 한두 과목 유예생의 경우도 충분히 그럴 수 있다. 하지만 초시생의 경우는 최대한 빨리 휴학을 하고 수험 공부에 온전히 집중할 것을 추천한다. 호랑이는 토끼를 사냥할 때도 최선을 다하는 법이다.

암기 vs 이해

필자가 수험생들과 상담을 할 때 수험생들에게 가장 많이 하는 질문 중 하나가 '공부할 때 암기하시나요?'이다. 대부분의 수험생들은 경제학, 상법, 경영학만을 암기 과목이라고 하지만 이는 잘못된 생각이다. CPA 시험 과목 중에 암기 과목이 아닌 것은 없다. 모든 과목이 암기 과목이다. 어떤 과목이든 내용 이해가 되지 않거나 문제가 안 풀리는 이유는 이해를 못 해서가 아니라 내용 암기를 못했기 때문이다.

특히 객관식 시험은 암기가 더욱 중요하다. 객관식 시험은 그 특성상 이해 없이도 공식 암기와 객관식 스킬만으로 얼마든지 높은 점수를 받을 수 있다. 또한 암기는 하면 할수록 내용에 대한 감이 생긴다. 이렇게 생긴 감은 이해와 흡사한 느낌으로 시험문제를 푸는 데 많은 도움을 준다.

물론 이해를 하면 암기할 양이 줄어들고 기억이 오래간다. 이해와 암기는 서로가 보완재의 역할을 하는 것은 사실이다. 장모나 시어머니의 개념을 아는 사람은 mother-in-law를 쉽게 암기할 수 있다. 이해와 암기는 적절한 균형을 이뤘을 때 최대의 성과를 낼 수 있다. 다만 수험생의 최종 목적은 어디까지나 답을 고르는 것이며 그러기 위해선 정확한 암기가 필수적이라는 것이다.

암기는 미루지 말고 바로바로 해야 한다. '어차피 까먹을 테고 아직 시험 날까지 시간이 많이 남았으니 지금은 이해도를 높이고 나중에 암기해야지'라는 생각은 위험하다. 필자의 경험에 따르면 '나중에'라는 시간은 적어도 수험 기간 내에는 존재하지 않는다.

필자는 암기하는 것을 굉장히 싫어했다. CPA 준비할 때 항상 이해만 하고 암기는 뒤로 미루는 편이었다. 결국 1차 시험 18일 전에 치른 전 범위 모의고사에서 형편없는 점수를 받게 됐고, 남은 기간을 지옥 속에서 암기만 해야 했다. 진도별 모의고사에서 좋은 성적을 받았던 과목들도 한참 지난 뒤에 한꺼번에 보니 머릿속에 남아 있는 것이 없었다. 만약 다시 수험생 시절로 돌아간다면 처음부터 암기를 미루지 않을 것이다.

동차 종합반 시절 항상 필자 주변에 앉아서 공부를 하던 B 양이 있었다.(아는 사이는 아니었지만 보통 실강을 듣다 보면 평소에 앉는 자리 근처에 계속 앉게 된다) B 양이 눈에 띄었던 이유는 쉬는 시간이 되면 쉬기 바쁜 다른 수험생들과 달리 수업시간에 공부했던 내용을 바로바로 암기하는 모습 때문이었다. 중얼거리거나 연습장에 쓰는 모습이 마치 그 자리에서 모든 걸 암기하겠다는 것으로 보였다. 나중에 알고 보니 B 양이 2010년도에 최연소로 CPA에 합격한 수험생이었다. 심지어 점수도 수석과 큰 차이가 없는 고득점이었다.

이렇게 암기의 중요성을 역설하다 보면 '응용문제는 깊은 이해가 바탕이 되지 않고는 풀 수 없지 않나요?'라고 반문하는 수험생들이 있다. 그런데 응용문제라고 말하고 있는 것도 사실은 암기문제와 다를 것이 없다. 출제자는 문제를 낼 때 먼저 묻고자 하는 내용을 결정한다. 그 내용을 재료삼아 문제를 만드는데 그걸 다이렉트로 묻는 것이 기본문제이고, 우회하여 묻는 것이 응용문제이다. 따라서 재료를 암기하는 것이 가장 중요하며, 그것을 활용해서 답을 찾아내는 것은 그 다음 문제인 것이다. 보통 응용문제를 풀지 못하는 이유는 재료의 활용에 실패했다기보다, 애당초 재료 자체를 못 외웠기 때문일 가능성이 크다.

사실 필자가 이해보다 암기를 강조하는 이유는 간단하다. 이해하지 않고 암기만 하는 수험생은 본 적이 없지만 이해만 하고 암기를 미루는 수험생들은 수도 없이 보았기 때문이다. CPA 수험생은 '어떻게든 CPA 시험에 합격하는 것'이 목적이 되어야 하지, '수험 기간 동안 회계사로서의 실력을 최대한 배양해서 완벽한 실력으로 CPA 시험에 합격하는 것'이 목적이 되어서는 안 된다.

> 그런데 수험생이 공부를 하는 것은 시험에서 좋은 성적을 얻기 위해서지 실력을 쌓거나 학문을 연마하기 위해서가 아니다. 따라서 공부를 할 때는 항상 시험을 생각하면서, 시험에 필요한 것은 공부하고 그렇지 않은 것은 필요 없다. 실력이 아니라 점수 잘 나오는 공부가 필요하며, 얍삽하게 공부하여야 한다. 한정된 시간에 효율적인 시험공부를 위해서는 중요한 내용의 단순암기방법이 상책이며, 깊이 있는 공부는 사치일

뿐이다.

- 『불합격을 피하는 법』, 453쪽, 최규호 -

암기하는 법

그렇다면 암기는 어떻게 해야 하는 것인가? 암기를 잘하는 팁은 시중에 넘쳐난다. 인터넷 검색만 해도 쉽게 찾아볼 수 있다. 하지만 필자가 여기서 얘기하려는 암기에 대한 포커스는 조금 다르다.

보통 수험생들이 선호하는 암기 방식이 있다. 읽기와 베끼기다. 수험생들은 반복해서 읽거나 베껴 쓰면 암기가 저절로 된다고 생각한다. 해당 내용을 반복해서 읽거나 베껴 쓸 경우, 내용이 익숙해지면서 관련된 정보처리 과정이 편해진다. 그러면 무언가를 외운 것 같은 느낌이 들어, 만족해하며 다음 과정으로 넘어가는 것이다. 이러한 느낌을 '인지환상'이라 하는데 필자가 만났던 대다수의 수험생들은 이 '인지환상'을 암기라고 착각하고 있다. '어떻게 암기하세요?'라고 물어봤을 때 이 틀을 벗어나는 대답을 하는 수험생이 거의 없다.

하지만 **암기에서 중요한 것은 내용을 머릿속에 집어넣는 것이 아니라 집어넣은 내용을 다시 꺼내는 과정이다.** 즉, 내가 외운 것을 확인하고, 잊어버린 것을 다시 찾아서 외우는 **피드백이 암기에서 가장 중요하다.** 이것은 암기할 때 읽기, 쓰기, 듣기 등의 입력 방식을 선택하는 것과는 조금 다른 관점이다. 이런 확인 과정은 입력 과정보다 훨씬 고통스럽고 에너지 소모가 크며 진도가 더디다. 하루 중 이렇게 공부할 수 있는 시간은 많지 않다. 체력적으로도 힘들고, 정신적으로도 자꾸 피하게 되는 괴로운 공부 방법이다. 필자는 "이 공부법이 좋을까요, 저 공부법이 좋을까요?"라고 질문하는 수험생에게 가끔 "당신이 생각하기에 더 괴로운 방법으로 하세요."라고 대답한다. 때로는 **괴로운 암기가 가장 효과적인 공부 방법이다.**

입에 쓴 약이 몸에 좋다.

– 한국 속담 –

마지막으로 모든 CPA 수험생들이 수험 초기에 하는 고민이 있다.

'이걸 어떻게 다 외우지?'

필자도 똑같았다. 살면서 CPA 시험공부를 할 때만큼 많은 양을 외워 본 적이 없었다. 하지만 합격을 하고 싶다면 어떻게든 다 외워야 한다. 결국엔 **본인이 예상했던 것 이상으로 많은 것을 외워서 시험장에 가게 될 것이다.** 그러므로 겁먹을 필요가 없다. 단지 하루하루 최선을 다해서 암기하면 된다.

목차를 암기해야 하는 이유

사법고시 합격수기를 보면 2차 시험 두 달 전부터는 공부했던 모든 책의 목차를 달달 외워야 한다는 말이 있다. 물론 사법고시는 형식을 갖춰 답안을 작성해야 하는 논술형 시험이기 때문에 단답형 위주의 CPA 2차 시험보다 목차의 중요성이 훨씬 크긴 하다. 하지만 목차 암기가 단순히 논술형 답안 작성을 할 때만 필요한 것은 아니다.

인간의 기억에는 '작업기억'과 '장기기억' 두 가지 종류가 있다.

'작업기억'은 순간적으로 작은 내용을 뇌 속 임시 슬롯에 보관해 두었다가 바로바로 꺼내 쓰는 기억이다. 예를 들어, 메모된 전화번호로 전화를 걸 경우, 보통 사람들은 숫자별로 끊어서 입력하는 것이 아니라 잠깐 중얼거린 후에 11자리를 한 번에 입력한다. 수험생들의 경우는 교재의 내용을 공부하거나 강의를 들을 때, 혹은 문제를 풀 때 순간순간 작업기억을 사용한다.

하지만 이렇게 보관된 작업기억은 금방 잊어버리기 마련이다. 또한 작업기억을 유지하고 있는 것은 마치 저글링을 하는 것과 같이 지속적으로 에너지가 소모되기 때문에 한 번에 많은 양을 기억할 수가 없다. 이는 우리가 작업기억을 유지하기 위해 다른 감각을 차단하고(예를 들면 눈을 감고) 에너지를 오로지 뇌에 쏟는 행위만 봐도 짐작할 수 있다. 무작위로 아무 숫자나 적고 암기를 해 보자. 필자는 아무 의미 없는 숫자의 경우는 순간적으로 7~8자리 정도밖에 암기하지 못한다. 항상 조금 아쉽다는 느낌이 드는데 아마 보통 사람들의 작업기억도 필자와 비슷한 수준일 것이다.

두 번째로 우리가 수험 목적으로 사용하게 되는 기억은 '장기기억'이다. 장기기억은 뇌 속의 좀 더 깊은 공간에 많은 내용을 저장할 수 있는 능력이다. 아마 무한대에 가까운 용량을 가지고 있겠지만, 저장하는 것과는 별개로 저장된 내용을 꺼내는 것은 마음대로 되지 않는다. 그런데 이러한 장기기억을 효과적으로 사용하는 방법이 있는데 바로 '단서'를 이용한 암기이다.

예전에 '화성인 바이러스'라는 TV 프로그램에서 평범한 IQ의 출연자가 50장이 넘는 카드의 순서를 몇 분 만에 외우는 모습을 본 적이 있다. 이어서 본인 암기력의 비결을 알려줬는데, '평소에 매일 보는 가구나 거리의 풍경에 시각적인 순서대로 카드를 배치한다'는 것이다. 그러면 가구에 배치된 카드는 가구만 떠올리면 자연스럽게 연상된다고 한다. 가구는 어차피 매일 보는 것이기 때문에 이미 머릿속에 있다.

수험생이 공부해야 할 내용은 엄청나게 방대하다. 방대한 내용을 모두 머릿속에 저장했다 하더라도 제때 꺼내 쓰지 못한다면 무용지물일 것이다. 따라서 문제를 보고 적합한 내용을 떠올리기 위한 '단서'로 우리는 목차를 암기해야 한다. 목차는 뒤죽박죽된 많은 개념들을 마치 도서관의 책이 고유 코드로 분류되는 것처럼 질서 정연하게 정리해 주는 역할을 한다.

필자가 CPA 학원에서 처음 만났던 재무회계 선생님은 중급회계 책 앞에 있는 목차를 따로 복사해서 통학 시간에 가지고 다니면서 볼 것을 주문했다. 심지어 2차 회계감사 선생님은 목차만을 따로 만들어서 수험생들에게 나눠주었다. 이외의 과목에도 목차 암기는 효과적이다.

사실 1차 시험의 경우는 촉박한 시간 탓에 '단서를 통한 추리'를 사용해 문제를 푼다기보다, 무의식 속에서 해결법이 저절로 튀어나오는 느낌이다. 따라서 목차 암기의 중요성은 주어지는 시험 시간이 넉넉하고 주관식으로 답안을 작성하게 되는 2차에서 좀 더 강조된다. 하지만 1차 때 미리 목차를 암기해 둔다고 손해 볼 것은 전혀 없다. 여러분들도 수험 초기부터 쉬는 시간이나 통학 시간 등을 이용해 목차를 암기해 보자. 해당 과목이 새로운 느낌으로 다가올 것이다.

이해하는 법

이해는 기본적으로 암기가 바탕이 되어야 한다. 우리가 이해하고 있다고 생각하는 것들은 대부분 암기하고 있는 것이다. '1+1=2'라는 명제를 암기하고 있다고 생각하는 사람은 없겠지만, 사실 따지고 보면 우리는 그것을 암기하고 있다. '1+1=2'를 완벽하게 증명하기 위해선 엄청난 분량의 개념 정의와 논리 전개가 필요하다.

필자는 '여섯 살 어린아이를 납득시킬 설명이 가능하다면 제대로 이해하고 있는 것이고, 자신과 비슷한 지적 능력을 가진 상대에게만 설명이 가능하다면 그것은 이해한 것 같지만 사실 암기하고 있는 것'이라고 생각한다. 그런데 시험에 임하는 수험생이 문제를 보고 답을 내는 데 있어서 여섯 살 어린아이를 납득시킬 필요까진 없다. 본인만 납득할 수 있으면 된다. 중요한 것은, **시험 문제를 풀 수 있을 정도의 이해를 위해서는 암기를 잘해야 한다**는 것이다.

추가적으로 헷갈리는 내용을 이해하고 싶을 때, 필자가 자주 사용하는 팁을 소개하겠다. 상황을 극단적으로 생각해 보는 것이다.

MIT 천재 공대생들의 라스베이거스 도박 영화 '21'을 보면 '몬티홀 딜레마'라는 문제가 나온다. 내용은 이렇다. 세 개의 문 중 두 곳에는 염소, 한 곳에는 자동차가 있다. 선택한 문에 있는 것을 획득할 수 있기 때문에 1/3 확률인 자동차를 갖는 것이 목표다. 주인공은 맨 처음 1번 문을 선택했다. 그러자 모든 것을 알고 있는 사회자가 염소가 있는 3번 문을 열어 주면서 주인공에게 2번 문으로 선택을 바꿀 기회를 준다. 이때 주인공은 1번 문을 유지하는 것보다 2번 문으로 바꾸는 것이 더 유리하다며 선택을 바꾼다. 1번 문 뒤에 자동차가 있을 확률은 여전히 1/3이지만, 2번 문 뒤에 자동차가 있을 확률은 2/3로 바뀐다는 것이 주인공의 주장이다.

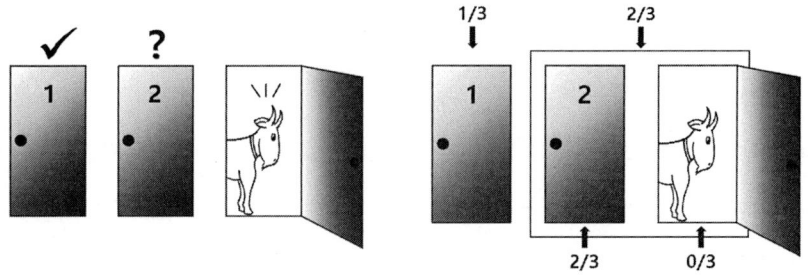

몬티홀 딜레마: 1번 문을 선택하자 사회자는 3번 문을 열어 염소를 보여주고, 선택을 바꿀 것인지 물었다.

영화 속 주인공은 1번 문이 자동차일 확률은 1/3, 2번 문은 2/3이므로 바꾸는 것이 유리하다고 얘기한다.

필자는 MIT에 다니는 천재가 아니기 때문에 영화를 보면서 주인공의 주장이 바로 이해가 가지는 않았다. 그냥 어렴풋이 '어차피 어떤 문이든 똑같은 확률 아냐? 바꾸나 안 바꾸나 똑같을 것 같은데?'라는 직관적인 느낌만 있을 뿐이었다.

그런데 극단적으로 생각해 보자. 3개가 아닌 100개의 문 중에서 주인공이 고른 문을 제외한 나머지 99개 문 중 98개의 문을 사회자가 열어서 보여주고 남은 한 개의 문과 바꿀 것인지 물어본다면, 당연히 남은 문이 자동차일 확률이 훨씬 높을 것 같다는 생각을 쉽게 할 수 있다.

이러한 스킬은 공부할 때 자주 써먹을 수 있다. 개념이 잘 이해되지 않거나 문제가 헷갈리게 출제될 경우, 이렇게 극단적인 가정을 하며 생각해 보자. 많은 부분이 해결될 것이다.

공부를 하다 이해가 안 될 때

CPA 시험 과목들을 처음 공부하다 보면 당연히 이해되지 않는 부분이 나온다. 필자는 특히 세법과 재무관리 과목에서 그런 기분을 많이 느꼈다. 비유하자면, 길을 가다 갈림길이 나왔는데 어디로 가야 할지 모르겠다는 느낌이다. 이때 대부분의 수험생들은 혹시 놓친 게 있나 왔던 길을 끝까지 다시 돌아가려 한다. 기어코 어떤 길로 가야 할지 정확한 표지판을 찾아내려고 하는 것이다. 논리의 연결고리가 끊긴 상태로는 더 이상 앞으로 나아가려 하지 않는다.

잠시 다른 얘기를 하겠다. 인터넷을 자주 하거나 만화를 좋아하는 사람이라면 한국이 낳은 드로잉 천재 '김정기' 화백의 스케칭 영상을 본 적이 있을 것이다. 그의 스케칭 능력은 가히 일품이다. 아무런 밑그림도 없는 상태에서 상상한 것들을 단번에 그려낸다. 세상에 그림을 잘 그리는 사람은 많지만 밑그림이나 참고 이미지도 없이 한 번에 세세한 부분까지 완벽하게 그려내는 김정기 화백 같은 능력자는 드물다. 한번은 그가 운영하는 애니메이션 학원의 한 학생이 그에게 어떻게 복잡한 그림을 머릿속에서 생각한 대로 한 번에 표현할 수 있는지 질문한 적이 있다. 그의 대답은 간단했다.

"하루에 10시간 정도씩 수십 년을 그리면 돼요."

다시 공부 이야기로 돌아가자. 김정기 화백의 그림 그리는 방식은 처음부터 한 번에 전부 다 이해하며 공부하는 방식과 같다. 이미 머릿속에 세세한 구도가 완벽하게 그려져 있다. 이런 공부를 하기 위해선 마치 그림을 10시간씩 수십 년 그린 것처럼 탄탄한 기본기와 관련 지식이 많이 쌓여 있어야 한다. CPA 시험으로 예를 들면, 1차 회계학을 완벽하게 준비한 수험생이 2차 회계학을 공부할 때나 사용 가능한 방법이다. 바꿔 말하면, 기본이 부족한 수험생은 그림을 한 번에 그리려 해서는 안 된다. 일반적인 방식대로 먼저 구도를 잡고, 밑그림을 그린 후, 세세한 그림은 나중에 그려야 한다. 그래도 충분히 시간 안에 좋은 그림을 그릴 수 있다.

CPA 과목을 공부하면서 이해가 안 되는 부분이 나온다면 너무 고민하지 말고 빠르게 넘기는 공부를 하자. 결벽증 환자처럼 모든 부분을 완벽하게 정리하려 해선 안 된다. 상황에 따라서는 '이래도 될까?'라는 생각이 들 정도로 빠르게 공부해야 한다. 구도를 잡고 밑그림을 그리는 단계에서부터 시간을 많이 들이는 '정독'을 할 필요는 없다. 찜찜하겠지만 두 번, 세 번 반복해서 보면 세세한 부분까지 다 볼 수 있으니 걱정하지 말자. 마지막에 완성된 그림만 훌륭하면 되지 중간 과정까지 항상 완벽할 필요는 없는 법이다.

해답 바로 보기 vs 끝까지 혼자 풀기

가끔 모르는 문제가 나왔을 때 어떻게든 끝까지 해답을 보지 않고 해결하려는 수험생이 있다. 기본적으로는 바람직한 방식이다. 해답을 바로 보는 버릇을 들이게 되면 머릿속에 남는 것이 없다고 한다. 직접 끙끙대며 풀이법을 찾아낼 때와 해답을 바로 보고 편하게 알아낼 때의 습득 정도에 차이가 있는 것은 사실이다. 그렇다면 해답을 바로 보는 것은 언제나 바람직하지 않은 공부 방법일까?

결론부터 말하자면, CPA 공부를 시작한지 얼마 되지 않은 수험생들은 해답을 바로 보면서 공부를 해도 상관이 없다. 고등학교 시절을 떠올려보자. 학창 시절 수능 공부는 참고서가 굉장히 친절하고 세세하며 논리가 촘촘하게 이어져 있다. 본문 예제와 연습문제의 간극이 좁고 정형화된 문제가 많다. 따라서 본문 내용을 보고 혼자 힘으로 대부분의 문제를 푸는 것이 가능했다.

하지만 CPA 시험은 얘기가 다르다. 범위가 방대하여 많은 문제가 정형화되어 있지 않다. 현실적으로 아무리 뛰어난 사람이라도 혼자 힘으로 모든 문제를 해결하기는 힘들다. 많은 학원 선생님들이 문제를 '풀려고' 하지 말고 본문 '공부하듯이' 보라고 말한다. 초반에 공부를 하면서 맞이하는 문제는 테스트용이 아니다. 문제를 또 다른 본문이라고 여기고 공부해야 한다.

또한 많은 수험생들이 착각하는 게 있다. 시험장에서 즉흥적인 문제 해결력 또는 논리적인 사고를 통해 답을 도출해야 한다고 생각하는 것이다. 그런데 실상은 그렇지 않다. 답은 암기된 공식이나 개념을 통해 기계적으로 구해야 한다. 고민이 필요 없다.

> 문제를 맞히겠다고 답을 보지 않고 한참 동안 끙끙대는 사람들이 있는데, 전혀 그럴 필요 없고 그것은 시간낭비일 뿐이며, 가장 피해야 할 행동이다. 이것이 왜 나쁘냐 하면, 문제 풀겠다고 애쓰는 것은 시간 많이 들고 체력 소모가 많은 데 비해서 효과는 전혀 없기 때문이다. 그렇게 고민 고민해서 기어코 정답을 맞혔다고 해도 시험에 다시 나오면 그 때 고민했던 기억만 나고 답은 생각 안 나고, 똑같은 고민을 하게 된다. 그 때는 틀릴 수도 있다.
>
> ―『불합격을 피하는 법』, 151쪽, 최규호 ―

나는 어려운 수학 문제는 정답을 먼저 본다. 그리고 정답이 제시하는 대로 풀어본다. 그리고 다시 한 번 문제를 풀어 본다. 이것을 계속 반복할 뿐이다. 그러다 보면 정답을 보지 않고도 풀 수 있게 되고 점점 문제의 80% 이상을 풀 수 있게 된다. 정말이다.

— 『결과를 만들어 내는 노력의 기술』, 95쪽, 야마구치 마유 —

문제의 기본 구조도 모르는 상태에서 어떻게든 혼자 해결하려는 방법은 매우 비효율적인 공부 방법이며 수험생 입장에선 너무 고통스럽다. 물론 상황에 따라 다르겠지만 무턱대고 고민만 하다가 에너지를 과하게 소모하지 않도록 주의하자. 해답은 판도라의 상자가 아니다. 마음껏 열어도 좋다.

마스터키는 없을 수도 있다

한 분야에 오랫동안 매진한 사람들은 엄청난 직관을 보여주기도 한다. 천재가 제시한 근사하고 복잡한 공식보다 장인이 툭 내뱉은 한마디가 훨씬 더 효율적일 수 있다. 예를 들면, 날씨를 예측하기 위해 수많은 변수를 분석한 슈퍼컴퓨터의 계산보다 바닷가에서 평생을 보낸 어부의 직감이 더 정확할 때도 있는 것이다.

공부를 하는 과정에서 분류·정리를 통해 내용을 간단하게 만드는 것이 중요한 것은 사실이다. 스마트한 수험생들은 만능열쇠를 만들어 어떠한 상황이든 쉽게 해결할 수 있는 방법을 찾는다. 이러한 과정 자체가 공부인 것은 맞다.

하지만 때로는 모든 변수를 해결할 수 있는 만능열쇠가 존재하지 않을 수 있다. 결국 그러한 주제에 대해서는 변수를 전부 인정해야 한다. 사실 이런 공부는 재미없고 괴롭다. 암기할 분량이 많아서 시험장에서 떠올릴 수 있을까 걱정이 된다. 조금만 책을 찾아봐도 알 수 있는 내용을 단순하게 암기해야 하니 시간 낭비라는 생각이 들게 된다.

최상위권과 상위권의 차이는 여기서 난다. 최상위권 수험생들은 마스터키가 존재하지 않는 범위도 덤덤하게 모든 내용을 공부하지만 보통 학생들은 마스터키가 없는 범위에서는 약한 모습을 보인다.

사실 필자가 마스터키가 없는 범위에서 약한 모습을 보이는 전형적인 보통 수험생이었다. 어떤 주제든 간단하게 만들고 싶어 하고, 복잡한 상황을 그대로 받아들이는 참을성이 없었다. 따라서 어떤 시험이든 100점을 받아본 적이 없었다. 물론 CPA 시험은 100점을 요구하는 시험이 아니기 때문에 실제로 모든 내용을 완벽하게 숙지할 필요는 없긴 하다. 하지만 마음가짐만큼은 항상 완벽을 추구하도록 하자.

복잡한 문제에는 반드시 간단하고 깔끔하며 잘못된 해결책이 있다.
– 헨리 멘켄 –

잊어버리는 것에 대한 스트레스

국내에서 많이 유명했던 것은 아니지만 필자가 즐겨봤던 미드 'SUITS'에는 사진과도 같은 기억력을 가진 인물 '마이크 로스'가 나온다. 기억력이 어느 정도냐면 법전을 통째로 외워서 조항의 일부만 보고도 나머지 내용을 줄줄 읊을 수 있고, 바닥에 떨어진 복잡한 서류를 집어 들면서 훑어보는 몇 초 만에 내용을 모두 외워 똑같이 카피할 수 있을 정도다. 드라마 속의 가상인물이지만 '마이크 로스'를 보면서 내가 만약 이런 기억력을 가지고 있다면 이 능력을 어떻게 사용할 것인가에 대해 한참을 상상했던 기억이 있다.

수험생들과 상담을 하다 보면 휘발성 짙은 CPA 과목들 때문에 스트레스가 심하다는 얘기를 많이 듣는다. 분명 엊그제 공부한 내용인데 다시 펼쳐보면 공부했던 것만 떠오를 뿐 내용은 전혀 기억나지 않는다는 것이다. 그러다 보면 전전긍긍하며 예전에 공부했던 부분을 자꾸 펼쳐보게 되고 현재 공부에 집중할 수가 없게 된다. 마치 합격을 위해 맞춰야 할 퍼즐이 산더미처럼 쌓여 있는데 애써 맞춰 놓은 줄로만 알았던 퍼즐도 나중에 다시 보니 다 쏟아져 있는 느낌이다.

이런 스트레스를 줄이는 방법은 여러 가지가 있다. 일단 마인드 컨트롤이 중요하다. 고시계의 전설인 고승덕 변호사의 고시 합격기를 다룬 저서 『포기하지 않으면 불가능은 없다』를 보면 이런 구절이 있다. '천재와 대결한다고 할지라도 1주일 전에 읽은 보통 사람이 2~3달 전에 읽은 천재에게 질 리가 없다.' 여기서 우리는 두 가지를 배울 수 있다. 첫째는 직전의 공부가 시험의 성패를 결정할 정도로 중요하다는 점이고, 둘째는 천재라 할지라도 우리와 똑같이 망각하는 존재라는 것이다. 결국 수험생들은 본인뿐 아니라 경쟁자들 또한 계속해서 망각하고 있다는 사실을 위안 삼아야 한다.

아무리 고민해봤자 'SUITS'의 '마이크 로스'처럼 될 수는 없다. 본인

기억력의 한계를 인정하고, 주어진 상황 하에서 어떻게 해야 합격할 수 있을지를 고민해야 한다.

또 다른 방법은 누적복습이다. 깨진 독에 물을 부어 채우고자 한다면 물을 많이 붓는 것도 중요하지만 깨진 부분을 계속해서 수선하는 것도 필요하다. 이때 깨진 부분을 수선하는 것을 누적복습이라 볼 수 있다.

누적복습

누적복습이란 첫째 날 1장을 배우고 둘째 날 2장을 배웠다면, 둘째 날은 1장부터 2장까지 전부 복습하는 것을 뜻한다. 셋째 날 3장을 배웠다면 1장, 2장, 3장을 모두 복습하게 되는데 결국 앞쪽에서 배운 것일수록 회독 수가 늘어나게 된다.

누적복습은 매일 공부했던 내용들이 머릿속에서 연결되도록 만들어주고 반복 학습을 통해 단기기억에 남아 있던 내용들을 장기기억으로 전환시켜주는 역할을 한다. 범위가 방대한 CPA 시험에서 이러한 누적복습은 필수라고 볼 수 있다. 물론 시간이 오래 걸리며 갈수록 부담이 가중되기 때문에 무작정 누적복습을 할 수는 없다. 따라서 적절하게 누적복습과 비누적복습을 섞어가며 공부해야 한다.

수험생활을 도자기 굽는 것으로 비유하면 1회독 째는 초벌구이의 단계라고 볼 수 있다. 초벌구이는 본격적인 재벌구이를 하기 전에 가볍게 한 번 구워주는 것으로 이때는 도자기를 완벽하게 완성시킬 필요가 없다.

시간적인 여유가 없다면 굳이 1회독 째에 억지로 누적복습을 할 필요가 없다. 2회독, 혹은 3회독부터 누적복습을 해 주면 된다. 학원 강의 스케줄 등 여러 상황 때문에 급하게 진도를 나가야 할 경우가 있다. 이 럴 땐 누적복습에 연연하지 말고 당일 배운 진도에 집중하는 것이 효율 적이다.

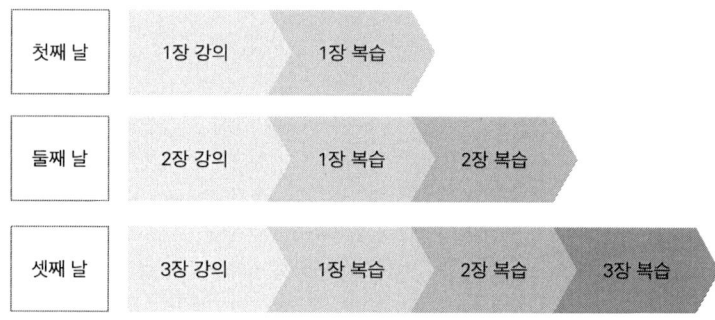

누적복습을 하면 1장부터 3장까지의 내용이 머릿속에서 한 번에 연결되고 기억이 오래간다.

예습 vs 복습

강의는 단순히 듣고 끝나는 것이 아니라 수험생 스스로 체득하는 과 정을 거쳐야 한다. 이때 강의 전에 훑어보는 예습과 강의 후에 되새기 는 복습이 조화롭게 이루어져야 한다는 것을 모르는 사람은 없다.

그렇다면 예습과 복습은 어느 정도 비율로 하는 것이 좋을까? 수험생 활은 무한한 시간을 가지고 마음껏 공부하는 것이 아니라 제한된 시간 속에서 최대한의 효율을 뽑아내야 하는 선택의 과정이다. 아무리 좋은 공부법이라도 우선순위가 있는 법이다.

『불피법』의 저자 최규호 변호사는 '공부는 복습이다'라고 할 정도로 복습의 중요성을 강조했다. 결론부터 말하면, CPA 시험 과목의 경우도 예습보다는 복습에 올인하는 것이 좋다.

CPA 수험서를 혼자 보면서 이해하는 것은 쉽지가 않다. 비전공생이 강의 없이 생으로 교재를 읽는 것은 마치 은행의 복잡한 금융상품이나 보험사의 보험 약관을 읽는 기분이 들게 한다. 즉, 예습은 너무 힘들다. 그러다보니 복습에 비해서 비효율적이다. 예습이 좋지 않다는 것이 아니라 시간 제약 하에서는 예습보다 복습을 하는 것이 좋다는 말이다. 1만 원 지폐와 5만 원 지폐를 다 주울 수 있다면 둘 다 주워야 하지만 하나밖에 주울 수 없다면 5만 원 지폐를 주워야 한다.

예외적으로, 강의를 듣기 전 예습이 필요한 과목이 있다면 1차엔 경제학, 2차엔 원가관리회계 정도가 있다. 경제학, 특히 미시경제학의 경우엔 강의 도중 선생님 말씀을 잠깐이라도 놓치게 되면 그 뒤의 설명을 도저히 쫓아갈 수가 없다. 앞서도 얘기했지만 학원 실강은 따라가지 못하는 수험생을 기다려주지 않는다. 물론 이는 다른 과목의 경우에도 해당되는 얘기지만, 솔직히 다른 과목은 예습 자체가 그다지 도움이 되지 않는다. 예를 들어 세법을 처음 공부할 때는 어설프게 예습을 해봤자 강의 이해도에 차이가 없다. 예습을 했든 안 했든 이해가 안 되는 것은 똑같은 것이다. 결국 마지막에 복습으로 극복해야 한다. 하지만 경제학은 조금 다르다. 강의 전 교재를 훑어보며 미리 약간의 고민을 해 둔다면 강의를 들을 때 선생님의 말씀이 확실히 다르게 들린다.

2차 원가관리회계 강의는 수업 시간 내내 커다란 문제들을 푸는 방식으로 진행된다. 문제 사이즈는 여태껏 살면서 경험해 보지 못했던 거대한 사이즈다. 문제만 2페이지 이상 차지하는 경우도 있으며 해답은 3~4페이지를 넘어가기도 한다. 문제 하나를 푸는 데 20~30분 정도가 걸리는데 중간에 이해가 가지 않는 부분이 나온다면 그 뒤로는 아웃이다. 이렇게 되면 수업이 시간 낭비가 된다. 따라서 2차 원가관리회계는 반드시 예습이 필요하다. 그래도 다행인 점은 시간만 넉넉하다면 2차 원가관리회계는 예습이 상대적으로 수월하다는 것이다. 원가관리회계 내용 자체가 모호한 개념이 적고 수학처럼 딱딱 들어맞기 때문이다.

정리하자면, CPA 수험생들은 복습에 매진하자. 예습은 1차 경제학과 2차 원가관리회계 과목만 하자. 그 이상은 비효율적이다.

1차에 올인하지 말자

상담을 하다 보면 간혹 어떻게든 1차라도 합격했으면 좋겠다면서 수험 기간이 아직 한참 남았는데도 불구하고 오로지 1차 객관식 시험만 준비하는 수험생들이 있다. 2차는 유예 부분합격 제도가 있다는 안도감과 어떻게든 작은 성공이라도 맛보고 싶은 마음에 그러한 생각을 하는 것인데, 수험생의 심정이 이해는 된다. 그러나 이는 객관적으로 현재를 분석하고 의사 결정을 해야 되는 상황에서 감정에 치우친 비합리적인 판단을 하는 꼴이다. 심리학 용어로 이를 '감정 휴리스틱(affect heuristic)'이라 한다. 예를 들어, A 항아리에는 흰 공 9개와 검은 공 1개가 들어 있고, B 항아리에는 흰 공 91개와 검은 공 9개가 들어 있다고 하자. 검은 공을 뽑으면 상품을 준다고 할 때, 확률적으로 보면 A 항아리를 선택하는 것(10%)이 B 항아리를 선택하는 것(9%)보다 유리하지만, 많은 사람들이 B 항아리를 선택한다고 한다. 이는 사람들이 확률에 근거한 객관적인 판단을 하지 않고 감정적인 판단을 하기 때문이다.

1년 내내 1차 준비를 하면 1차 시험 합격률은 약간 올라갈 수도 있겠지만, 합격 후 2차 시험에 5과목 모두 합격할 확률은 낮아진다. 1차에 합격한다 해도 최종 합격은 자신할 수 없게 될 것이다. 반면 1차 시험 전에 2차 주관식 공부를 어느 정도 해 두면 2차 시험 합격 확률이 확연하게 올라간다. 또한 2차와 1차는 시험 형식만 다르지 공부할 내용이 동일하기 때문에 1차 시험 합격 확률도 크게 달라지지는 않을 것이다.

CPA 수험 바닥에 들어온 이상 수험생의 최종 목표는 2차 합격이다. 1차 합격은 단지 2차 시험을 보기 위한 자격에 불과하다. 조교 일을 하다 보면 종종 1차 시험에 낙방한 수험생들이 앞으로 남은 1년 간 어떻게 공부해야 할지 상담하러 오는 경우가 있는데 필자는 무조건 **1차를 합격한 것처럼 공부하라**고 주문한다. 왜냐하면 1차를 합격했든 불합격했든 최종 목표는 2차 합격이기 때문이다. 통계적으로 2차 응시생의 67%는 결국 코앞에서 CPA 합격의 문턱을 넘지 못하고 다시 1차생으로 돌아가거나 CPA를 포기하게 된다. 1차를 합격한 기쁨은 정말 잠깐이며 그것만 가지고는 인생에 별 도움이 되지 않는다. 반드시 33% 안에 드는 것을 목표로 해야 한다.

또한 경험적으로도 필자 주변 대부분의 단기 합격생들은 1차 시험 전에 2차 준비를 반드시 했었다. 과목 수에는 차이가 있을지언정 최소 한 과목 이상의 2차 연습서 공부를 1차 수험 기간에 해 두었다.

1922년 인류가 에베레스트 산을 오르기 시작한 이래 1988년 이전까지는 정상을 밟은 이가 연간 3명 내외였다고 한다. 그런데 1988년을 기점으로 에베레스트 정상을 정복하는 사람이 기하급수적으로 늘어나기 시작했다. 1988년에만 무려 50명, 그 후로는 매년 성공한 사람들의 숫자가 100명을 넘게 되었다.

무엇이 달랐을까? 1988년 이전의 에베레스트를 등정하는 모든 원정대는 해발 1,000~2,000미터 지점에 베이스캠프를 설치했다고 한다. 하지만 1988년에 어떤 팀이 해발 5,000미터나 되는 높은 곳에 베이스캠프를 설치했고, 그 뒤부터 성공 확률이 급격하게 높아졌다고 한다.

1차 시험 전에 2차 시험공부를 하는 것은 보다 높은 곳에 베이스캠프를 설치하는 것과 같다. 비록 당장은 힘들지 몰라도 본인의 잠재력을 더 끌어 올려 합격에 더 가까운 곳에서 비벼야 최종 합격 확률을 높일 수 있을 것이다. 결론적으로 1차 시험 전에 2차 준비가 어느 정도는 필요하다는 것이 필자의 확고한 생각이다.

그런데 사실 필자의 수험생활은 앞서 설명한 얘기와 좀 다르게 했다. 일단 필자는 비경영대생이었고 회계에 대한 기초가 매우 약했으며 본격적인 수험생활을 학원 가을 종합반(7월 시작)으로 상당히 늦게 시작하였다. 연초에 수험생활을 시작하는 경우가 아니라, 필자처럼 1차 시험까지의 시간이 얼마 없는 수험생들은 일단 1차에만 집중해야 한다. 이는 현실적으로 어쩔 수 없는 경우다. 만약 1차만 준비했던 수험생이 1차를 합격하여 2차 준비를 시작하게 되면 상대적으로 부족한 부분을 보완하기 위해 승부를 걸어야 한다. 쉽게 말하면, 전략적으로 중요한 부분

위주로 찍어서 공부하는 것이 필요하다. 포커에서 패가 불리하다고 무조건 지는 것은 아니다. 또한 1차 준비는 나름 2차 준비도 겸하고 있다. 1차를 경험하면서 생긴 잠재력이 2차 준비 시 탄력이 붙어 폭발할 수도 있다.

하지만 시간이 충분함에도 1차 올인 전략을 사용하는 것은 웬만하면 피하도록 하자. 다시 말하지만 의사 결정은 반드시 객관적으로 해야 한다. 최종 목표는 2차 합격이라는 점을 명심하자.

단권화

공부했던 기본서들과 문제집, 서브노트 등을 보기 편하게 한 권으로 정리하는 것을 '단권화'라고 한다. 평소에는 단권화의 필요성을 잘 모르겠지만 시험 직전엔 많은 내용을 짧은 시간 동안 빠르게 봐야 되기 때문에 단권화가 절실하다.

단권화를 하는 방식은 크게 두 가지다. 첫 번째는 기본서를 메인으로 잡고 기본서에 없는 내용들을 여백에 적어 넣거나 다른 책의 좋은 부분을 잘라 붙이는 것이다. 메인이 되는 기본서에 불필요한 범위가 많지 않고 내용이 전반적으로 잘 정리되어 있는 경우에 쓰기 좋은 방법이다. 이 방법은 (단권화를 의도했던 것은 아니지만) 필자가 수험생일 때 주로 이용했던 방법이다.

두 번째는 아예 새롭게 만든 서브노트를 메인으로 사용하는 방법이다. 서브노트의 경우 바로 다음 주제에서 설명을 하겠지만 기본서가 단권화하기 마땅치 않은 경우 고려해 볼 만하다.

필자의 경험상 공부를 함에 있어서, 내용이 두 권 이상으로 분산되어 있는 경우보다 한 권에 전부 들어 있어야 논리가 잘 이어지고 문제를 풀 때 연상이 잘되었다. 예를 들어 어떤 주제에 대한 문제풀이 방식으로 A와 B라는 방식이 있다고 치자. 수험생들은 주로 자신이 편한 방식대로만 문제를 풀기 때문에 보통 한 가지 방식에만 익숙하다. 그런데 때로는 한 가지 방식만으로는 풀 수 없는 문제가 출제될 때가 있다. 이때 A 방식과 B 방식이 한 교재에 있지 않다면, A 방식에 익숙한 수험생이 급박한 시험 시간 동안 B 방식을 떠올리기가 쉽지 않다. 관점 자체가 전환되면서 B 방식이 실린 교재에까지 생각이 미쳐야 하는데 그러려면 시간이 걸린다. 그런데 만약 A 방식과 B 방식이 같은 교재 안에 정리되어 있다면, A 방식을 생각하면서 B 방식이 자연스럽게 떠오를 것이다. 단순히 공부시간을 절약해 줄 뿐 아니라 실제 점수와도 직결되는 단권화의 장점이다.

서브노트

기본서에는 보통 문제를 풀기 위해 알아야 할 내용뿐 아니라 해당 내용을 뒷받침하는 설명이 자세하게 수록되어 있다. 또한 출제 가능성이 낮은 내용도 존재하거나, 강의에서 다루지 않는 부분도 있다. 이때 공부 시간을 줄이기 위해 '꼭 알아야 할 내용'과 '직접적인 강의 내용'을 따로 정리해 놓은 요약집을 서브노트라 한다. 수험생은 평소에 기본서와 서브노트를 같이 두고 공부하게 된다. 서브노트는 수험생이 직접 만들 수도 있고 따로 판매되기도 한다.

CPA 시험은 공부해야 할 양이 매우 방대하다. 특히 막판에는 많은 내용을 짧은 시간 안에 전부 봐야 된다. 따라서 과목별로 잘 정리된 서브노트가 있으면 시간을 절약하는 데 큰 도움이 된다. 실제로 서브노트의 도움을 많이 받아 막판 정리를 빠르게 할 수 있었다는 합격생들이 많다. 서브노트 없이 정리를 할 경우엔 두꺼운 기본서 페이지만 넘기다 시간이 다 갈 수 있다. 따라서 서브노트를 만들 때는 '시험 직전의 시간을 지금 빌려주고 그때 돌려받는다'고 생각하자. 지금은 시간을 낭비하는 느낌이 들 수도 있지만 시험 직전엔 과거의 자신에게 칭찬을 해 주고 싶을 것이다.

또한 서브노트를 만드는 과정에서 자연스럽게 암기가 되는 것도 있다. 대학생 시절 밤새 공부했던 기말고사 시험문제는 기억나지 않아도 열심히 썼던 리포트 주제는 생각나는 법이다. 사실 쓰는 것은 훌륭한 공부법 중 하나다. 2011년 CPA 시험에 동차 합격했던 박준웅 씨의 합격수기를 보면 서브노트의 활용법과 중요성을 알 수 있다.

서브노트를 제작하는 과정은 힘든 암기과정을 재미있고 성취감을 느낄 수 있게 해줄 것입니다. 저는 서브노트를 과목별로 평균 세 번 정도씩 제작했습니다. 점점 더 서브노트의 부피를 줄여나갔습니다. 핵심적인 논리만을 줄여내고 축약하는 과정에서 논리를 보다 심도 있게 이해할 수 있었고, 반복을 하면서 자연스럽게 암기가 된 부분도 많았습니다. (중략) 때문에 시험 전날에 전 과목을 1회독할 수 있게 만드는 작업이 굉장히 중요합니다. 시험 전날 전 과목을 1회독할 수 있었습니다.

– 합격수기 '남들과는 다르게, 누구보다 빠르게', 박준웅 –

단권화는 더 이상 더할 것이 없는 상태를 추구하고
서브노트는 더 이상 뺄 것이 없는 상태를 추구한다.

그런데 서브노트는 올바르게 활용해야 한다. 가끔 보면 기본서를 공부하면서 내용을 자기 것으로 만들어야 할 시간에 정성 들여 서브노트만 작성하는 수험생들이 있다. 형형색색의 펜으로 한 땀 한 땀 예술작품을 만들듯 심혈을 기울인다. 그 서브노트를 시험장에서 꺼내 볼 수 있는 것도 아닌데 말이다.

주식시장에는 'Wag the dog'이라는 말이 있다. 정상적인 경우라면 현물시장에 의해 선물시장이 움직여야 되는데 주객이 전도되어 선물시장에 맞춰 현물시장이 움직이게 되는 상황을 표현한 것이다. 영문 표현은 개가 꼬리를 흔드는 것이 아니라 꼬리가 개를 흔드는 상황을 비유한 것

모의고사

아예 모르고 있는 것보다 알고 있다는 착각이 더 무서운 법이다. 평소에 암기한 내용을 철저하게 확인하고, 많은 문제를 풀어 보았다 하더라도 실제 시험과 비슷한 조건에서 테스트를 해 보면 본인이 상상했던 것과 완전히 다른 결과가 나와 깜짝 놀랄 수 있다. 끊임없는 피드백이 없다면 1년 걸릴 수험생활을 2년, 3년씩 하게 된다.

모의고사에는 두 가지 종류가 있다. 학원 종합반, 학교 고시반, 스터디 등에서 진행하는 '진도별 모의고사'와 실제 시험 직전에 실시하는 '전 범위 모의고사'이다.

'진도별 모의고사'는 공부 습관이 제대로 잡혀 있지 않거나 자제력이 부족한 수험생들에게 꼭 필요하다. CPA 시험은 긴 수험 기간 동안 많은 범위를 공부해야 한다. 따라서 수험생들은 내가 지금 잘하고 있는 건지 감을 잡기가 어렵다. 이때 성실하고 무던한 수험생들은 그냥 본인의 계획에 맞춰 수험생활을 잘 진행할 것이다. 하지만 상대적으로 그렇지 않은 수험생들은 계획이고 뭐고 '난 도대체 뭘 하고 있고 여긴 어디쯤인가'를 끊임없이 성찰하게 된다. 이때 진도별 모의고사가 수험생활을 계속해서 바로잡아 주는 역할을 한다.

또한 '진도별 모의고사'는 현재 본인의 공부 방법이 잘못되었는지를 판단하는 기준이 된다. 이를 진도별로 보지 않고 시험 직전의 '전 범위 모의고사'에 이르러서야 확인하게 된다면 너무 늦는다.

2011년도에 조교로 일할 당시 상담했던 학교 후배 J는 모의고사를 보고 공부 방법이 잘못되었음을 깨달아 이를 수정한 끝에 실력이 쑥쑥 올라간 케이스다. 경영학과 출신이라 초반부터 진도별 모의고사 점수가 좋은 편이었지만 유독 세법 점수만 낮았다. 알고 보니 세법을 심리적으로 싫어하는 바람에 암기나 문제풀이 연습을 등한시했던 것이다. 결국 J는 세법의 총체적인 문제점을 깨닫고 객관식 종합반부터 집중적으로 세법을 보완하더니 1차 시험을 굉장히 높은 점수로 통과할 수 있었다.

2014년 CPA 시험을 유예로 합격한 L 군은 '진도별 모의고사'를 **자신이 옳은 방향으로 공부하고 있다는 증거로 활용했다**면서 '나침반'에 비유했다. 모의고사 점수가 잘 나오면 현재 공부 방법을 유지하고 점수가 낮으면 본인의 공부 방법을 수정하는 용도로 사용한 것이다. 개인적으로 나침반이란 표현은 참 적절한 것 같다.

수험생 중에는 혼자 공부를 하다 보면 시간이 흐르기만 하면 저절로 합격에 다가간다고 착각하는 수험생들이 있다. 마치 때가 되면 전역하는 군인과 같은 마인드로 수험생활을 하는 것이다. 이러한 착각은 본인이 잘 깨닫지 못한다. 만유인력과 같은 자연법칙처럼 본인은 합격에 가까워지고 있다고 생각한다. 이러한 생각은 당연히 위험하다. 중간에 기를 꺾어 줄 필요가 있다. 진도별 모의고사를 통해 자신의 합격은 절대 불변의 자연법칙이 아니라는 사실을 깨달아야 한다. 연애를 할 때 '밀당'이 필요한 것처럼, 수험생활에도 계속 당기기만 했다면 중간중간 반대로 밀어내줌으로써 긴장을 유지하자. 만약 본인이 자신감 넘치는 스타일이라면 진도별 모의고사를 꼭 이용해 줘야 한다.

'전 범위 모의고사'는 자신이 주로 공부했던 학원에서 한 번, 다른 학원에서 한 번, 총 두 번 정도 보는 것이 좋다. 주로 공부했던 학원의 강의는 문제가 익숙할 여지가 있으므로 새로운 문제 유형을 익힌다는 의미에서 다른 학원 모의고사도 보는 것이다. 만약 시간이 부족해서 혼자 공부할 시간을 최대한 확보해야 한다면 자신이 주로 공부했던 학원 것만 응시하자. 이때 목표로 삼아야 할 것은 시간 관리와 부족한 과목에 대한 점검이다.

경험상 전 범위 모의고사 점수는 합격률과 크게 연관이 없다. 전 범위 모의고사에서 합격선에 한참 미달한 점수를 받고도 실제 시험에서 합격한 사례가 무수히 많다. 물론 '전 범위 모의고사'에서 상위권을 차지했던 수험생들이 실제 시험에서 고득점 할 가능성이 높은 것은 사실이다. 하지만 상위권 미만의 학생들에게는 모의고사와 실제 시험 점수의 상관관계가 미미하다. 이는 모의고사가 실제 시험과 동떨어진 문제로 구성되어 있어서가 아니라, **전 범위 모의고사 이후부터 실제 시험일 사이에도 실력이 대폭 상승하기 때문이다.**

못하는 과목 먼저 공부하자

보통 수험생들은 무서운 놈을 상대로 싸우기보다 손쉬운 과목부터 끝내고 싶어 한다. 합격을 위해서 당장 해야 하는 것이 무엇인지 치열하게 고민해서 공부하는 것이 아니라, 일단 편하게 공부하면서 당장 뭔가 하고 있다는 위안을 받고 싶어 하기 때문이다. 특히 수학적인 부분이 약하다는 생각으로 상법, 세법, 회계, 경영학은 열심히 공부하면서 재무관리나 경제학은 등한시하는 수험생들이 많다. 당연히 이 전략은 효율적이지 않다.

필자가 좋아하는 '리그 오브 레전드'라는 게임은 10명의 플레이어가 각자의 캐릭터를 조종해서 5대5로 싸우는 방식이다. 초반에는 1대1, 혹은 2대2의 소규모 전투가 벌어지다가 중반으로 접어들면 양 팀의 플레이어가 전부 모여 5대5 전투(일명 한타)를 벌이게 된다. 이때 한타에서 이기기 위한 가장 기본적인 전략 중 하나는 상대 팀에서 가장 강한 캐릭터를 집중적으로 공격해 먼저 없애는 것이다. 만약 약한 캐릭터에 우리 팀의 공격력을 쏟아부으면, 살아남은 상대 팀의 강한 캐릭터가 우리 팀을 전부 몰살시킬 수 있다. 가끔 본인의 킬 수(상대 캐릭터를 없앤 숫자)에만 집착해서 약한 캐릭터만 먼저 골라서 공격하는 플레이어가 있는데 이런 플레이어의 승률은 낮을 수밖에 없다.

CPA 시험의 특성은 '리그 오브 레전드'와 똑같다. 예를 들어 경제학과 세법이 익숙하고 재미있다고 해서 두 과목에만 많은 시간을 투자한다면 회계학이나 상법 등 다른 과목이 여러분들을 패배로 인도할 것이다. 만약 특정 과목에서 상위권에 들 경우 가산점이 있거나 과락제도가 없을 경우는 고려해 볼 만하나, 그렇지 않기 때문에 CPA 수험생들은 전 과목을 골고루 잘해야 한다. 따라서 가장 못하는 과목에 먼저 많은 시간을 투입해서 일정 수준 이상으로 끌어올리는 것이 효율적이다. 이는 어떤 과목이든 일정 수준 이상이 되면 한계실력체감의 법칙이 적용되는 것과도 일맥상통한다. 실력이 올라갈수록 동일한 점수를 획득하기 위해 투입되는 시간이 점점 많아질 것이다. 따라서 합격률을 최대한 올리기 위해선 못하는 과목을 가장 먼저 공부해야 한다.

불안하거나 약한 일부터 손을 대는 것은 실은 가장 부담이 적은 방법이다. 약하다고 느낄수록 먼저 착수해서 적을 파악해야 한다. 공격은 최고의 방어라는 말은 공부에도 적용된다. 이렇게 약한 과목을 해치우고 나면 심리적으로 홀가분해지고, 계속해서 공부해나가는 것이 쉬워진다.

　　　　　　　－『7번 읽기 공부법』, 115쪽, 야마구치 마유 －

강의 깊이가 평균 1m라고 건너도 되는 것은 아니다.
중요한 것은 평균이 아니라
자신의 키보다 깊은 곳이 있는지 여부이기 때문이다.

필기하는 법

강의를 듣다 보면 교재나 서브노트의 내용만으로는 충분하지 않아 필기를 해야 하는 경우가 생긴다. 이때 색깔 펜, 형광펜, 포스트잇을 사용해선 안 된다. **강의를 들을 때 가장 중요한 것은 선생님의 말씀이다.** 만약 필기해야 할 내용이 선생님의 설명보다 중요한 부분이 있다면 반드시 필기할 시간을 줄 것이다. 항상 필기보다 수업에 집중하도록 하자.

꼭 해야 하는 경우는 샤프나 연필로 해야 한다. 빠르게 적다가 잘못된 부분이 나올 경우 지우개로 지울 수 있고, 교재의 본문 글자보다 눈에 덜 띄기 때문이다. 자를 대거나 글씨를 공들여 쓸 필요가 없다. 연필로 필기한 부분을 나중에 펜으로 예쁘게 고치는 것도 피하자. 우리는 시험장에서 교재를 보고 시험을 치는 것이 아니다. 복습할 때 알아볼 수만 있으면 충분하다.

질문하려고 체크해 두는 것이 아니면 포스트잇은 사용은 자제하자. 공부하다 포스트잇이 나오면 흐름이 끊긴다. 또한 포스트잇을 많이 붙이면 나중에 떨어질까 봐 페이지를 넘기기 불편해진다. 공부는 머리로 하는 것이지 책으로 하는 것이 아니라는 점을 명심하자.

필기구 선택

2차 시험의 경우 주관식이기 때문에 필기구 선택이 매우 중요하다. 시험장에서뿐 아니라 평소 공부할 때도 답안 연습을 많이 해야 하기 때문에 저렴한 필기구보다 손목이 편안하도록 부드럽게 써지는 펜을 사용하는 것이 좋다. 펜은 중간에 끊김이 없어야 하며 너무 끝이 날카로워서 시험지나 답안지에 구멍이 날 염려도 없어야 한다.

예전에 읽었던 합격수기 중에 필기를 너무 많이 해서 손목에 무리가 가는 바람에 한동안 눈으로 공부할 수밖에 없었다는 내용이 있었다. 이런 사태를 미연에 방지하기 위해서는 펜과 종이 사이의 마찰이 적어 손목에 부담이 안 가는 펜을 쓰도록 하자. 그런데 보통 이런 펜은 잉크가 흘러내려서 글씨가 예쁘게 써지지 않는다. 특히 시험장에서는 긴장이 되서 힘 조절이 잘 안 되기 때문에 평소에 실전과 같은 연습을 해 둬야 한다.

필자의 경험상 가격대가 어느 정도 있는 펜이 만족도가 더욱 높았던 것 같다. 보통 열심히 하는 2차생이라면 2~3일에 펜 한 자루씩 소모하게 된다. 2차 시험 준비 기간이 총 120일 정도기 때문에 50자루 정도를 쓰게 되는 것 같다. 1~2점 차이로 당락이 갈리는 시험이기 때문에 이것 저것 써보고, 마음에 드는 펜이 있다면 가격에 구애받지 말고 사용하도록 하자.

계산기

CPA 수험생은 계산기와 친해져야 한다. 공부를 할 때 계산기 사용이 필수이기 때문이다. 그렇다고 공부하는 데 계산기 사용이 주가 되어서는 안 된다. 'Wag the dog' 현상은 계산기 사용에 있어서도 주의해야 한다. 가끔씩 보면 필요 이상으로 계산기 사용에 집착하며 공부하는 수험생들이 있다. 계산기를 사용하는 시간은 공부하는 시간이 아니기 때문에 최대한 사용을 자제하고 꼭 필요한 계산에만 사용하는 습관이 필요하다. 그래야 공부시간을 아낄 수 있다.

수험생에게 도움이 되는 계산기의 추가 기능을 간단하게 설명하면 다음과 같다.

1. GT(Grand Total) 기능

사실상 필자가 수험생 시절에 유일하게 사용했던 추가 기능이다. 예를 들어, '(4×4)+(3×3)'을 계산하고 싶을 때 4×4와 3×3을 계산한 값을 각각 적어놓고, 이 값들을 계산기에 다시 입력하여 더하지 않아도 된다. 4×4=, 3×3=을 입력한 후 계산기 우 상단에 있는 GT 버튼을 누르면 =으로 나온 숫자들의 총 합이 계산되어 나온다. 즉, =을 누르면 해당 결과 값이 임시 메모리에 저장되었다가 GT 버튼을 통해 합쳐진 값이 나오는 것이다. 다음 계산에 영향을 주지 않기 위해서는 마지막에 AC(All Clear) 버튼으로 저장된 값을 모두 제거해 줘야 한다.

2. M+, M−, MR, MC 기능

GT 기능은 결과 값을 모두 합치기만 하므로 차감해야 할 값이 있다면 계산이 곤란해진다. 이럴 때는 M−와 M+를 이용해 결과 값을 음과 양으로 저장하고, MR(Memory Read) 기능으로 저장된 값들의 총 합을 산출하면 된다. 예를 들어 '(4×4)−(3×3)'를 계산하고 싶을 때, 4×4 M+, 3×3 M−를 차례로 입력한 후 MR 버튼을 누르면 원하는 결과 값이 나온다. 역시 다음 계산을 하기 전에 MC(Memory Clear) 버튼과 AC 버튼을 눌러서 저장된 값을 모두 제거해줘야 한다.

3. K 기능

재무관리 과목을 공부할 때 주로 사용하게 된다. 사칙연산을 연거푸 하고자 할 때 입력의 수고를 덜어주는 기능이다. 숫자를 누르고 곱하기 버튼을 두 번 누르면 '×숫자'가 저장되어 나머지 정보만 입력하면 된다.

예를 들어, 5년 뒤 10,000원의 10% 이자율 현재가치를 구할 때 K 기능 없이 구하려면 '10,000 ÷1.1 ÷1.1 ÷1.1 ÷1.1 ÷1.1'을 일일이 눌러야 해서 번거롭다. 이때, 1.1을 누르고 ÷를 두 번 누르면 (계산기

PART
06

전반적인 수험생활 TIP

전반적인 수험생활 TIP

건강관리 하는 법 – 수면, 식사, 운동, 스트레스

　수험생 건강관리의 테마는 수면, 식사, 운동, 스트레스 네 가지 정도로 볼 수 있다. 네 가지 테마를 순서대로 한 번 살펴보겠다.

　상담을 하다 보면 수험 초기부터 잠을 많이 줄이는 수험생들을 볼 수 있다. 사실 필자도 의도한 것은 아니었지만 수험 초기부터 잠을 확 줄였던 기억이 있어서 할 말은 없다. 당시 공부를 마치고 집에 돌아오면 새벽까지 케이블 TV를 보다 늦게 자고 다음 날 수업시간에 졸음의 바다 속에서 허우적댔다. 돌이켜 보면 참 미련한 짓이었다.

　수험생들은 시험 직전을 제외하고는 절대로 잠을 줄이면 안 된다. 깨어 있는 것만으로 뇌에 독성 물질이 생긴다는 사실을 아는 사람은 많지 않다. 이러한 **독성 물질은 잠을 통해서만 제거된다**고 한다. 수면 시간이 너무 짧다면 독성 물질이 완전히 제거되지 않고 쌓이기 때문에 뇌의 활동이 저해된다. 해야 할 공부가 많다고 잠을 줄여가며 공부하는 수험생들이 많은데 이는 마치 근시를 극복하려고 눈을 가늘게 뜨는 것과 같다.

역설적이게도 노력을 하면 할수록 상황은 더 악화되는 것이다. 열심히 하는 것보다 현명하게 노력하는 법을 알아야 한다.

　가끔 "합격하려면 얼마나 자야 하나요?"라고 질문하는 수험생들이 있다. 이럴 때마다 필자는 "최대한 줄이되 다음 날 졸음이 올 정도로 줄이면 안 됩니다."라고 대답한다. 사실상 충분히 자라는 뜻이다. 평범한 20대라면 일반적으로 7시간에서 8시간은 자 줘야 한다고 생각한다. 이 정도는 자야 다음 날 깨어 있는 시간에 최고의 집중도를 유지할 수 있다.

> 필요한 수면 시간은 사람마다 다르다. 본인이 몇 시간이나 자야 하는지 알아내는 한 가지 방법은 자명종이나 다른 외부적인 개입 없이 자신이 얼마나 자는지 살펴보는 것이다. 잠자리에 들기 전에 숙면을 방해하는 술을 마시지 않고, 극도로 지쳐 평소보다 많이 자야 하는 상태가 아니라면 몸은 생리적으로 필요한 수면 시간이 어느 정도인지 알려줄 것이다. 대부분 성인은 하룻밤에 7~8시간 정도 자야 한다. 그보다 적게 자도 되는 이들이 있는가 하면 더 자야 하는 이들도 있다.
>
> 　　　　　- 『하버드 집중력 혁명』, 235쪽, 에드워드 할로웰 -

　수면 시간뿐 아니라 수면 환경도 신경 써야 한다. 적당한 온도와 습도를 유지해야 하고 베개와 매트리스도 본인에게 맞는 제품을 써야 한다. 이불을 자꾸 걷어차는 습관이 있는 수험생들은 상의를 하의 안으로 집어넣어 배가 차가워지지 않도록 신경 써야 한다. 배가 따뜻해야 위장에 좋다. 혈액순환이 잘 안 되는 수험생들은 수면양말을 꼭 신어주자.

충분히 자고도 필요하다면 공부 중간중간 책상에 엎드려 낮잠을 자야 한다. 단, 낮잠은 20분을 넘기지 않는 것이 좋다. 15~20분 정도면 졸음을 쫓기에 충분하고 그 이상 자면 오히려 몽롱해지면서 몸이 늘어지기 때문에 집중력이 떨어진다.

식사는 규칙적으로 해야 하며 위장에 자극적이지 않은 한식 위주로 먹자. 과식을 하면 배가 더부룩하여 공부하는 데 지장이 있으므로 평소에는 항상 조금 부족한 듯이 먹는 게 좋다. 학교 식당이나 고시 식당을 이용하면 균형 잡힌 식단이 나오긴 하지만 약간 아쉽다. 따라서 가능하다면 가끔씩 보양식을 섭취해 주자. 고시원 등에서 혼자 사는 수험생들은 야채와 과일을 적극적으로 찾아 먹자. 혼자 지내다 보면 아무래도 비타민 섭취량이 부족해지기 때문이다.

아침 식사는 꼭 해야 된다는 의견이 많다. 『불피법』의 저자 최규호 변호사는 아침에 밥 한 그릇으로도 양이 부족했다고 한다. 필자도 수험생 시절, 머리를 쓰기 위해서는 아침밥을 꼭 먹어야 된다고 생각했다. 그래서 고시원에서 지낼 때는 편의점에서 김밥이나 컵라면 등을 아침에 꼭 챙겨먹고 하루를 시작했다. 아침 식사가 제공되는 식당도 종종 이용했다. 그런데 사법고시에 합격하고 현재 노량진에서 강의를 하고 있는 전효진 강사의 주장은 일반적으로 알려져 있는 바와 다르다.

매일매일 피로가 누적되면 소화기관이 약해지게 된다. 그런 상태로 아침에 깨어나지도 않은 몸에 음식을 넣으면 엄청난 피로가 몰려온다. 억지로 몸을 깨워 일으켜 나온 것이기 때문에 앉아 있는 것 자체가 기특한 상태다. 여기서 식사를 하게 되면 몸의 피가 모두 위(胃)로 쏠리면서 엄청난 피로감을 느끼게 된다. 피가 머리로 가지 않으니 공부도 잘 안 된다.

- 『독하게 합격하는 방법』, 38쪽, 전효진 -

충분히 수긍이 가는 내용이다. 결국 아침 식사를 할 것인지 여부는 수험생 스스로 본인의 체질에 맞게 선택하면 될 것 같다. 만약 잘 모르겠다면 그냥 주어진 상황에 맡겨버리자. 부모님이 차려주시는 아침밥이 있다면 감사히 먹고 시작하고, 자취를 한다면 가볍게 사 먹든지 아니면 공복으로 오전 공부를 시작해 보자.

여기까지가 식사와 관련된 기본 사항들이지만, 사실 '수험생은 먹고 싶은 것이 있다면 먹고 싶을 때 최대한 마음껏 먹는 것'이 여러 가지 면에서 가장 좋다고 생각한다. 위장에 특별한 문제가 없는 건강한 20대라면 1~2년 정도는 식단에 크게 구애받지 않고 마음껏 먹어도 괜찮다. 수험생에겐 먹는 것 말고는 스트레스를 해소할 길이 없는데 이조차 빡빡하게 관리해야 한다면 수험생활이 너무 힘들어지는 것 같다.

가끔 다이어트를 하는 여자 수험생들이 있는데 정말 말리고 싶다. 수험생활과 다이어트를 동시에 하는 것은 공부하는 데 써야 할 에너지를 담보로 시험과 체중 두 마리 토끼를 모두 잡으려는 행위다. 절대로 두 마리 다 잡을 수 없다. 다이어트에 소모되는 의지력이 엄청나기 때문에 공부가 잘 되지 않고, 공부가 안 되면 시험에 합격할 수 없으며, 합격을 못 하면 다이어트에 성공해봤자 별 의미가 없을 것이다. 또한 뇌가 집중력을 유지하기 위해서는 포도당 수치를 일정 수준 이상으로 유지해줘야 하는데 다이어트를 하면 그럴 수가 없다. 포도당은 뇌의 주 에너지 공급원이므로 수험생은 살이 찌는 것에 신경 쓰지 말고 자주 그리고 많이 먹어줘야 한다.

운동과 관련해서는 평소에 운동을 즐겨하는 수험생과 운동과는 담을 쌓은 수험생으로 구분해서 살펴봐야 한다. 일단 평소에 운동을 즐겨하던 수험생들은 운동량을 확 줄여도 특별히 건강에 문제가 없다. 단지 하고 싶은 운동을 못 한다는 아쉬움만 있을 뿐이다. 어차피 쉽지 않은 목표를 달성하기 위해 시작한 수험생활이므로 운동 시간을 최대한 줄여가며 공부에 모든 에너지를 쏟는 것이 목적 적합하다.

문제는 평소 운동을 하지 않던 수험생들이다. 주로 여자 수험생들이 이런 케이스인데 체력이 달리는 게 운동을 하지 않아서인 것 같은 기분이 들 수 있다. 하지만 이런 수험생들도 굳이 시간을 내서 평소 안 하던 운동을 할 필요는 없다. 공부체력은 운동체력과 확연하게 다르다. 커플이 쇼핑을 하면 건장한 남자가 허약해 보이는 여자보다 쉽게 지친다. 운동이 직업인 UFC 파이터 추성훈을 데려다 하루 10시간씩 공부를 시키면 아마 며칠 못 가서 KO될 것이다. 수험생들은 운동체력을 증가시킬 필요가 없다.

그렇다면 모든 수험생들은 운동을 전혀 할 필요가 없는 것인가? 기본적으로 운동체력과 공부체력, 쇼핑체력 등이 발휘되는 원천은 다르지만 가장 베이스에 깔리는 '기초체력'은 신경을 써 줘야 한다. 기초체력은 특별히 병에 걸린 사람이 아니고서야 충분한 수면 시간, 균형 잡힌 식사와 함께 '최소한의 생활 운동'으로 유지할 수 있다.

평소 공부할 때 자세를 바르게 하고 스트레칭을 자주 해 주며 가까운 거리는 걷고 엘리베이터보다는 계단을 이용하는 습관을 들이자. 여기에 시험 날까지 여유가 좀 있는 수험생들은 규칙적으로 걷기 운동을 더해 주면 충분하다.

수험생들 중에는 가끔 극단적으로 운동을 좋아하는 근육맨들이 있다. 운동을 하지 않으면 스트레스를 받아 공부가 아예 안 된다고 한다. 이런 성향을 극복해야 할 대상으로 볼 것인지 수험생이 통제할 수 없는 자연환경으로 봐야 할지는 모르겠다. 확실한 것은 시간을 따로 써가며 하는 운동은 수험생활에 있어서 분명 마이너스 요인이라는 것이다. **수험생에게 본격적인 운동은 사치**라는 필자의 생각은 확고하다.

수험 공부를 하면서 받는 스트레스는 두 가지 정도로 나눠볼 수 있다. 공부하는 내용 자체가 이해되지 않아서 받는 직접적인 스트레스와 내가 과연 합격할 수 있을까 하는 두려움에서 오는 스트레스이다.

첫 번째 스트레스는 부딪혀 해결해야 한다. 더 파고들어 고민하거나 주변 고수들에게 질문을 해서라도 해결하고 넘어가야 한다. 때로는 스트레스를 별로 받고 있지 않다는 것이 제대로 공부하고 있지 않다는 증거일 수 있다. 공부 내용 때문에 스트레스 받는 수험생들은 본인이 공부를 제대로 하고 있는 것이라고 긍정적으로 생각하자.

두 번째 스트레스는 피해서 해결해야 한다. '이제부터 코끼리를 생각하지 않겠다'라고 생각하는 사람 머릿속에는 코끼리밖에 떠오르지 않는다. 불합격에 대한 생각은 아예 지워버리고 근거 없는 자신감을 가지자. 근거 없는 자신감의 위력은 대단하다.

이 외의 스트레스는 이 책에서 다룰 주제가 아니다. 집안 형편이 좋지 않아 금전적인 스트레스가 있을 수도 있고, 수험생이라고 해서 외모 등과 같이 공부와 관련 없는 스트레스가 아예 없을 수는 없다. "걱정을 해서 걱정이 없어진다면 걱정이 없겠다"는 명언이 있다. 이미 수험 바닥에 들어왔다면 목적과 상관없는 고민은 합격 뒤로 미루자.

수험생에게 건강관리는 또 하나의 시험 과목이라고 여겨도 좋다. 가끔씩 너무 잘하고자 하는 마음에 오버페이스로 공부하다가 체력이 방전되어버리는 수험생들이 있다. 건강관리에 실패한 수험생은 누구도 탓할수 없다. 전적으로 본인의 잘못이다. 항상 컨디션을 체크해서 최적의 몸상태를 유지할 수 있도록 하자.

컨디션은 매일 복권을 긁듯 랜덤으로 주어지는 것이 아니라
수험생 본인이 적극적으로 관리해야 하는 대상이다.

아침형 vs 올빼미형

단순히 밤늦게까지 술을 마시거나 게임을 하는 버릇 때문에 새벽까지 깨어 있다고 올빼미형인 것은 아니다. 밤에 잠이 안 오면서 공부 집중도도 높아야 올빼미형이다.

올빼미형인 수험생은 굳이 본인의 스타일을 거스르면서까지 아침형이 될 필요는 없다. 밤늦게까지 공부하고 오전에 자면 된다. 문제는 고시반에서 아침 출석 체크를 하거나 학원 실강이 오전에 있는 경우이다. 이럴 때는 환경에 본인을 맞춰야 한다. 고민하지 말고 과감하게 바꾸자. 어차피 실제 시험은 오전부터 시작하기 때문에 생체 시계를 바꿔놓는 것도 나쁘지 않다.

아침형 수험생은 축복받은 케이스이다. 보통 여자 수험생들이 아침형인 경우가 많은데 학원 실강이나 독서실, 도서관 등의 운영 시간과도 맞고 대중교통이 문제될 일도 없다. 아침형 수험생은 식사 시간도 규칙적으로 정할 수 있기 때문에 올빼미형에 비해 여러모로 유리하다.

아침형 수험생들은 갑자기 공부가 잘된다고 해서 밤늦게까지 달려서는 안 된다. 밤에 조금 더 공부해봤자 다음 날 리듬이 깨지면 오히려 손해다. 수험생활은 마라톤과 같은 장거리 레이스이기 때문에 항상 거시적으로 생각해야 한다.

고승덕 변호사는 고시 공부를 할 때 저녁부터 다음 날 오전까지 공부하고 낮에 잤다. 본인의 집중력을 최대로 유지하기 위한 선택이었다고 한다. 필자는 학원 강의가 모두 끝난 1차 직전 20일가량과 2차 직전 한 달은 새벽 4시 정도에 잤다. 1차 때는 4시간 자고 8시에 일어나 공부를 시작했고, 2차 때는 6시간 정도 자고 10시에 일어났다. 새벽에 공부가 잘됐고, 오전에는 좀처럼 집중이 잘 되지 않았다. 전형적인 올빼미형이다.

정리하면, 수험생은 아침형이든 올빼미형이든 본인의 스타일대로 공부하자. 리듬이 깨지지 않도록 무리하지 않는 것이 중요하며, 만약 외부의 여건에 의해서 바꿔야 하는 상황이 오면 고민하지 말고 바꿔주자.

공부 장소

공부 장소에 대해 고민하는 수험생들이 많다. 숙소와의 거리, 책상과 의자의 상태, 눈에 보이지 않는 분위기까지 공부 장소가 수험생에게 미치는 영향은 한두 가지가 아니다. 분석심리학의 창시자인 '칼 구스타브 융'은 주변의 분위기가 곧 그 사람의 정신세계에 깃든다고 했다. 공부 장소의 영향으로부터 자유로울 수 있는 수험생은 아무도 없다. 따라서 공부 장소는 신중하게 선택해야 한다. CPA 공부를 할 만한 곳은 학원 자습실, 학원 독서실, 고시반 독서실, 학교 도서관, 집, 집 근처 독서실 등이 있다.

필자는 CPA 공부를 막 시작했을 때 학원 자습실에서 공부했다. 그러다 종합반 수강생들이 경쟁하듯 독서실에 들어가는 모습을 보고 괜히 뒤처지는 느낌이 들어 독서실을 신청했다. 학원 독서실에 대기 인원이 많아 일단 예약을 했고, 며칠 뒤 연락이 와서 난생처음으로 독서실 구경을 할 수 있었다.

아늑하고 조용한 나만의 공간… 자습실과 비교할 수 없이 넓은 책상… 많은 책을 수납할 수 있는 실용적인 개인 사물함까지… 월세를 전전하다가 첫 집을 계약한 신혼부부의 느낌이 이런 것이었을까?

하지만 결론부터 얘기하자면 필자는 독서실을 2시간 만에 환불했다. 칸막이가 있는 공간에서 처음으로 공부를 해 보는 것이었는데 공부는커녕 숨이 막혀서 산소호흡기가 필요할 지경이었다. 결국 자습실로 다시 돌아왔고 CPA 시험이 끝날 때까지 대부분의 공부를 학원 자습실에서 했다.

필자와 같이 공부했던 친구 M 군의 경우는 정반대였다. M 군은 개방된 자습실에서 공부를 하면 남들이 신경 쓰여 집중을 하지 못했다. 특히 문가에 앉게 되면 자습실을 들락날락하는 사람들 때문에 공부 흐름이 끊긴다고 했다. 스스로를 미어캣으로 비유했다. M 군과 같은 스타일의 수험생에겐 칸막이가 필수다. M 군은 수험생활이 끝날 때까지 학원 독서실 같은 자리에서 공부했다.

학교 근처에 살고 있다면 학교 도서관에서 공부하는 것도 좋다. 필자가 수험생이었던 2010년경에는 CPA 시험의 인기가 절정이었다. 학교 도서관에서 공부하는 학생의 절반 정도가 계산기를 가지고 다녔다. 지금은 그 인기가 약간 수그러들었지만 아직도 학교 도서관에서는 많은 학생들이 CPA 공부를 하고 있다. 학교 도서관은 일반적으로 면학 분위기가 충만하기 때문에 공부 리듬을 유지하기 좋다.

물론 수험생에 따라 상황이 다를 수도 있다. 만약 자꾸 수험생을 불러내는 술·당구·PC방 친구가 도서관 근처에 산다면 큰일이다. 또한 교정에 벚꽃이 예쁘게 피거나, 축제 등의 행사가 열리게 되면 상대적 박탈감이 심해질 수 있다. 그럴 땐 잠시 다른 곳으로 공부 장소를 옮겨주자.

얼핏 봐도 공부에 능한 우등생들은 집에서 공부를 하는 경우가 많다. 사실 본인이 '자제력만 있다면' 집은 여러모로 공부하기에 최적의 장소이다. 불필요한 시간을 줄일 수 있고 건강관리에 유리하다. 고시계의 전설인 고승덕 변호사도 집에서 공부했다. 하지만 의지가 뛰어나지 않은 보통의 수험생에게 집은 공부하기 참 어려운 장소다. 경쟁자가 없어 마음이 해이해지기 쉽고 TV나 컴퓨터, 침대 등 유혹이 많아 한 번 슬럼프에 빠지면 쉽게 헤어 나오기 힘들다는 단점이 있다.

사실 공부 장소는 수험생 본인이 공부만 잘된다면 어디든 상관없다. 2013년 CPA 수석 합격자인 오현지 씨의 합격수기를 보면 인강만 도서관에서 듣고 복습은 카페에서 했다고 한다. 조용한 것보다 대화 소리나 음악 소리가 있어야 집중이 더 잘됐다고 한다. 회계감사 과목을 가르치는 권오상 선생님은 수험생 시절 공부가 안 될 때 지하철에 앉아서 서울 한 바퀴를 돌면서 공부했다고 한다.

공부를 잘하는 사람들을 보면 한자리에서 뭉개는 것보다 이렇게 적극적으로 공부 장소를 옮기는 경우가 많다. 한 장소에서 공부를 계속하게 되면 매너리즘에 빠져 능률이 떨어지기 때문이다. 아무리 짧아도 1년 이상 집중해야 하는 수험생 입장에서는 공부가 잘되는 장소를 적극적으로 찾을 필요가 있다.

추가로 말하자면, 책상에는 공부할 책을 많이 쌓아두지 말자. 공부해야할 책이 많으면 심리적으로 위축이 되고 자꾸 다른 책에 시선이 쏠린다. 지금 당장 공부하지 않는 책은 보이지 않는 곳에 두자. 사물함이나 독서실 서랍 안에 두고 닫아버리는 것을 추천한다. 또한 각오를 다지는 명언을 잘 보이는 곳에 붙여두고 집중이 흐트러질 때마다 마음을 잡는 용도로 사용하면 좋다. 외워야 할 내용을 포스트잇 등에 써서 책상에 붙이는 방법도 좋은데 과도하면 오히려 공부에 방해가 되니 정말 중요한 내용만 간략하게 적어두도록 하자.

계획을 효과적으로 세우는 법

계획의 중요성을 모르는 수험생은 없을 것이다. 계획이 없는 목표는 단지 소원에 불과하다. 계획은 아무렇게나 짜는 것이 아니라 장기적인 계획, 중기적인 계획, 단기적인 계획을 구분하여 철두철미하게 짜야 한다. 계획이 루즈하면 동기부여가 되지 않고, 무리한 계획은 현실성이 없기 때문에 본인의 상태와 전체 범위를 종합적으로 고려하여 적절하게 세워야 한다.

'정성적인 계획'보다 '정량적인 계획'을 세워야 한다. 정성적인 계획은 사람을 계획의 테두리 안에 가두고 발전을 더디게 만든다. 반대로 정량적인 계획은 보이지 않는 잠재력을 이끌어내는 효과가 있다. 예를 들면, 매일 4시간씩 경제학 공부를 하겠다는 계획은 정성적인 계획이다. 만약 3시간 정도 공부를 해서 오늘 분량이 다 끝나버리면 남은 1시간은 흐지부지하게 보내게 된다. 또는 경제학 공부가 잘 되지 않는데도 4시간 동안 억지로 경제학만 붙들고 시간 낭비를 하게 만든다. 반면 경제학 기본서의 특정 파트 20페이지를 공부하겠다, 또는 30문제를 풀겠다는 정량적인 계획이다. 더 구체적으로 카운트되기 때문에 시간을 낭비할 염려가 적다.

한편 계획은 언제든지 수정될 수 있어야 한다. 수험생활은 안 해 본 것들의 연속이다. 안 해 본 것들을 계획한다는 것은 계획이 틀어질 가능성을 염두에 두어야 한다는 뜻이다. 따라서 계획으로 스스로를 속박하지 말자. 계획보다 실천이 중요하다. 더구나 목표에 뒤처진 상태에서는 오히려 계획을 세우는 일이 스트레스로 다가와 생산력을 저해한다는 연구 결과도 있다. 계획을 세우는 일은 중요하지만 얽매여서도 안 된다. 만약 계획을 지키는 것이 의미 없는 상황이 된다면 과감하게 생략하고 본능적으로 공부해 보자.

필자는 모든 계획을 학원 커리큘럼에 맡기는 스타일이었다. 딱히 능동적으로 계획을 세우는 공부를 해 본 적이 없다. 혼자 공부하는 시험 직전 기간에도 가장 못하는 과목부터 시작해서 그 과목이 끝날 때까지 한 과목만 보는 단순한 공부를 했다. 계획을 아예 안 세웠던 것은 아니지만 단기적인 목표 정도로만 이용했다.

필자와 같이 조교 근무를 했던 신상섭 군은 정반대 스타일이다. 계획을 매주 30분 이상 치밀하게 짰다. 또 일주일 뒤에는 차주 계획을 구성하기에 앞서 지난 한 주의 계획을 얼마나 잘 실천했는지 스스로를 평가했다고 한다. 50% 미만은 빨간색, 50% 이상 100% 미만은 노란색, 100%인 경우엔 초록색으로 칠해서 계획을 얼마나 달성했는지 스스로

공부를 하는 것과 공부를 하지 않는 것의 분별심을 버리고 물아일체의 경지로 공부만 해 보자. CPA 수험생의 목표는 오직 하나, 열심히 공부해서 시험에 합격하는 것이다. 길을 가다가 만 원권 지폐와 오만 원권 지폐가 떨어져 있다면 무엇을 주워야 하는가? 정답은 둘 다 줍는 것이다. 즉, 공부가 잘될 때든 안 될 때든 그냥 계속 하는 것이 가장 중요하다. 공부 습관은 그렇게 잡는 것이다.

『불피법』의 저자 최규호 변호사는 합격을 향하는 것은 불합격을 피하는 것과 동일하다고 했다. 공부를 하는 것은 공부 이외의 것을 하지 않는 것과 맞닿아 있다. 즉, 공부 이외의 것을 하고 싶은 욕구를 참는 습관은 공부하는 습관과 동일하다. 그렇다면 우리는 욕구를 참는 것에 대한 보상 체계를 확실히 함으로써 공부 습관을 들일 수 있다.

공부 이외의 것을 목표한 만큼 잘 참아냈다면 수험생 스스로에게 보상을 주자! 물론 보상은 공부 모드에서 벗어나게 만들지 않도록 시간과 에너지가 많이 들지 않는 것으로 한정해야 한다. 달콤한 음식을 먹거나 이성 친구와 통화를 하거나 친구들과 음료수를 마시면서 산책을 하는 정도가 적당하다.

공부 습관을 들이기 위해서 간혹 스톱워치를 사용하는 수험생들이 있다. 매일 공부를 얼마나 했는지 체크를 하면서 일정 시간을 넘기도록 노력하는 것이다. 그런데 필자의 경험상 공부를 잘하는 수험생들은 거의 스톱워치를 사용하지 않았던 것 같다. **잘하는 친구들은 단순히 앉아 있는 시간보다 집중력을 중요시하는 경향이 있기 때문이다.** 하지만 오랜만에 공부를 시작해서 적응이 필요한 수험생이라면 수험 초반에 스톱워치를 이용해 강제적으로 앉아 있는 습관을 들이는 것도 나쁘지 않다.

마지막으로 한 번 잡힌 공부 습관을 계속해서 이어나가기 위해선 지금까지 쌓아 놓은 것을 기록하는 방법도 좋다. 그렇게 하면 기록을 이어가기 위해서라도 습관은 저절로 유지가 된다.

> 유명 코미디언 제리 사인펠트는 작은 습관의 개척자라 할 수 있다. 그는 매일 농담을 만들어 적어 두는 것을 목표로 삼고 이를 달성할 때마다 달력에 커다랗게 'X'를 표시했던 것으로 유명하다.
>
> "며칠이 지나면 커다란 'X' 표시로 이루어진 사슬이 만들어지지. 계속 하다 보면 사슬이 매일 점점 더 길어져. 그걸 보는 게 즐거워질 거야. 그렇게 몇 주씩 이어지다 보면 말이지. 이제 해야 할 일은 그 사슬이 끊어지지 않게 하는 것뿐이야."
>
> ―『습관의 재발견』, 195쪽, 스티븐 기즈 ―

필자는 2009년 6월 29일 학원 자습실에서 처음 공부를 시작한 이후 2010년 2월 9일 고시원으로 완전히 들어가기 전까지 매일 한 번 이상 자습실에서 공부했다. 단 하루도 빠지지 않았다. 특별히 기록을 해 두었던 것은 아니었다. 단지 자습실에서 공부하는 날이 한 달, 두 달을 넘어가자 왠지 그걸 깨고 싶지가 않았다. 오후까지 친구들과 노는 날도 있었지만 저녁에는 단 한 시간이라도 공부하기 위해 자습실로 향했다. 필자의 머릿속 'X' 표시는 225일 동안 끊어지지 않았다.

수험생활은 리듬을 타듯이

KTX를 타면 통로 위쪽에 있는 화면에 현재 속도가 나온다. 최고 속도는 300㎞/h 정도인데 숫자를 가만히 보고 있으면 270까지는 빠르게 숫자가 올라가다가 270부터 300까지는 굉장히 오랜 시간에 걸쳐 숫자가 올라간다. 예를 들면, KTX가 300㎞/h의 속도를 내기 위해서 총 10분이 걸린다면 270까지는 2분 만에 가능하지만 300에 도달하기 위해서는 8분이라는 시간이 추가로 필요하다.

수험생활을 KTX에 비유해 보자. 수험생활은 어느 정도 수준까지는 쉽게 궤도에 오를 수 있다. 적당히 공부하고 적당히 쉬면서도 나름 성과가 나온다. 낙관적인 수험생들은 이 정도면 충분하다고 느낀다. 물론 270으로 달려도 빠르게 합격점에 도달하는 운이 좋은 수험생도 있을 것이다.

그러나 모든 것은 확률의 문제다. 수험생은 최고 속도인 300으로 달리는 것이 좋다. 그랬을 경우의 합격 확률이 가장 높다. 물론 그 과정이 쉽지만은 않을 것이다. 앞서 말했듯이 270에서 300에 도달하기 위해서는 기존보다 더 많은 시간과 에너지를 투입해야 한다.

그런데 특별히 의지를 쥐어짜지 않고도 300에 도달하는 방법이 있다. 바로 수험생활에 리듬을 만드는 것이다. 리듬을 타듯 규칙적이고 반복적으로 생활을 하다 보면 어느새 최고 속도에 도달하게 된다. 필자는 수험생활 내내 리듬이 거의 끊긴 적이 없었다. 공부 – 식사 – 공부 – 식사 – 공부 – 이동 등 통통 튀는 공부 리듬이 수험생활 끝까지 유지됐다. 필자의 7월부터 10월 초까지 하루 스케줄은 다음과 같았다.

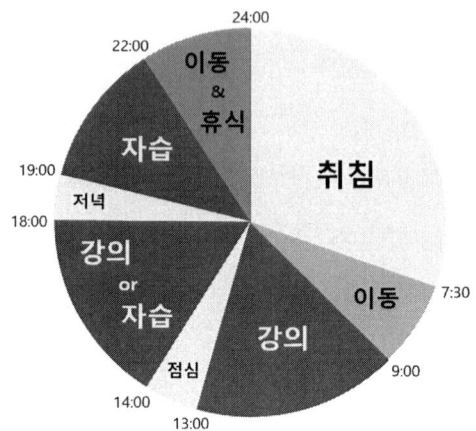

수험생활 초기의 하루 단위 스케줄: 일요일 오전 늦잠을 제외하고는 매일 똑같은 스케줄이었다. 점심 이후엔 강의가 있으면 듣고 없으면 자습을 했다. 취침 시간은 보통 12시경이었지만 놀다가 더 늦어지는 날도 많았다.

특별히 힘들게 공부하진 않았지만 그렇다고 공부를 거른 날이 있는 것도 아니었다. 비유하자면 230 정도로 달렸던 것 같다. 이 정도 속도는 멈춰 있는 상태에서도 바로 낼 수 있다. 학원 강의가 없는 일요일은 오전에 조금 더 늦게 학원에 간 것을 제외하고는 평일과 비슷했다. 3개월 정도를 하루도 거르지 않고 이렇게 했더니 리듬이 생겼다. 하루가 딱딱 맞아 떨어졌다. 또한 일주일 단위로도 리듬이 생겼다.

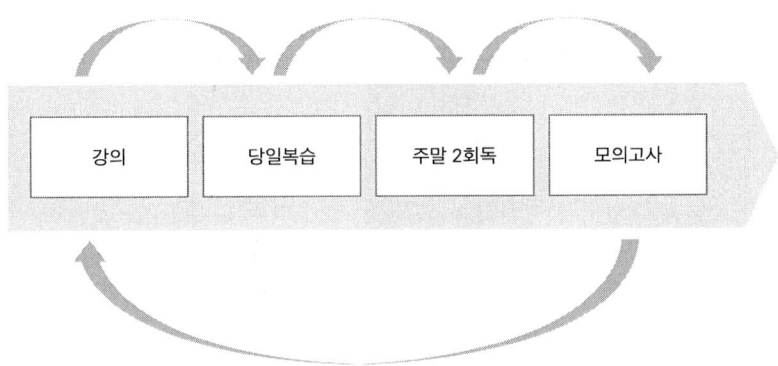

수험생활 초기의 일주일 단위 스케줄: 주중에는 강의를 들은 후 당일 복습을 하고 주말에는 모의고사 대비 겸 두 번째 복습을 했다. 월요일에 모의고사를 보고 다시 강의부터 새로운 일주일 단위 리듬을 탔다.

이 패턴이 리드미컬하게 이어졌다. 일주일 또한 딱딱 맞아 떨어졌다. 그런데 자습을 마치고 집에 도착한 후에 컴퓨터를 하거나 TV를 보면서 노는 시간이 자꾸 늘어났다. 스스로 자제하기는 힘들 것이라 판단하고 고시원으로 숙소를 옮겼다. 이후 10월 초부터 다음 해 1월 말까지 하루 스케줄은 다음과 같았다.

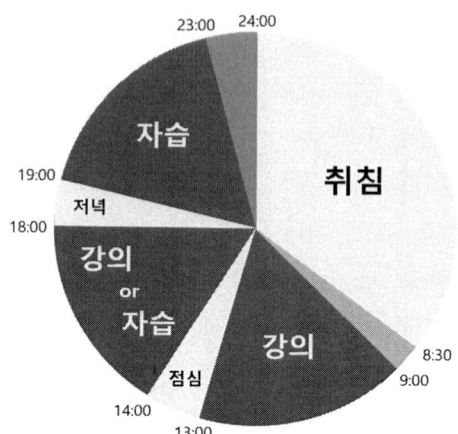

10월 초부터의 하루 단위 스케줄: 고시원으로 숙소를 옮겨서 이동 시간이 대폭 줄어든 만큼 취침 시간과 공부시간이 늘어났다.

　이때부턴 270 정도로 달렸다. 이동 시간이 고스란히 공부시간으로 바꾸었을 뿐 전과 다를 바 없이 하루가 딱딱 맞아 떨어졌다. 그런데 11월 중순 정도부터 이듬해 1월 말까지 일주일 단위 리듬에 문제가 생겼다. 학원에서 객관식 강의를 수강했는데 기본강의 때처럼 종합반 형태가 아닌 단과반 형태라 진도별 모의고사가 없었다.

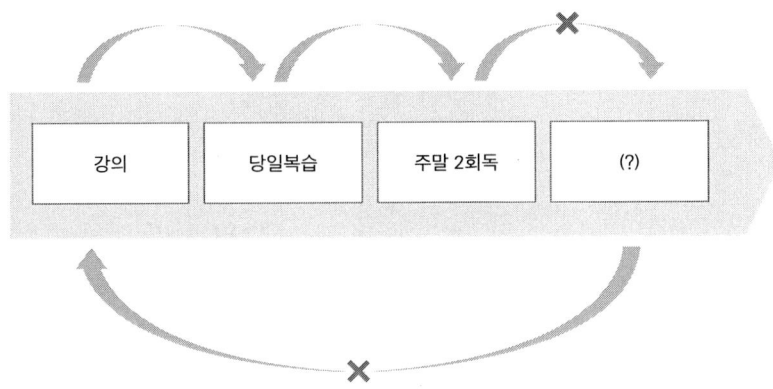

11월 중순~1월 말의 일주일 단위 스케줄: 주말 모의고사가 없어서 일주일 단위의 리듬이 끊어졌다. 계획을 세워 다른 공부를 해야 했지만 습관이 들지 않아 그렇게 하지 못했다.

그림과 같이 주말에 흐름이 끊겼다. 평일 공부시간은 더 많아졌지만 주말에 친구를 만나는 등 공부를 게을리하게 되었다. 개인적으로 수험생활에서 가장 큰 위기였다고 생각한다. 단기적인 목표 없이는 공부에 집중을 못 하는 필자에게 진도별 모의고사가 얼마나 큰 역할을 해 줬는지 알 수 있는 부분이었다. 2월 9일 전 범위 모의고사에서 합격권에 한참 못 미치는 점수가 나오는 데 일조했을 것이다.

마지막으로 전국모의고사를 보았던 2월 9일 이후부터 2월 27일 1차 시험 직전까지 필자의 하루 스케줄은 다음과 같았다.

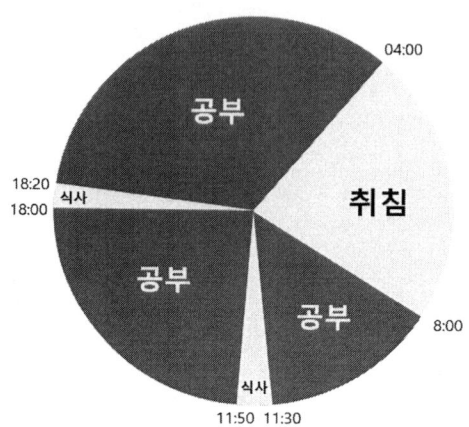

시험 직전 18일간의 하루 단위 스케줄: 학원 자습실에서 고시원으로 공부 장소를 옮겼다. 하루 4시간만 자는 대신 낮잠을 15분씩 두 번 잤다. 식사는 고시원 근처의 고시식당을 이용했는데 저녁은 안 먹을 때도 많았다.

시험 직전 18일 동안은 300 이상으로 달릴 수 있었다. 비록 짧은 기간이었지만, 이런 스케줄이 가능했던 것은 수험생활 초부터 계속해서 유지해온 리듬이 있었기 때문이다. 이전의 리듬 없이는 절대 이런 살인적인 스케줄로 공부할 수 없다.

중요한 순간에 폭발적인 스퍼트를 내기 위해서는 이전의 관성이 존재해야 한다. 필자는 이를 리듬을 타야 한다고 표현하고 싶다. 적당한 비유인지는 모르겠지만 필자의 빈약한 표현력으로는 그렇게밖에 생각이 나지 않는다. 또한 한 번 생긴 리듬은 끊어져서는 안 된다. 열차가 한 번 멈춰 섰다가 다시 높은 속도에 도달하기 위해서는 엄청난 에너지가 필요할 것이다. 단순히 멈춰 있는 시간만 손해 보는 것이 아니다. 하루를 놀면 단지 그날뿐 아니라 최소 3일이 날아가는 것이다.

의지력 관리하기

의지력이란 '어떠한 일을 이루고자 하는 마음을 꿋꿋하게 지켜 나가는 힘'이다. CPA 시험이 아무리 어렵다 하더라도 강력한 의지와 함께라면 두렵지 않을 것이다. 그런데 이 의지력이라는 것이 무한한 존재가 아니라 고갈되는 자원이라는 것을 아는 사람은 많지 않다.

수험생이 만일 아침에 100의 의지력을 가지고 하루를 시작한다면 공부 장소까지 이동하는 교통수단 안에서 5, 인강을 듣다가 인터넷을 하고 싶은 마음을 참으면서 3, 점심을 뭘 먹을지 고민하면서 2, 졸음을 참으면서 10, 이해되지 않는 회계학 문제를 고민하면서 10, 공부 도중 핸드폰을 보고 싶은 마음을 참으면서 5, 이런 식으로 보유하고 있던 의지력을 소모하게 된다. 물론 의지력이 소모되기만 하는 것은 아니다. 맛있는 식사를 하거나, 친구들과 수다를 떨거나, 부모님과 통화를 하면서 보충되기도 한다.

의지력이 0이 되면 자제력을 잃고 유혹에 굴복하게 되어 더 이상 공부가 되지 않는다. 많은 수험생들이 '오늘은 왜 공부가 잘 안 되지?'라며 정확한 이유를 모르는 상태로 힘들어했던 경험이 있을 것이다.

사회심리학자 로이 바우마이스터 교수가 1996년에 했던 심리학 실험 결과를 보면 의지력의 실체를 알 수 있다. 교수는 초콜릿 쿠키를 방 안에 두고 안에 있는 67명의 사람들 모두에게 보여준 뒤 일부 사람들에게

만 쿠키를 먹게 하고, 나머지 사람들은 쿠키 대신 무 몇 조각을 먹게 했다. 이후 두 집단의 사람들에게 모두 퍼즐을 주고 풀게 한 결과, 무를 먹은 사람들이 집중력을 발휘한 시간은 쿠키를 먹은 사람들의 절반에도 미치지 못했다고 한다. 쿠키 대신 무를 먹은 것만으로도 퍼즐을 풀기 위해 머리를 굴려 보겠다는 의지가 모두 소진된 듯했다며 박사는 이 현상에 대해 '자아고갈'이라는 이름을 붙였다.

눈앞의 쿠키를 먹고 싶다는 생각만으로도 보유하던 의지력이 소진된다는 실험 결과는 사실 놀라울 것이 없다. 핸드폰을 주머니에 넣고 꺼내보고 싶은 마음을 참는 것보다 집이나 사물함에 두고 제한적으로 사용하는 것이 공부에 집중하기가 훨씬 수월하다는 것을 다들 잘 알 것이다. 의지력이 덜 고갈되기 때문이다.

> "그들은 쿠키를 포기하는 데 어느 정도 의지력을 사용했기 때문에 그들은 훨씬 더 빨리 포기하게 되었던 겁니다. 그 후로도 이 이론에 대한 연구가 200건이나 진행되었지만 결론은 똑같았습니다. 의지력은 단순한 스킬이 아니라 팔이나 다리의 근육과 비슷합니다. 많이 쓰면 피로해집니다. 그래서 다른 일에는 그만큼의 의지력을 발휘할 수 없죠."
>
> –『습관의 힘』, 199쪽, 찰스 두히그 –

결론적으로, 수험생은 최대한 잡념이 생기지 않도록 환경을 조성하여 '의지력'을 잘 관리해야 한다. 즉, '의지력'을 공부 외의 것에 소모하지 않기 위해 매일 비슷한 생활 패턴으로 선택의 여지를 최대한 줄이는 수험생활을 하는 것이다. 공부할 분량이 남았음에도 '자아고갈'이 오는 상황을 방지해야 한다. 예를 들면, 다음과 같은 것들이 있다.

- 집에서 가까운 곳으로 공부 장소를 잡는다.
- 비슷한 스타일로 매일 똑같은 옷을 입는다.
- 식권을 구입해서 특별한 고민 없이 고시·학교식당을 이용한다.
- 인강보다 실강을 듣는다.
- 졸음이 오지 않도록 잠을 충분히 잔다.
- 고민은 적당히 하고 기회가 되면 바로 질문한다.
- 핸드폰을 없앤다.

필자는 CPA 시험공부와 관련해서는 의지력 관리의 달인이었다. 통학하느라 힘 빼는 게 싫어서 학원 근처 고시원에 들어갔다. 학원 강사 선택을 고민하는 데 에너지를 쓰고 싶지 않아서 학원 종합반 강의를 신청해서 실강으로 전부 다 들었다. 간혹 학원 선생님들이 인강으로 돌리는 주제(출제 가능성이 낮은 범위)가 있어도 그냥 듣지 않았다. 컴퓨터 사용을 아예 제한하기 위해서였다. 학원 바로 옆의 고시식당의 식권을 대량으로 구매해서 웬만하면 그냥 고민 없이 먹었다. 모르는 부분이 생기면 주변 친구들이나 선생님께 바로 가서 질문했으며, 핸드폰은 1차 시험 2개월 전부터 2차 시험 날까지 없앴다.

물론 필자가 수험생 시절 '의지력'의 정확한 개념을 알고 있었던 것은 아니다. 단지 공부 외적으로는 아무것도 신경 쓰고 싶지 않았을 뿐이다. 간혹 수험생들을 보면 수험생활을 최상의 상태로 만들기 위해, 혹은 본인의 만족을 위해 이것도 신경 쓰고 저것도 신경 쓰는 오케스트라 지휘자 같은 존재가 되려고 한다. 하지만 필자가 생각하는 수험생활은 독주에 가깝다. 결국엔 공부 내용 그 자체가 가장 중요한 것이다. 수험생들은 미처 생각지 못했던 것들이 본인의 의지력을 갉아먹을 수 있다는 사실을 깨닫고 최대한 단순한 생활을 할 수 있도록 노력해야 한다.

규칙적이고 정돈된 삶을 살라.
그래야 일에 난폭해질 수 있다.
– 귀스타브 플로베르 / 프랑스 소설가 –

성실함이 최고다

서울대 법학부를 졸업하고 교육 관련 일을 하고 있는 한재우 씨의 『365 공부 비타민』이라는 책에 다음과 같은 일화가 있다.

대학 시절, 법대 도서관은 매일 아침 6시에 문을 열고 밤 11시에 문을 닫았다. 자리가 80석밖에 없어서 그런지 항상 자리를 맡기 위한 경쟁이 치열했다. 아침 8시면 거의 만석이 되곤 했다.

기억에 남는 학생이 있다. 나보다 한 학번 아래. 이름은 잊어버렸다. 뿔테 안경에 마른 체구. 그는 매일 아침 7시 40분쯤 도서관에 들어왔다. 좋은 자리는 거의 다 차 있을 시간이었다. 그래서 그는 항상 출입구 근처에 있는 기둥 옆자리에 짐을 풀었다. 그는 늘 밤 9시까지 공부했으며, 토요일은 저녁 식사 이후에 자리를 떴고, 일요일은 나오지 않았다.

법대 도서관에는 대단한 친구들이 많았다. 아침 6시부터 새벽 별을 등지고 등교하는 사람도 있었고, 밤 11시에 경비 아저씨가 마감을 알려야 짐을 싸던 사람도 있었다. 그에 비하면 뽈테 학생은 조용하게, 그리고 무리 없이 공부하는 학생이었다. 다만 정말로 한결같았을 뿐이다. 더 많이 하는 날도 없이, 건너뛰는 날도 없이.

그 학생은 1년 만에 1차 시험을, 또 1년 후에 2차 시험을 합격했다. 나는 그가 합격할 줄 알았고 예상대로 합격했다.

－『365 공부 비타민』, 175쪽, 한재우 －

필자가 학원 종합반에서 공부하던 때도 뽈테 학생 같은 친구가 꽤 있었다. 항상 맨 앞자리에서 선생님 말씀에 대답하던 친구, 평일 주말 할 것 없이 학원 자습실에 나와 공부하던 친구, 스티브 잡스처럼 늘 똑같은 옷만 입고 묵묵히 혼자 다니던 친구. 물론 그들을 개인적으로 아는 것은 아니었다. 다만 성실한 모습들이 눈에 띄었을 뿐이다.

항상 학원 자습실에서 필자와 같이 자습을 하던 P 군에 대한 얘기를 해 주겠다. P 군과 필자는 전혀 모르는 사이였다. 단지 오고가며 힐끗힐끗 봤을 때, 필기 없이 눈으로만 공부를 하는 스타일이 특이해서 기억을 하고 있었을 뿐이다. P 군은 손가락으로 책을 가리키고 눈을 감았다 떴다 하면서 중얼중얼 외우는 식으로 공부를 했다. 진도별 모의고사 상위 20% 이내는 게시판에 이름과 점수가 붙는데 P 군의 이름은 한 번도 보지 못했던 걸로 봐서 실력도 그저 그랬을 것이다.

'참 성실하긴 한데 저렇게 공부해도 될까?'

한 번은 필자 바로 뒷자리에 앉아서 공부를 하고 있길래 가져갔던 귤을 나눠준 적이 있다. 한결같은 모습을 보고 친근하단 느낌이 들었던 것 같다. P 군과의 학원에서의 인연은 그걸로 끝이었다.

그런데 필자가 CPA 시험에 합격하고 1년이 지나 법인에 입사했을 때 P 군을 같은 본부에서 만날 수 있었다. 예상과는 달리 빠르게 합격했던 것이다. 1차는 한 번에 붙고 2차는 유예로 합격했다고 했다.

P 군은 '눈으로 공부하든 손으로 공부하든 성실하면 큰 상관이 없구나.'라는 생각을 필자에게 심어준 친구다. 법인에서는 누가 먼저랄 것도 없이 서로 인사하는 사이가 됐다. 귤 나눠줬던 일도 기억하고 있었다.

사람들은 베이징 올림픽 8관왕에 빛나는 마이클 펠프스를 보면 그의 천부적인 신체 조건을, 복싱계의 전설 마이크 타이슨에게선 그의 공격적이고 전투적인 성향을 떠올린다. 하지만 이들의 성공 뒤에 있는 지독할 정도로 성실한 생활에까지 생각이 미치는 사람은 없다. 크리스티아누 호날두는 2013, 2014년도 FIFA 발롱도르 상을 연거푸 수상한 세계 최고의 공격수이다. 대부분의 사람들은 그의 화려한 플레이와 늘씬한 여자 친구에 대해서는 잘 알지만, 그가 하루도 빠짐없이 팀 연습 시작 2~3시간 전에 훈련장에 도착한다는 사실은 잘 모른다.

수험생이 시험에 합격하기 위해 갖춰야 할 요소는 여러 가지가 있지만 역시 으뜸은 '성실함'이다. **꾸준하게 공부하는 것만큼 강력한 것은 없다.** 그리고 이것은 누구나 빠르게 시험에 합격하게 만드는 가장 좋은 방법이다.

이성 친구 문제

대부분의 수험생이 피 끓는 청춘이기 때문에 수험 기간 동안 이성 친구와 관련된 문제가 발생할 수 있다. 만약 그러한 문제가 발생할 수 없다면 미리 정중하게 사과하겠다.

필자의 경우는 CPA 시험을 시작할 당시 만나던 여자 친구가 있었는데 수험생활과 연애생활이라는 두 가지 미션을 동시에 수행하기 힘들 것이라 판단하고, 공부 시작 전 여자 친구에게 이별을 통보했다. 계백 장군은 황산벌 전투에서 백제군의 사기를 올리기 위해 처자식을 죽이고 출정했다고 한다. 쉽지 않은 결과물을 내기 위해서는 때로는 극단적인 선택이 필요한 법이다.

이성 친구가 없으면 유난히 괴로워하는 스타일의 수험생들이 종종 있다. 보통은 남자 수험생들이 그러한데 이 경우 하루 종일 공부에 집중해야 하는 수험생활을 이어나가기가 힘들다. 이때 가장 바람직한 대처 방법은 이성 친구를 만나고 싶은 욕구를 공부로 승화시키는 것이다. 지금 놀면 수험생활이 길어질 확률이 높아질 것이며 결국 이성 친구를 마음껏 만날 수 있는 시점은 더욱더 멀어지게 될 것이다.

필자가 수험 공부를 할 때 같은 종합반에 등록한 커플이 있었다. 워낙 샴쌍둥이처럼 붙어 다녔기 때문에 그 당시 종합반에서 그 커플을 모르는 사람은 없었을 것이다. 남자 수험생이 필자와 같은 고시원에서 사는 바람에 본의 아니게 그 커플을 지속적으로 관찰하게 됐는데 연애와 함께 공부도 나름 열심히 하는 것 같았다.

그런데 재미있는 것이 평소 남자가 여자에게 이것저것 가르쳐주는 형국이었는데 결국 CPA 1차 시험에는 여자만 합격했다. 직접 아는 사이는 아니었지만 이후 동차 종합반에 여자만 등록을 한 것을 보고 간접적으로 알게 됐다.(남자도 붙었으나 헤어져서 따로 공부했을 가능성은 거의 없다고 본다) 일반적으로 커플이 수험 공부를 같이 할 때 여자 수험생들은 공부 모드에서 크게 벗어나지 않는 재주가 있다. 연애와 공부를 동시에 할 때, 손해를 보는 쪽은 대부분 남자다.

2015년 3월 초쯤, 조교 일을 할 때 두 손을 꼭 잡고 필자에게 상담을 받으러 온 커플이 있었다. 학원 심화반에서 눈이 맞아 같이 공부를 해오다가 1차에 나란히 합격했다면서, 이제 2차 공부를 어떤 식으로 해야 할지 물어보기 위해 필자를 찾았다.

여자는 재시, 남자는 초시로 1차를 합격했는데, 신기한 점은 둘의 공부 성향이 굉장히 비슷했다. 상담하는 내내 남자는 북치고 여자는 장구치고 하면서 자신들의 공부 방법을 설명했다. 필자에게 설명을 하고는 서로 마주보며 사투리로 "맞제? 맞제?" 하는데 참 귀여우면서도 무서운 커플이라는 생각이 들었다. 그 친구들이 2차에서 어떻게 될지는 아직 현재 진행형이기 때문에 알 수가 없지만 적어도 유예까지 생각한다면 높은 확률로 둘 다 합격할 것이라 본다. 연애와 수험생활이 서로 시너지효과를 가져온 모범 케이스라고 생각한다.

남녀 모두 뜨거운 열정과 강한 자제력을 갖고
공부 스타일이 비슷하다면
커플이 솔로보다 유리할 수 있다.

하지만 수험가에는 명언이 하나 있다. "있는 사람은 헤어지지 말고, 없는 사람은 만들지 말라." 공부와 연애 사업을 동시에 진행하는 것이나, 진행 중이던 연애 사업을 접는 것이 수험생에게 얼마나 큰 타격인지는 다들 잘 알 것이다.

수험생이 새롭게 연애를 시작하는 것에 대해 이런 식으로 생각할 수도 있다. 결혼정보회사의 직업 등급표를 보면 1위부터 20위 정도까지 다양한 직업들이 나열되어 있는데, 정확히 최하위에 고시생이 있고 바로 그 위에 광부가 있다.(광부를 비하하려는 게 아니라 사실을 말한 것일 뿐이다) 그리고 5위 정도에 빅펌 회계사가 있던 것으로 기억한다. 결혼정보회사의 직업 등급표가 중요한 의미를 갖지는 않겠지만 이를 완전히 무시할 수는 없다고 본다면, 수험생들은 최하 등급의 상태에서 연애를 할 것인가 아니면 꾹 참았다가 상위권에 오른 뒤 더 나은 상대를 찾을 것인가를 고려해야 한다. 잘 생각해 보길 바란다.

친구는 '잠시만 안녕'

수험생활 도중에 같은 공부를 하지 않는 친구를 만나는 것은 매우 위험하다. 아무리 속이 깊은 친구라 하더라도 수험생활을 겪어보지 못한 사람이라면 수험생의 절박함과 엄청난 공부량을 이해하기 힘들다. 필자도 친구 때문에 수험생활에 위기가 몇 번 있었다. 항상 식사만 계획했던 자리가 술자리와 PC방을 거쳐 사우나까지 풀코스로 이어졌던 것이다. 물론 필자가 워낙 친구를 좋아하기도 했고 자제력이 약한 탓도 있다. 경험상 친구를 만날 당시는 좋지만 막상 헤어지고 나면 자유로운 세상에 속해 있지 못하다는 상대적 박탈감을 느껴 외로움이 심화되는 것 같다. 그래서 한 번 친구를 만나고 나면 공부에 집중하기가 힘들다.

고시생이 갖춰야 할 중요한 덕목 중 하나로 '혼자서도 잘해요'를 꼽을 수 있다. 효율적인 공부를 위해서는 혼자 밥 먹고 혼자 강의 듣고 혼자 다니는 생활에 익숙해져야 한다. 물론 같은 목표를 갖고 공부하는 친구들과 식사를 한다든지 휴식 시간에 음료수를 마시며 수다를 떠는 것 정도는 괜찮다. 스트레스 해소에 도움이 된다. 하지만 이때도 최소한의 시간만 보내고 적당한 선에서 끊을 수 있어야 한다.

얼마 전에 언더그라운드 래퍼들이 나와서 경쟁을 펼치던 '언프리티 랩스타'란 프로그램이 방영되었다. 출연자였던 '제시'라는 래퍼가 'We are not a team, This is a competition!'이라는 유행어를 남겼는데 이 프로를 즐겨 보던 필자에게 꽤나 인상 깊게 들렸다. CPA 시험도 이와 마찬가지로 팀플레이가 아니다. 결국 시험장에서 수험생은 홀로 외롭게 시험문제와 싸우게 된다. 웬만하면 친구들에게 양해를 구하고 잠시 연락을 끊도록 하자. 합격 후 마이너스 통장을 이용해 비싼 음식으로 보답하면 된다. 진정한 친구라면 이해해 줄 것이다. 또한 수험생 입장에서는 자신을 기다리는 친구들을 위해서라도 빠르게 수험생활을 끝내도록 하자. 단기에 합격해야 하는 또 다른 이유다.

친구는 여러분과 함께 링 위에 올라가지 않는다.

스마트폰

요즘은 그런 말이 없어졌지만 옛날 합격수기를 보면 '이성 친구, 핸드폰, TV, 인터넷, 게임'을 고시계의 5대 악이라고 표현했다. 그런데 최근엔 이 중 이성 친구를 제외한 나머지 4개가 결합된 아주 무시무시한 악마가 있다. 바로 현대인의 필수품 '스마트폰'이다.

2009년 '아이폰'을 필두로 국내에 본격적인 스마트폰 붐이 일기 시작해, 2015년인 지금은 대부분의 사람들이 스마트폰을 쓴다. 요즘 사람들은 잠깐이라도 짬이 나면 그새를 못 참고 스마트폰을 꺼낸다. 수험생들도 이러한 스마트폰의 유혹에서 자유로울 수 없다. 아마도 스마트폰을 보는 횟수와 CPA 시험의 합격률 사이에는 유의적인 음의 상관관계가 있을 것이다.

한 연구에 따르면, 협상을 앞두고 아무 상관없는 정보를 읽은 참가자는 아무것도 읽지 않은 참가자들에 비해 협상의 중요한 쟁점을 찾아낼 가능성이 46% 낮았다고 한다. 이는 협상과 관련 없는 정보가 명확한 사고를 방해한다는 사실을 나타낸다. 수험생들도 마찬가지이다. 공부 중간에 스마트폰으로 다양한 정보를 접하게 되면 그 시간이 아무리 짧다 해도 머릿속에 잔상이 남게 되어, 그다음 공부에 악영향을 끼칠 것이다.

스마트폰은 절대적으로 관리해야 하는 대상이다. 스마트폰은 의지력의 관점에서도 수험생의 에너지를 과도하게 소모시키는 원흉이다. 특별히 스마트폰에 시간 낭비를 하지 않아도, **그냥 가지고 있다는 것만으로 공부에 집중해야 할 의지력을 많이 빼앗기게 된다.**

필자는 아예 핸드폰을 일시 정지하고 집에 두고 다니는 방법으로 해결했다. 어떤 수험생들은 일반 3G폰으로 바꾼 후 그냥 들고 다니기도 하고, 일부 수험생들은 집에 두고 다니거나 학원이나 도서관 사물함에 넣어 두고 식사 시간과 통학 시간에만 확인하기도 한다. 방법이야 어찌 됐든, CPA 수험생이라면 적극적인 스마트폰 관리가 반드시 필요하다.

> 고등학교 때 암기 카드를 활용해서 공부를 했다. (중략) 걸어 다닐 때도 밥을 먹을 때도 그 카드를 열심히 보았다. 화장실에서 일을 보면서도 종이가 너덜거리도록 넘겨댔다. 문자 그대로 하루 종일 암기 카드를 손에서 놓지 않았다. '어떻게 그렇게 공부하느냐'고 고개가 저어지는가. 그럴 필요 없다. 생각해 보면 별것 아니다. 우리는 스마트폰을 화장실에서도, 엘리베이터에서도, 그 어디에서도 만지작거리지 않는가. 그냥 똑같다. 스마트폰 보듯이, 그렇게 공부하면 된다.
>
> — 『365 공부 비타민』, 123쪽, 한재우 —

환경이 인간을 만드는 것이 아니라,

인간이 환경을 만드는 것이다.

– 벤저민 디즈레일리 / 영국의 소설가 –

자신감이 반이다

선천적이든 후천적이든 CPA 시험에 있어서 자신감을 갖는 것은 굉장히 중요하다. 여기서 선천적인 자신감과 달리 후천적인 자신감은 많은 공부량과 끊임없는 자기암시를 통해서 얻을 수 있다.

자신감은 어설퍼선 안 되고 한 치의 의심도 용납되지 않으며 고결해야 한다. 자신감이 100%에서 1% 모자란 99%일지라도 그 1%에는 불안감이 스며든다. 이 1%의 불안감은 마치 독버섯처럼 퍼져나가 나머지 99%의 자신감을 잠식하고 잠재력이 발휘될 여지를 없애버린다. 불안감은 그렇게 막강하다.

자신감은 실제 실력을 증가시킨다. 한 연구에 따르면, 자신의 직감을 신뢰하는 실험 참가자들은 그렇지 않은 참가자들에 비해서 미래의 다우존스 평균치를 25% 더 정확하게 예측했다고 한다. 믿는 대로 이루어진다는 말이 있을 정도다.

2011년 조교를 할 당시 필자가 만났던 C 양의 경우를 통해 자신감의 위력을 알 수 있다. C 양은 들어본 적 없는 지방대학교의 경영학과 출신이었는데 그 학교의 CPA 합격생이 역대 1명에 불과했고 그마저도 경영학과가 아니라 타 과생이었다.

당시 C 양은 CPA 학원 봄 기본종합반에 다니고 있었는데, 선행학습이 거의 안 되어 있었고 습득 속도가 느려서 진도별 모의고사 성적이 매우 저조했다. 사정이 있었는지 학원에서 꽤 먼 곳에서 자취하며 통학했다. 책을 몇 권씩 채워 넣은 커다란 백팩을 메고 그 먼 거리를 휘청거리며 다니던 모습이 기억난다.(부끄럽지만 당시 C 양이 빠르게 CPA 시험에 합격하기는 어려울 것이라 예상했었다)

C 양에게는 인상 깊은 점이 몇 가지 있었다. 예쁜 외모였지만 스타일에 관심이 전혀 없었고 행동거지가 엄청나게 털털했다. 항상 웃는 얼굴이었으며 노력파였다. CPA 수험 공부를 잘하고 못하는 것과 관계없이 그저 공부 자체를 재미있어 했다. 가장 인상 깊었던 점은 자신감이다. 수험 기간 내내 한 번도 본인의 합격을 의심한 적이 없었다고 한다. 결국 C 양은 자신의 믿음대로 동차 2과목, 유예 3과목을 차례로 합격하여 총 2년 반 만에 공인회계사가 되었다.

필자가 이 책을 집필하기 위해 C 양에게 자신감의 원천이 어디서 온 것인지 물어보았다. 타고난 성격이란 대답을 예상했는데, 뜻밖에도 C 양은 주문을 외우듯 '난 붙는다, 난 붙는다.'를 입에 달고 살았다고 했다. 즉, 후천적으로 만들어낸 자신감이란 소리다. 놀라운 멘탈이라고 생각한다. C 양보다 똑똑했지만 성과를 내지 못했던 수많은 수험생들이 본받을 만한 부분이다.

C 양은 현재 서울의 한 회계법인에서 회계사로 일하며 자신의 꿈을 펼치고 있다. 자신감은 CPA 시험에 있어서 객관적인 실력만큼 중요한 변수로 작용한다. 그리고 자신감은 이렇게 수험생 스스로 통제할 수 있

다. 여러분도 100% 자신감을 갖도록 끊임없이 노력하자.

시험은 싸움이다. 일대일로 치고받는 싸움은 아니지만 사실은
그와 같다. 일대일로 싸울 때는 내가 상대방을 이길 수 있다는
생각이 들어야 이길 수 있다. 이길 수 없다는 생각이 들면 괜한
힘만 빼게 되고, 어떻게든 도망갈 생각을 하게 된다. 그리고 이
기지 못하면 지는 것이고 지는 것은 곧 죽을 수도 있는데, 싸우
면서도 생각이 복잡해지고 혼신의 힘을 다해서 싸울 수 없다.
　　　　　　　　　　－『불합격을 피하는 법』, 381쪽, 최규호 －

'할 수 있다'고 믿는 것도 실력이다.
－ 야마구치 마유 －

외로워야 합격한다

　수험생이었던 시절을 돌이켜 보면 내 세계와 바깥 세계가 정말 철저
하게 분리되어 많이 외로웠던 기억이 난다. 필자는 1차와 2차 시험 직
전엔 고시원 관리를 해 주던 조선족 아줌마와 근처 편의점 아르바이트
생을 대할 때 빼고는 단 한마디도 하지 않았다. 직전에는 핸드폰도 정
지시키고 가족들과 통화도 하지 않으며 공부에만 몰두했다.

　그 당시 살던 고시원 앞에 작은 카페가 있었는데 가끔 티라미수 케이
크가 먹고 싶어 들르곤 했다. 아직도 그 카페의 인테리어가 생생하게

기억난다. 그런데 아르바이트생에게 케이크를 포장 주문할 때 포크는 꼭 두 개를 넣어 달라고 했다. 고시원 방에 들어가 혼자 케이크를 먹을 때 포크가 달랑 한 개만 들어 있으면 왠지 더 외로운 기분이 들었기 때문이다.

수학 저널리스트이며 일본의 『주간 동양경제』가 선정한 '전국에서 수학을 잘 가르치는 학원' 베스트 3에 선정된 학원의 대표 '나가노 히로유키'는 수험생의 합격 가능성을 다음과 같이 모델화했다.

$$G(s, c, w, A) = kscw^2 + A$$

G : 합격 가능성
s : 고독감
c : 위기감
w : 올바른 공부법
A : 원래 가지고 있는 능력
k : 비례 정수

수험생의 정신적인 부분을 잘 나타낸 공식이다. **고독감(s)이 높으면 높을수록 합격 가능성(G)은 올라간다.** 공부는 고독해야 잘할 수 있다. 위기감(c) 또한 중요하다. 필자는 수험생 스스로 위기감을 느낄 수 있도록 모의고사를 강조하는 편이다.

물론 가장 중요한 것은 올바른 공부법(w)이다. 무려 제곱이 붙어 있다. **공부 방법이 올바르지 않으면 고독감과 위기감을 아무리 느껴도 소용이 없다**는 얘기다. 원래 가지고 있는 능력(A)은 비례 정수(k)와 별도로 붙어 있다. 시험에 따라 원래 가지고 있는 능력이 중요하다면 k가 작아질 것이고 중요하지 않다면 k가 커질 것이다. CPA 시험에서의 k는 매우 크다고 생각한다.

위기의식을 갖고 올바른 공부법으로 고독하게 공부해야
합격 가능성이 높아진다.

수험 기간의 외로움은 정말 짧다. 돌이켜 보면 그 짧은 기간의 외로웠던 감정은 특별한 것이 아니었다. 군대와 비슷한 느낌인 것 같다. 지나고 나면 금방이다.

만약 외로움을 피할 수 없다면 즐겨보자. 사실 혼자 마음껏 사색할 수 있는 시간은 수험생 신분을 벗어나면 평생 없을 것이라고 봐도 무방하다. 즐기기에는 감정적으로 너무 힘들다면 이를 공부로 승화시켜 보자. 만약 외로움 때문에 공부를 게을리한다면 시험에 불합격하게 되어 외로운 기간만 더 늘어나는 꼴이 된다.

위기의식을 가져야 한다

합격 가능성 공식에서 눈에 띄는 변수가 있다. 바로 위기감이다. 국내 최고의 기업이며 세계에서도 인정받는 글로벌 기업인 삼성전자의 성공 비결은 '위기의식'에 있다. 삼성전자는 성공 가도를 달릴 때도 위기의식을 강조했다. 조직 전체 차원에서 위기의식을 주입하고 적용하여 어느 회사보다 민첩하고 날렵한 조직을 만들 수 있었다. 이러한 위기의식이 없었다면 오늘날 세계 초일류 기업으로 도약할 수 없었을 것이다.

필자도 CPA 시험을 보기 전까지는 위기의식이 결여된 학생이었다. 기억을 더듬어 보면 초등학생 시절까지는 나름 위기의식이 있었다. 3~4학년까지는 부모님께서 '재능산수'라는 학습지를 시키셨는데, 일주일에 한 번 선생님이 집에 방문할 시간이 다가오면 한 시간 전부터 미친 듯이 일주일 치 학습지를 풀었다고 한다. 잘 기억은 나지 않지만 숙제를 해 놓지 않으면 뭔가 큰일 난다는 위기의식 때문이었을 것이다. 그러나 시간이 지나 중학생이 되면서 서서히 깨닫게 된 것 같다. 공부를 안 해도, 학원에 빠져도, 수업 시간에 엎드려 자도, 심지어 시험 시간에 백지 답안을 제출해도 아무 일도 일어나지 않는다는 사실 말이다.

CPA 1차 시험을 18일 앞둔 2월 9일, 전국모의고사에서 평균 49점이라는 합격선에서 정확히 11점 모자란 점수를 받았을 때, 난생처음으로 제대로 된 위기의식에 휩싸였다. 총점으로는 60점 정도 부족하니 문제 수로는 2점짜리 30문제를 더 맞춰야 했다. 아무 생각 없이 그저 평소 하던 대로 공부하던 필자의 정신을 번쩍 들게 만드는 계기였다. 결국 학원에 있던 모든 책을 싸들고 고시원에 들어가 미친 듯이 공부를 해야 했다. 동굴에서 쑥과 마늘만 먹으며 사람이 되길 빌었던 곰이 된 기분이었다. 아마 필자가 2월 9일 전 범위 모의고사를 보지 않았다면, 위기의식을 전혀 느끼지 못했을 것이고, 높은 확률로 CPA 시험에 합격하지 못했을 것이다.

공부를 잘하는 친구들을 보면 늘 적절한 수준의 위기의식과 긴장감을 가지고 있는 것을 느낄 수 있다. 처음엔 그들이 겸손해서라고 생각했는데 그보다는 위기의식 자체가 좋은 성과를 낼 수 있는 원동력이라는 사실을 그들이 알고 있기 때문인 것 같다.

"나 공부 진짜 안 했어."

필자가 학창 시절에 이런 얘기를 하면 정말 시험 범위가 어딘지도 모른다는 얘기였다. 그러나 우등생들은 공부량이 자기 기준에 미치지 못했다는 얘기를 한 것이다. 그렇게 본인을 채찍질한다. 수험생 여러분들도 어느 정도는 위기의식을 관리해 주면서 수험생활을 해 나가자. 자신이 삶아지고 있다는 것도 모른 채 죽어가는 냄비 속 개구리가 되기 싫다면 말이다.

나를 죽이지 못하는 것은 나를 더 강하게 만들어 준다.
– 프리드리히 니체 –

슬럼프 극복 방법

사실 슬럼프는 극복하는 것이 아니라 예방해야 하는 것이다. 왜냐하면 일단 슬럼프가 왔다면 이를 빠르게 극복했다 해도 피해가 있기 때문이다. 슬럼프는 크게 체력적 슬럼프와 정신적인 슬럼프로 나눌 수 있다. 앞에서 다룬 건강관리 방법이 곧 체력적 슬럼프를 예방하는 방법이기 때문에 여기서는 정신적인 슬럼프에 관해서만 얘기를 하겠다.

필자가 망쳐버린 전 범위 모의고사 때문에 올해 시험을 포기할 것인지 고민했을 때, 결국 끝까지 포기하지 않게 한 원동력은 '성실함'이나 '합격에 대한 욕망' 이런 것이 아니었다. '나를 믿고 전폭적으로 지원해 주시는 부모님께 부끄럽지만 말자'는 단순한 생각을 했을 뿐이었다. 부모님께서 힘들게 번 돈을 공부한답시고 생활비부터 학원비까지 적지 않게 타서 써놓고, 자식 입장에서 포기하는 모습을 보일 순 없다는 생각이었다. 즉, 당시 필자의 목표는 'CPA 시험에 합격하기'가 아닌 '부모님 앞에 부끄럽지 않기'였다. 이렇게 불가능해 보이는 목표에서 나만 열심히 하면 해낼 수 있는 목표로 전환을 하니까 불안했던 마음이 없어지고 열심히 할 요인이 생겼다.

'이번 시험에 떨어지면 동대문에서 옷 장사를 하겠다는 마음으로 공부했다.'라는 세무사 합격수기를 본 적이 있다. 이렇게 차선책을 생각하는 것도 시험에 대한 부담감을 줄일 수 있는 방법이다. '시험에 떨어지면 내년에 또 하지' 또는 '다른 거 하지 뭐'라고 마음을 편하게 먹고 결과에 집착하지 말자. 세상에 자기 뜻대로만 하면서 살 수 있는 사람이 얼마나 되겠는가? 오로지 시험 합격만을 맹목적인 목표로 두게 되면 합격 가능성이 희박해질수록 자신감이 떨어지고 정신적인 슬럼프에 빠지게 된다. 그런 의미에서 불합격하면 동대문에서 옷 장사를 하겠다는 세무사 합격생의 마인드는 그리 나쁘지 않다.

수영을 잘하는 사람이 노 젓기를 쉽게 배울 수 있다. 배가 뒤집혀도 헤엄을 쳐서 살아날 수 있기 때문이다. 배가 뒤집히는 상황이 그려진다 하더라도 그 예상만으로 마음이 어지럽혀지지 않는다. 그래서 오히려 배가 뒤집히지 않고 노 젓는 법에 집중할 수 있는 것이다.

수험생은 목표를 단순히 '합격하기'가 아닌 '합격을 위해 내가 할 수 있는 모든 것을 하기'로 두자. 즉, 할 수 있는 모든 노력을 다 한다면 시험에 떨어져도 목표는 달성하게 된다. 합격 가능성과 상관없이 언제든 최선을 다할 수 있는 것이다. 이런 마음가짐의 수험생에게는 슬럼프가 올 수가 없다.

수험생활의 목적을 합격 이 외의 것에 두자.
합격은 결과일 뿐 목적이 되어선 안 된다.

남들과의 비교

고시반이든 학원이든 수험생 입장에서 자기보다 잘하는 사람은 주변에 널려 있기 마련이다. 상담을 하다 보면 아주 가끔씩 필자 앞에서 눈물을 흘리는 수험생들이 있다. 나름 공부에 자부심을 갖고 살아 왔는데 CPA 시험을 시작하면서 공부도 쉽지 않고 모의고사를 보면 주위 친구들이 본인보다 점수가 잘 나오는 것에 속상한 것이다. 충분히 공감이 된다.

하지만 이렇게 생각해 볼 수 있다. CPA 시험은 대한민국 모든 학생들이 똑같이 준비하기 시작해서 동시에 보는 수능시험과는 엄연히 다르다. 이미 준비 시점부터가 개인별로 모두 다르다. 아무리 전교 1등 중학생이라도 고3을 수능 모의고사로 이긴다는 것 자체가 말이 안 된다.

수석 합격자들은 대부분 초시생이다. 그렇다면 수석 합격자가 공부를 처음 시작할 때쯤엔 그보다 실력이 뛰어난 수험생이 적어도 6,000명은 될 것이다.(CPA 수험계에 매년 4,000명 정도가 새롭게 유입되고 총

1만 명이 시험을 본다고 가정했다) 하지만 그들은 결국 6,000명을 제치고 수석을 차지한다.

"그렇다면 나보다 명백하게 늦게 시작한 친구는 왜 나보다 잘하나요?"

개나리는 봄에 피지만 국화는 가을이 되어야 핀다. 2014년도에 CPA 시험에 동차로 합격한 B 군의 경우는 2013년 학원 기본종합반을 다닐 당시 진도별 모의고사를 볼 때마다 반타작 정도였다고 한다. 그런데 실제 1차 시험에선 전국 25등이라는 엄청난 성과를 냈다.

B 군은 스스로를 슬로우 스타터라고 얘기한다. 중요한 것은 결국 시험 당일 실력이 합격선만 넘으면 된다는 점이다. 수험생활 도중에 남들과 비교해서 '이 시점에는 이 정도 실력이어야 합격할 수 있다'라는 기준은 존재하지 않는다.

그리고 남들보다 잘하고 못하는 것은 본인의 합격 여부와 상관이 없다. 필자가 CPA 시험에 멋지게 합격하고 가벼운 마음으로 학교에 돌아갔을 때의 일이다. 전공이었던 경제학은 이미 필수학점을 모두 이수해서 CPA 시험을 준비하면서 공부했던 회계학을 들어야겠다고 생각하고 재무회계, 세무회계 등을 수강신청 했다. 대부분 CPA 준비생들이 듣는 수업이었지만 그래도 필자는 2차까지 통과한 합격생이니 여유 있는 A 학점을 상상하며 중간고사와 기말고사를 치렀는데, 결과적으로는 CPA 준비생들에게 상대도 되지 않았다.

그 당시 필자와 같이 CPA에 합격했던 학교 후배는 "예비역이 현역 이길 수 있나요? 너무 상심하지 마세요."라고 했지만 필자의 생각은 조금 다르다. 필자는 다른 CPA 준비생들과 비교했을 때 시험 당일을 제외하고는 더 잘했던 적이 없었던 것 같다. 즉, 시험에 붙는데 **항상 남들보다 잘할 필요는 없다** 는 뜻이다. 시험 당일 합격선을 넘는 점수를 받기만 하면 된다. 수험생활은 다른 사람들과의 경쟁이 아니라 나 자신과 벌이는 일대일 매치라는 점을 명심하자.

수험 기간 내내 남들보다 잘할 필요는 없다.
시험 당일 합격 점수보다 조금만 더 잘하면 된다.

단순한 비교를 거부하고 자신만의 스타일을 찾아 성공한 좋은 사례가 한국 펜싱이다. 과거의 한국 펜싱 선수들은 유럽 선수들에 비해 팔 길이가 짧은데도 불구하고 손기술 위주의 유럽 스타일을 추구했다. 그 결과 오랫동안 세계 수준과의 차이만 느꼈을 뿐 메달과는 인연이 거의 없었다. 그러다 등산, 달리기, 웨이트트레이닝 등 하체 훈련을 통해 빠른 발동작을 이용한 한국 스타일을 개발하기 시작했다. 이를 통해 2012년 런던올림픽에서 좋은 성적(금2, 은1, 동3)을 거둘 수 있었다.

만약 CPA 시험을 같이 준비하기 시작한 친구의 학습 속도가 본인보다 월등하다면 이렇게 생각하자. 친구와 당신은 카지노에 가서 둘 다 10억짜리 잭팟을 터뜨릴 예정이다. 단지 친구는 10억짜리 잭팟을 위해 자신이 가진 돈 5억을 가지고 가는 것이고, 여러분은 1억을 가지고 시작하는 것이다. 상대적으로 이득을 보는 것은 적게 가지고 있는 여러분이다. 지금 가지고 있는 돈이 얼마인지를 비교하지 말자.

비교는 단순히 비교에 그치지 않고 수험생의 의지 자체를 꺾어버린다. "끊임없이 떨어지는 물방울이 바위에 구멍을 낸다."는 명언으로 유명한 고대 로마 철학자 루크레티우스는 이렇게 말했다. "만약 갖지 못한 것을 욕망한다면 가진 것을 멸시할 것이고, 삶은 충만함도 매력도 없이 흘러갈 것이다. 그리고 돌연 죽음이 나타나 머리맡에 버티고 설 것이다."

단언컨대 수험생 본인에게는 수험생 본인만의 페이스가 있을 것이다.

위대한 영혼을 가진 이는 세속적인 일들로 경쟁하지 않는다.
게으름을 피우며 천천히 움직일 뿐이다.
– 아리스토텔레스 –

효율성 함정

CPA 수험생들의 합격과 불합격의 원인은 크게 노력, 능력, 난이도, 운이라는 네 가지 요소로 나눌 수 있다. 이 중에 타고난 능력이나 시험의 난이도, 운은 통제할 수 없는 요소이기 때문에 통제 가능한 것은 노력 하나뿐이다. 그런데 보통 수험생들이 자존심에 상처를 입는 부분은 아이러니하게도 '타고난 능력'이다.

미국의 심리학자 버글라스와 존스는 자존심과 관련된 실험을 했다. 어려운 문제를 풀기로 한 A그룹과, 쉬운 문제를 풀기로 한 B그룹에게 지적 능력을 촉진하는 약과 방해하는 약의 효과를 알아보는 실험이라

공지하고, 약은 참가자 스스로 선택할 수 있게 하였다. 그러자 어려운 문제를 풀기로 한 A그룹의 70%가 지적 능력을 방해하는 약을 선택하였고, 쉬운 문제를 풀기로 한 B그룹의 87%가 지적 능력을 촉진하는 약을 선택하였다. 얼핏 보면 이해가 가지 않는 선택인데, 이러한 결과는 참가자들이 문제를 틀렸을 때 자신의 능력 탓이 아니라 약 때문이라는 인식을 통해 자존심을 보호하고자 했기 때문이라고 한다. 이렇게 실패가 예상되는 일을 앞두고 미리 실패의 이유를 만들어 놓는 심리를 '자기 불구화 현상'이라고 한다.

열심히 하지 않아서 시험에 떨어졌다는 수험생은 죄책감이 들 수는 있지만 자존심에 상처가 생기진 않는다. 열심히 했는데도 불구하고 시험에 떨어졌을 때 자존심이 상하는 법이다. 따라서 수험생들은 합격에서 멀어졌다는 생각이 드는 순간부터, 불합격이 타고난 능력 부족의 증거가 되지 않도록 일부러 100%의 노력을 하지 않는다. 이는 특히 명문대 출신의 수험생들에게서 자주 나타나는 성향이다. 자신의 게으름이나 노력 부족을 입버릇처럼 광고하면서 '그럼에도 불구하고 난 이만큼은 한다.'는 자부심을 느끼고 싶어 한다. 하지만 그들이 간과하는 것이 하나 있다. 원래 80%를 달성하기 위해서는 20%의 노력이면 충분하다. 그러나 나머지 20%를 채우기 위해선 80%를 채울 때 보다 훨씬 많은 노력이 필요한 법이다. 나머지 20%를 채우기 위한 최상위권 학생들의 노력은 최상위권에 들어보지 못한 수험생은 알지 못한다.

사실 이러한 심정이 이해는 된다. 경제학적으로 보면 수험생 입장에서 시험공부에 최선을 다하지 않는 것은 단편적인 관점으로 봤을 때는 합리적인 행동이다. 중고차 시장을 생각해 보자. 좋은 차의 시세가 500만 원, 나쁜 차의 시세가 300만 원이라면 구매자는 이 둘의 평균인 400만 원에 차를 구매하고 싶어 할 것이다. 이는 기댓값에 근거한 지극히 합리적인 선택이다. 그러나 정말 좋은 차는 400만 원에 판매되지 않는 반면 나쁜 차는 쉽게 팔린다. 결국 수요·공급의 법칙에 의해 중고차 시장에선 400만 원에 나쁜 차만 거래될 것이다. 미국의 경제학자 '조지 애컬로프'는 이를 '레몬시장 이론'이라 했다.

수험 시장에 이를 적용시켜 보자. 불확실한 수험생활에서 합격했을 경우의 기쁨이 100이고, 불합격했을 경우의 기쁨이 0, 확률은 반반이라 가정해 보겠다. 수험생활을 통해 얻을 수 있는 기쁨의 기댓값은 50이다. 즉, 수험생은 50의 기쁨을 얻을 정도까지만 노력하는 것이 합리적이다. 그 이상은 기댓값을 초과하는 노력이므로 손해 보는 기분이 든다. 실제로 필자가 만나본 대부분의 수험생은 50까지만 노력한다. 그리고 그들 중 50으로 100의 효과를 낼 수 있는 소수의 타고난 머리와 운의 소유자들만 합격한다. CPA 시험이 실제보다 더 어렵게 느껴지는 이유다.

중고차 시장의 역설을 극복하기 위해선 '500만 원'과 '좋은 차와 나쁜 차를 알아보는 능력' 모두를 가져야 한다. 500만 원으로 무턱대고 구매에 나서면 좋은 차를 살 수 있긴 하지만 나쁜 차를 살 가능성도 있다. 반대로 차를 알아보는 능력은 있지만 500만 원이 없다면 아무 차도 살 수가 없다. 결국 수험생에게는 '100의 노력'과 '제대로 된 공부 방법'이 모두 필요하다는 뜻이다.

본인의 투입 시간 대비 성과가 가장 높은 지점에서 공부를 멈추지 말

자. CPA 시험은 얼마나 적은 노력 대비 높은 점수가 나오는지 '효율성'을 테스트하는 시험이 아니다. 수험생이 얼마나 공부했는지는 전혀 상관하지 않고, 단순히 점수만 놓고 합격과 불합격을 결정하는 '효과성'을 테스트하는 시험이다. 여러분들도 항상 최선을 다하는 습관을 들여서 효율성 함정에 빠지지 않도록 하자.

질문에도 방법이 있다

다른 합격생들은 어떻게 생각하는지 모르겠지만 필자는 CPA 시험을 공부하면서 '세상에는 내가 아무리 열심히 해도 이해가 되지 않는 부분이 이렇게나 많구나.'라고 느꼈다. 특히 그런 느낌을 많이 느꼈던 과목을 뽑자면 재무관리, 세법, 2차 원가관리회계이다. 이렇게 모르는 부분을 스스로 깨달을 수 있다면 다행이지만 보통의 수험생에게 그런 이해의 경지는 때때로 너무 많은 시간을 요구한다. 그렇기 때문에 질문을 통해 이런 시간들을 줄여주는 게 필요하다.

공부 초반에는 질문을 자주 하는 것이 좋다. 단, 질문은 단순해선 안되고 질문자만의 논리를 가져야 한다. 해선 안 되는 질문의 예는 다음과 같다.

"이거 이해가 가지 않는데 왜 그런 거죠?"

"이 부분 다시 좀 설명해 주세요."

저질의 질문은 저질의 대답의 받을 뿐이다. 이런 질문은 질문자가 원하는 답변을 듣기도 힘들뿐더러 발전이 없다. 원래 질문을 하려고 준비를 하다 보면 혼자서 원리를 깨우치게 되는데 이런 질문으로는 그런 결과를 얻을 수 없다. 모범적인 질문의 예는 다음과 같다.

"이 교재엔 A이면 B이고, B이면 C라고 나와 있는데 다른 곳을 참조하면 A이면 D이기 때문에 C가 될 수 없습니다. 두 부분이 상충되는데 여기서 제가 놓친 게 뭐죠?"

이렇게 논리를 세우면서 질문을 하다 보면 종종 질문하는 도중에 답을 깨닫는 경우가 있다. 신기하게도 스스로 정리되는 것이다. 훌륭한 질문은 곧 훌륭한 답이 된다.

때로는 질문이 답변보다 더 중요하다.
– 낸시 윌러드 –

질문은 학원 선생님에게 하는 것이 가장 좋다. 베테랑 학원 선생님들의 경우 질문의 서두만 듣고도 어느 부분을 이해하지 못하고 있는지 바로 알아채는 경우가 많다. 필자는 학원 종합반 시절 쉬는 시간을 이용해서 질문하러 강사 휴게실을 무던히도 찾아갔다. 그러면 스스로 깨닫든, 선생님이 알려주든 90% 이상 만족스럽게 해결이 됐다. 그다음으로는 실력이 좋은 동료 수험생에게 질문을 하는 것도 괜찮다. 부족한 부분이 있다 하더라도 수험생들이 서로 질문을 하다 보면 각자 놓쳤던 부분들을 보완할 수 있다. 인터넷 카페 등의 질문 게시판에 질문을 하는 방법도 있다. 하지만 답변이 느리거나 달리지 않을 가능성도 있고 일단 컴퓨터와 인터넷을 접촉해야 하는 최대 단점이 있기 때문에 추천하지 않는다.

질문할 곳이 마땅치 않을 경우에는 그냥 질문하지 말고 넘어가자. 예를 들어, A에서 C 논리로 가는 중간 단계가 빠져서 불편한 기분이 든다면 일단 '보조선'을 하나 그어주면 된다. '보조선'은 그림 그리는 사람들이 비율이나 비례를 맞추기 위해서 그리는, 최종 그림에는 나오지 않는 '지워질 선'이다. 즉, 공부하면서 이런 식으로 생각하는 것이다. 'A는 B(보조선)이고 B(보조선)는 C이다. 따라서 A는 C이다.'라고 임의로 생각해 둔다. 이렇게 공부하면 나중에 A와 C 사이에 B가 아니라 D였다고 쳐도 그냥 그때 가서 바꿔 생각하면 그만이다. 보조선(지워질 선)을 그리면서 공부하면 모르는 게 나올 때마다 매번 질문하는 수고를 덜 수 있다.

최종 시험일에 가까워질수록 질문은 최대한 줄이고 혼자 공부하는 시간을 늘려야 한다. 어차피 시험 당일에 가져갈 수 있는 부분은 한계가 있으며, 수험 기간 후반까지 이해되지 않아 질문이 필요한 부분은 결국 끝까지 이해되지 않을 것이다. 이런 경우는 수험생 나름대로의 논리를 만들어 정리하고 넘어가도록 하자. 우리는 100점을 맞아야 합격하는 시험을 보는 것이 아니며 항상 시간 제약을 염두에 두고 수험생활을 해야 한다.

가르치는 것보다 좋은 공부는 없다

학원 선생님들이 이구동성으로 하는 얘기가 있다. 강의를 하기 위해 공부를 하다 보니 수험생 때 알고 있었던 것들은 굉장히 부실하고 얄팍한 것이었다는 얘기다. 아무래도 단순한 시험 대비용 공부와 누군가를 가르치기 위한 공부는 수준 차이가 나기 마련이다.

앞서 언급했다시피 어린아이를 이해시키지 못하면 설명하는 사람도 제대로 알고 있지 못한 것이다. 남을 이해시키려 하다 보면 본인만 이해하려고 하는 것보다 훨씬 깊은 이해가 수반되어야 한다. 무의식 깊숙한 곳에 존재하고 있는 논리의 연결 고리를 의식의 수면 위로 꺼내야 하기 때문이다. 의식적으로 깨닫게 된 연결 고리는 무의식 속에 존재했던 연결 고리보다 훨씬 단단하고 오래 간다. 따라서 쉽게 잊어버리지 않게 되고 해당 주제에 자신이 생긴다.

> 윌리엄 글래서의 연구결과에 따르면 가장 효과적인 학습 방법은 자신이 알고 있는 것을 남에게 가르치는 것이다. 가르치는 과정을 경험하고 나면 가르친 내용의 무려 95퍼센트가 머릿속에 남는다. 이는 무언가 중요한 내용을 잊어버리지 않고 머릿속에 두고두고 간직하려면 빠른 시간 내에 남에게 가르칠 기회를 가져야 한다는 의미다.
>
> —『누가 회사에서 인정받는가』, 93쪽, 박태현 —

예전에 읽었던 합격수기에서 항상 누군가를 가르치듯이 공부했다는 내용을 본 적이 있다. 상당한 마인드 컨트롤이 필요하므로 아무나 할 수 있는 스킬은 아니겠지만 이게 가능하기만 한다면 굉장히 좋은 방법이라고 생각한다. 보통의 사람들에게 이 정도까진 힘들 테니 본인을 가르친다고 생각하며 공부를 해 보자. 본인 스스로가 내용을 납득할 수 있도록 공부를 하다 보면 아무 생각 없이 공부하는 것보다 정리가 훨씬 잘될 것이다.

동료 수험생들의 공부 관련 질문은 많이 받아도 도움이 된다. 다른 수험생들이 헷갈려 하는 부분은 본인에게도 중요한 부분일 가능성이 높다. 이런 식으로 가르쳐 주는 공부를 하다 보면 기억이 훨씬 진해지고, 놓쳤던 부분을 다시 생각해 보는 기회가 될 수 있다.

다만 남에게 가르쳐 줄 땐 공부 내용만 가르치고 수험생활이나 인생에 대한 조언은 하지 말자. 필자의 경험상 주제 넘는 조언을 듣게 된다면 100% 맞는 얘기이면서 나를 위해 하는 말이라 할지라도 기분이 나쁘다. 가뜩이나 예민한 수험생 입장에선 더 심할 것이다. 따라서 나이대도 비슷한 수험생끼리는 공부 내용 외의 것을 지적하는 일은 피하도록 하자.

회독 수에 집착하지 말자

앞서 CPA 시험 공부량을 추정하고자 할 때 합격까지의 회독 수를 5회로 가정했다. 필자가 처음 CPA 시험을 공부할 무렵에는 최소한 5~7회독은 해야 합격할 수 있다는 말을 많이 들었다. 모의고사 점수 이외에 수험생의 실력을 판가름할 만한 지표가 마땅히 없기 때문이다. 그래서 최소 3년은 공부해야 된다든지 최소 5~7회독은 해야 된다는 말들이 나오게 된 것 같다.

하지만 필자의 경험에 의하면 이 회독 수라는 것이 생각보다 큰 의미가 있는 것은 아닌 것 같다. 수험생마다 1회독할 때의 습득 정도도 다를 것이고, 1회독 째의 1회독과 7회독 째의 1회독도 그 범위와 투입 시간 및 방법이 다를 것이다. 10회독을 했지만 떨어진 사람이 있으며 3~4회독 만에 합격한 사람도 있다. 따라서 회독 수에 집착하지 말고 한 번을 보더라도 집중력 있게 정독하자. 100회독 정도 할 게 아니면 회독의 질이 훨씬 중요하다.

한 번은 한 수험생이 중급회계 책을 들고 필자에게 질문을 하러 온 적이 있는데, 질문의 내용이 '교재에는 A는 B인데 왜 문제에는 A는 C라고 풀이가 되어 있는지?'였다. 같이 자세히 읽다 보니 앞쪽에 너무나도 크게 '~인 경우는 제외한다.'라는 문구가 있었다. 필자와 수험생이 서로가 민망해지는 순간이었다.

고승덕 변호사의 표현을 빌리자면 정독을 할 때는 '절벽에서 밧줄을 잡는 심정으로' 책을 읽어야 한다. 책을 읽다 한눈을 판다는 것은 밧줄을 놓치는 것과 같다. 필자도 약간 건너뛰면서 읽는 안 좋은 습관이 있는데 시험을 대비하는 교재를 읽을 때는 절대 그래선 안 된다.

다른 시험에도 회독 수에 집착하는 수험생들이 있는지 궁금하다. 필자가 느끼기에 CPA 수험생들은 유난히 회독 수에 집착을 하는 것 같다. 회독 수에 집착하지 말자. **몇 번을 읽었는지보다 어떻게 읽었는지가 훨씬 중요하다.**

순공부시간

필자가 체대입시학원을 다닐 때 10m 왕복달리기를 준비한 적이 있다. 10m 거리를 왕복으로 달리면서 목각 2개를 반대편으로 옮기는 종목이다. 그 당시 8초 중반대가 나오면 합격선이었는데 처음에 필자의 기록은 9초 정도였다. 8초 중반이 되기 위해서 아무리 반복 훈련을 해도 기록이 좀처럼 줄어들지 않았다. 그러다 한 번은 원장님이 턴하는 동작에서 순발력이 부족하다면서 턴 연습과 순발력을 기르는 운동을 시키셨다. 그러자 한참을 멈춰 있던 기록이 8초 중반까지 한 번에 줄어드는 경험을 할 수 있었다. 이때 턴 연습만을 집중적으로 했던 시간은 아무 생각 없이 10m 왕복달리기 연습을 했던 시간의 1/10도 되지 않는다.

회독 수와 함께 수험생들이 가장 많이 합격의 지표로 삼는 것 중 하나가 순공부시간이다. 순공부시간이란 식사, 수면, 이동 등의 책을 보지 않는 시간을 제외하고 순수하게 공부만 하는 시간을 말하는 것이다. 하루 순공부시간을 몇 시간 찍었느냐로 합격률을 예측해 보자는 것이다. '하루 순공부시간 12시간 찍으면 1년 만에 합격이 가능하다' 이런 식이다.

물론 다른 모든 조건이 동일할 때 순공부시간이 많은 수험생이 합격률이 높은 것은 당연하다. 그리고 수험생 입장에서 집중력과 같이 눈에 보이지 않는 지표는 측정하기가 어려우므로 순공부시간을 통해 수험생활을 관리하는 것도 나쁘지 않은 방법이다. 스톱워치를 이용해 꼼꼼하게 자신의 순공부시간을 관리하는 수험생들도 있다. 현대 경영학의 창시자인 '피터 드러커'는 측정되지 않는 것은 관리되지 않는다고 했다.

하지만 순공부시간을 관리하는 것은 어디까지나 보조적인 용도다. 배보다 배꼽이 더 커지는 경우가 생기면 안 된다. 컨디션이 안 좋은데도 억지로 공부시간을 채울 필요는 없으며, 잠시 쉬었다가 집중력을 올려서 몰아칠 수 있다면 공부시간에 연연하지 않는 것이 더 유리할 수도 있다. 더구나 앞서 필자가 10m 왕복달리기를 연습할 때와 같이 적합한 방법으로 짧게 연습하는 것이 안 좋은 방법으로 오래 연습하는 것보다 훨씬 효과가 좋을 수 있다. 기름을 가장 많이 먹는 자동차가 가장 빠르다는 법은 없다. 즉, **공부시간에 연연하기에는 공부 방법, 수험생의 집중도 등 더 중요한 요소들이 많다.** 물론 시험 직전에는 순공부시간 자체도 많아야 하며 평소에 공부를 많이 하는 것 또한 중요하긴 하다. 하지만 억지로 순공부시간을 채우기 위해 단순히 보여주는 공부를 하는 것은 피하도록 하자.

안 해서 못한다

필자가 고등학교 3학년, 입시체육학원에 다니기 시작한 지 며칠 되지 않았을 때 일이다. 평소 체력 훈련도 따라가기 벅찼는데, 갑자기 삼성동에 있는 학원에서 대모산 정상까지 구보로 올라간다는 것이었다. 학원의 다른 입시 준비생들은 이미 경험을 해 봤는지 투덜대면서도 크게 걱정하는 눈치가 아니었는데 필자는 잔뜩 겁에 질렸다.

결국 학원 학생들이 모두 열을 맞춰 뛰기 시작했는데 중간 횡단보도에서 신호를 기다리는 동안에도 멈추지 않고 제자리 뛰기를 했고 대모산 초입에선 계단 왕복 뛰기, 중간중간 산 중턱에선 오리걸음을 시키는 바람에 필자는 결국 정상에 가 보지도 못하고 포기했다. 다른 학생들의 페이스에 방해되지 않도록 쪽팔리지만 혼자서 택시를 타고 학원까지 되돌아왔던 기억이 있다. 당시에는 훈련 강도에 너무 질려버려서 창피한 줄도 몰랐던 것 같다. 왜 이렇게 무식하게 운동을 시키나 이해를 못 했었다. 만약 부끄러운 줄 알았다면 절대로 포기하지 않았을 것이다.

중요한 건 다음이다. 한 달 정도 뒤에 또 대모산 정상까지 체력 훈련을 했는데 한 달 사이에 운동 경험이 좀 생겨서 마냥 겁이 나지는 않았다. 이번에도 포기하면 정말 쪽팔린 거라고 각오하고 뛰었는데 생각보다 쉽게 완주할 수 있었다. 한 달 사이에 체력이 눈에 띄게 향상된 것도 아니었다. 그냥 이번엔 할 수 있겠다 싶으니 된 것이다.

2006년 도쿄대학교 법과대학을 수석 졸업하고 사법고시에 합격하여 변호사로 일하고 있는 야마구치 마유는 사법고시 구술시험을 보기 전 2주 동안, 수면 시간 3시간, 식사 시간 20분씩 세 번, 목욕 시간 20분, 엄마와 통화 시간 10분을 빼고 하루 19시간 30분을 공부하는 데 사용했다고 한다. 고승덕 변호사는 24시간 중 수면 7시간을 제외한 평균 17시간을 공부했다고 한다. 시간 절약과 집중력 유지를 위해 비빔밥에 숟가락 하나로 때우는 식사 중에도 책을 보면서, 하루 4번 이상 엉덩이를 떼지 않았다고 한다.

솔직히 저런 고시 합격자들의 공부량에 기가 질릴 수도 있다. 사실 수험생 대부분은 저 정도의 반도 공부해 본 경험이 없을 것이다. 원래 해 보지 못한 것에 대한 두려움은 큰 법이다.

사실 단기에 합격하기 위해서는 기가 질릴 정도의 공부를 어느 정도는 해야 한다. 하지만 해 보면 알 것이다. 한 번 해 보면 생각보다 할 만하고 그다음부터는 어렵지 않게 할 수 있다.

예전에 장대높이뛰기 선수의 인터뷰를 인상 깊게 읽은 적이 있었다. 그 선수가 세계신기록을 내고 이런 말을 했다는 것이다. "전 지구적으로 70억 인구 중 나보다 높이 뛸 수 있는 잠재력이 있는 사람은 족히 2만 명은 될 것이다. 하지만 그들은 바를 잡아보려고도 하지 않는다."

누군가 했다면 나도 할 수 있다.
안 해서 못하는 것이다.

통학 시간

필자는 상담을 할 때 숙소에서 학원까지 이동 시간을 꼭 물어본다. 통학 시간이 너무 길면 그 자체만으로도 공부시간이 줄어들 뿐 아니라, 추가로 체력이 소모되기 때문에 다른 공부시간에도 영향을 끼친다. 따라서 경제적으로 힘든 게 아니라면 통학 시간은 최대한 줄여주는 것이 좋다. 물론 부모님 집에서 다닐 경우 아침 식사나 빨래 등을 해 주시므로 이를 어느 정도 감안해서 생각해 볼 수는 있다.

"어느 정도까지 통학 시간이 허용될까요?"

예상했겠지만 당연히 허용된 통학 시간이라는 것은 존재하지 않는다.

통학하느라 허비하는 시간이 거의 없는데도 시험에 떨어지는 수험생도 있고, 매일 2시간씩을 버스에서 보내고도 높은 점수로 합격하는 수험생도 있다. 하지만 다른 모든 조건이 동일할 때 통학 시간이 적은 수험생의 합격 가능성이 통학 시간이 긴 수험생보다 높은 것은 사실이다. 앞서 설명했던 의지력의 관점에서도 대중교통에서 너무 많은 시간을 보내면 공부할 의지가 빨리 소모된다.

CPA 시험은 1~2점 차이로도 합격과 불합격이 좌우된다. 통학 시간이 점수에 미치는 영향이 어느 정도인지 측정하기 힘들다고 해서 이를 외면해서는 안 된다. 필자는 하루 이동 시간이 총 2시간 이상 소요되는 수험생들에게는 1차 시험 보기 최소한 4개월 전에는 통학 시간을 없애야 한다고 얘기한다. 여기에 특별한 기준이 있는 것은 아니고 단지 필자가 그렇게 했기 때문이다. 사소한 것이지만 가능하다면 조금이라도 합격 확률을 높이는 쪽으로 생각을 하자.

예비군 훈련

예비군 훈련은 군대를 다녀온 남자 수험생들에게 참 귀찮은 요소 중 하나다. 특히 학교를 휴학하게 되면 동원훈련을 받아야 되기 때문에 귀중한 시간이 3일이나 날아간다. 3일 정도면 수험생이 계획하고 있던 단기 스케줄이 다 틀어져버리는 수준이다. 학원 종합반에 다니는 수강생이라면 타격이 더하다. 3일간 놓쳐버린 진도를 따라잡게끔 학원 강의가 기다려주지 않기 때문이다. 이렇게 생긴 구멍이 나비효과로 인해 수험생활 전체에 큰 영향을 미칠 수도 있다.

그래도 어쩌겠는가? 국방의 의무를 다 해야 하는 것은 수험생이기 이전에 대한민국 국민으로서의 의무다. 따라서 필자는 개인적으로 1차 시험을 보기 8개월 이전 즉, 시험 전년도 7월 이전에 소집통지를 받았다면 그냥 속 편하게 갔다 오는 것을 추천한다. 바꿔 말해, 1차 시험 전 8개월 이내에 소집통지를 받았다면 연기하는 것이 좋다는 얘기다. 이 기준에도 특별한 논리가 있는 것은 아니고 필자가 그렇게 했기 때문이다. 필자는 2009년 1학기 학교를 다니면서 학교 예비군에 소속되어 2009년도 의무를 마치고 7월부터 본격적으로 수험 공부를 시작했다. 2010년도 의무는 2010년 2차 시험이 끝나고 다시 학교 예비군에 소속되어 마칠 수 있었다.

일단 예비군 훈련을 연기하는 공식적인 방법은 병무청 홈페이지에서 확인할 수 있다. 법에 의해 훈련을 연기할 수 있는 사유에는 여러 가지가 있는데 일반적인 CPA 수험생이 사용 가능한 방법으로는 병원 진단서를 첨부하는 방법과 공무원시험이나 수능시험 등의 국가 또는 공공단체 등의 주관으로 시행하는 면허, 자격시험 응시 등이 있다. CPA 시험으로 연기를 하기 위해선 응시 접수증이 있어야 하는데 시험 보는 해가 되어서야 나오니 CPA 시험으로는 연기가 불가능하다. 따라서 귀찮고 돈이 들더라도 공무원 시험이나 수능 시험 등을 지원해야 한다.

속 편한 게 최고라는 수험생들은 그냥 시험 전이라도 다녀오는 것을 추천한다. 공기 좋고 물 맑은 산속에서 약해진 심신을 달랠 기회라고 긍정적으로 생각하자. 필자가 아는 많은 합격생들은 1차 시험 3~4개월 전에 3일씩 예비군 훈련을 다녀오고도 합격하는 데 아무런 문제가 없었다.

항상 햇살만 내리쬔다면 그곳은 사막이 되고 말 것이다.

– 파울로 코엘료 / 브라질 소설가 –

팔랑귀

2013년 브라질월드컵 예선 때 국가대표 축구 선수 기성용이 '리더는 묵직해야 한다'로 시작하는 짧은 글귀를 SNS에 올린 적이 있다. 물론 해당 글로 인해 기성용은 수많은 질타를 받게 됐지만 개인적으로 표현 하나는 기막히게 했다고 생각한다. 기성용의 말을 좀 빌려서 쓰자면 **수 험생은 묵직해야 한다.** 황소처럼 굳은 심지로 묵묵히 자신이 선택한 길을 가야 한다.

빠르게 고득점으로 합격해 수험계를 떠난 수험생 중에 학원, 교재 및 강의를 선택한 뒤에 자신의 선택을 번복하는 경우는 드물다. 이들은 일 단 선택을 끝낸 뒤에는 웬만해선 그 선택지 내에서 끝까지 최선을 다하 는 편이다. 그렇지 못한 수험생들은 학원과 교재, 강의를 수시로 바꾸고 하나를 제대로 끝내지 못한다. 본인의 판단에 대한 확신이 부족하다. 그 러다보면 자신감이 떨어지고 실패 요인도 자꾸 외부로 돌리게 된다. 발 전하기 힘들다.

인터넷 카페 등 수험가에 떠도는 말의 출처를 한 번 추적해 보자. 매 년 약 만 명 정도의 수험생이 응시해서 이 중 천 명 정도가 합격한다. 시험에 응시하는 사람의 90%가 불합격한다고 보면 된다. 그렇다면 수험생 모두가 일정한 비율로 의견을 낸다고 가정했을 때 수험가에 떠도는 말의 90%는 불합격생을 거쳐 나온 의견이라 볼 수 있다. 오히려 빠르게 합격해 나간 수험생들은 수험가 루머를 조성하는 데 별 관심이 없다.

학원, 교재, 강의를 비교하려면 비교 대상들을 심도 있게 분석해야 의미가 있다. 하지만 제대로 된 분석력을 가지고 있는 수험생이라면 처음에 선택한 강의 하나만 듣고 수험계를 떠났을 가능성이 높다.

필자가 CPA가 아닌 다른 자격시험의 강의를 준비하기 위해 여러 학원 강사들의 강의를 들은 적이 있다. 하루는 인터넷 카페에 해당 과목 강사들의 강의가 구체적으로 분석된 장문의 글이 올라온 것을 보게 되었다. 그런데 그 내용이 필자의 생각과 완전히 달라 놀랄 수밖에 없었다. 솔직하게 말해서 완전 엉터리였다. 댓글이 모두 그 글에 수긍하는 눈치였다는 게 더 놀라웠다. 익명 카페였기 때문에 조작을 할 수 있다는 점을 감안해도 수험가 정보라는 것이 얼마나 믿을 수 없는 수준인지 깨닫게 되는 순간이었다.

A 씨는 정말 열심히 노력해서 CPA 1차 시험을 초단기에 합격했다. 그런데 2차 준비가 하나도 되어 있지 않은 상태에서 바로 동차 합격은 불가능하다는 주변 사람들의 말만 듣고 2차 때는 유예를 바라보며 공부를 게을리했다고 한다. 그런데 막상 결과는 딱 1점 차이 불합격이었다. 만약 그때 주변 사람들의 얘기를 귀담아 듣지 않았다면 A 씨는 1년을 낭비하지 않아도 됐을 것이다. A 씨는 이 책의 초반부에 소개됐던 채널 브리즈의 안성우 대표다.

물론 불합격생이라고 항상 잘못된 정보를 말하는 것은 당연히 아니다. 불합격은 잘못된 정보를 알고 있는 것보다 공부 방법이 틀렸거나 노력이 부족한 데서 오는 요인이 훨씬 크다. 필자가 하고 싶은 말은 수험가 소문이 맞고 틀림을 판단하자는 것이 아니라 검증되지 않은 소문을 듣고 의사 결정을 하는 것보다 본인의 판단 기준을 가지고 직접 결정을 하자는 것이다. 이 책 또한 절대적인 기준이 되어선 안 된다고 생각하며 본인만의 기준을 세우는 데 참고사항 정도로만 활용하길 바란다.

비관주의 vs 낙관주의

수험생들을 오랫동안 살펴보고 있으면 비관주의와 낙관주의로 나뉜다는 것을 알 수 있게 된다. 비관주의 수험생들은 항상 본인이 공부하지 않은 부분에서 출제가 될 것이며, 공부했던 부분이라도 시험장에서 맞히지 못할 것이라고 생각하는 경향이 있다. 강박적으로 세부적인 공부 계획까지 세워가며 본인을 몰아세우는 데 능숙하다.

반대로 낙관주의 수험생들은 '내가 떨어질 리가 없어'라고 생각하며 결과를 낙관한다. 세부적으로 계획을 세우기보다는 큰 그림을 그린 후 즉흥적으로 공부를 하는 편이다. 물론 비관주의나 낙관주의 중 특별히 어느 쪽도 아닌 수험생도 있다. 아무 생각 없이 자연스럽게 흘러가는 대로 수험생활을 하는 덤덤한 스타일이다. 또는 비관주의이면서 동시에 낙관주의인 수험생도 있다. 본인은 무조건 합격할 것이라는 확신은 갖고 있지만 동시에 벌어질 수 있는 돌발 상황에 대해서는 항상 염두에 두는 것이다. 즉, 비관주의적 성향과 낙관주의적 성향은 어떤 수험생에게든 있을 수 있으며 단지 정도의 차이가 있을 뿐이다.

보통은 낙관주의 성향이 강한 수험생이 의외의 좋은 결과를 가져오는 것이 사실이다. 꽤 많은 수험생들이 실력은 부족했던 것 같았지만 '어떻게든 되겠지, 라는 생각으로 했더니 덜컥 붙어버렸다'라고 말한다. 낙관주의 성향은 비관주의 성향에 비해 공부 외적으로도 스트레스를 덜 받는다. 수험생활도 낙오되지 않고 꾸준하다. 중도에 포기하는 수험생들은 대부분 비관주의 수험생이라 할 수 있다.

하지만 본질을 잘 살펴보면 비관주의 수험생은 스트레스를 있는 그대로 인정하고 맞서 싸우는 스타일이며, 낙관주의 수험생은 스트레스를 외면하고 회피하는 스타일이라고 볼 수 있다. 스트레스에 강한 것은 오히려 비관주의 성향의 수험생이다.

필자가 CPA 수험가에서 경험했던 최상위권 학생들은 전부 다 비관주의적 성향이 강했던 것 같다. 남들이 공부하지 않는 부분도 꼼꼼하게 준비하고 자신이 공부했던 부분도 반복해서 완벽을 기한다.

학습 조교 일을 하다 보면 가끔 시험에 있어서 필자보다 뛰어난 학생들을 상담할 일이 생긴다. 이들이 상담을 요청해오면 사실 필자가 해줄 말이 별로 없다. 솔직히 말하면 '어려운 시험이 아니니 무서워하지 말고 평소 하던 대로 하자' 정도뿐이다. 그런데 질문하는 것을 들어보면 이들이 왜 탁월한지를 느낄 수 있다. 이런 수험생들의 특징은 비관적이지만 객관적이고 냉철하다.

필자가 "수능으로 서울대 경영학과를 붙을 정도면 CPA 시험은 열심히만 하면 반드시 붙는다."라고 하면 "내 주변의 선배나 친구들이 열심히 했지만 합격률이 이 정도다. 왜 그렇게 생각하는가?"라고 구체적으로 대응한다. "이 과목은 이런 경향이 있어서 이런 식으로 공부하고 있는데 맞는가?" 또는 "남들은 이 정도로 공부하고 있는데 내가 그 차이를 따라잡기 위해 이렇게 하려 하는데 더 좋은 방법이 있는가?"라며 필자가 가진 모든 노하우를 토해내도록 질문을 하고 유유히 사라진다. 한 번 상담을 받고 나면 그 뒤로도 자주 상담을 요청하는데 대부분 공부 방법은 이미 정해 놓고 그것을 확인하는 용도로만 이용한다.

일단 수험생들은 본인이 어떤 타입인지 잘 알아보는 것이 중요하다. 그래야 본인의 장점은 부각시키고 단점은 보완하는 것이 가능하다. 본인이 낙관주의적 성향이 강한 수험생이라면 평소에 좀 더 꼼꼼하게 공부하는 것이 필요하다. 지금껏 시험에 나오지 않았다고 해서 앞으로도 계속해서 안 나올 것이라는 보장은 없다. 상황을 긍정적으로 보는 것인지 단순히 외면하고 있는 것인지 객관적으로 구분할 수 있어야 한다.

반대로 본인이 비관주의적 성향에 가깝다면 불필요한 시간과 에너지를 부정적인 생각을 하는 데 낭비하고 있지는 않은지 점검해야 한다. 항상 우선순위를 정해서 수험생활을 효율적으로 하도록 신경 써야 한다. 산성에 알칼리를 부어 중화시키는 것처럼, 긍정적인 생각으로 부정적인 생각을 덮어버리도록 하자.

김연아의 무대 체질 vs 모츠코스키의 무대 공포증

시험장에서 평소 실력의 120%를 발휘하는 수험생이 있는 반면 80%도 발휘하지 못하는 수험생도 있다. 본무대에서 실력 발휘를 잘 하지 못하는 수험생들은 억울하기 짝이 없다. 본인은 실력이 출중한데, 그것을 증명하기엔 너무 짧은 시간이 주어진다. 고작 몇 문제로 수험생들의 실력을 가늠하고 당락을 결정해 버린다. 오류가 존재할 수밖에 없는 게 시험의 현실이다. 하지만 우리는 현실에 속해 있는 존재라는 사실을 인정하자.

피겨스케이팅계의 전설 김연아를 보면 완벽한 무대 체질이란 무엇인지 알 수 있다. 김연아는 본 무대에서 평소보다 훨씬 완벽한 연기를 펼치는 선수다. 권성호 서울대 스포츠심리학 교수는 김연아의 **강철 멘탈과 멈추지 않는 목표 설정을 통한 동기부여**는 다른 선수들에게서는 볼 수 없는 연구 대상이라고 했다.

사실 무대 체질은 김연아처럼 타고나는 부분이 크다. 독일의 지휘자 겸 작곡가 모리츠 모츠코스키(1854~1925)는 열한 살 때 드레스덴 음악원에 입학할 정도로 촉망받는 피아니스트였지만 선천적인 무대 공포증을 끝까지 극복하지 못해 결국 연주자 생활을 접고 지휘와 작곡에 전념했다고 한다.

실전에서 실력 발휘가 잘 안 되는 수험생들은 다음 과정을 통해 해결해 보자. 일단 평소에 실전과 같은 모의고사 연습을 많이 해야 한다. 원효대사의 해골 물 교훈에서 알 수 있듯이 사실 모든 것은 마음먹기에 달려 있다. 평소에도 실전처럼 생각하고 연습한다면, 긴장감 때문에 실력이 발휘되지 않는 문제가 어느 정도 해결될 것이다.

또한 너무 잘하려고 하지 말자. 보통 무대 공포증이 발현되는 과정은 이렇다. 모르는 문제가 나와서 넘겼는데 또 모르는 문제가 나오고, 또 다시 모르는 문제가 연달아 3~4개 나오면서 머릿속이 하얗게 되고 글자가 눈에 들어오지 않게 되는 것이다. 하지만 실제로는 그때부터 연속해서 모르는 문제가 10개 더 나와도 합격하는 데는 지장이 없다. 나머지 문제를 잘 풀고 다른 과목에서 만회하면 기회는 충분히 있다. 더구나 본인이 모르는 문제는 경쟁자들도 모르는 문제일 확률이 높기 때문에 빠르게 넘기고 쉬운 문제에 집중한다면 오히려 상대우위가 생긴다. '어려운 문제가 연속으로 나왔네? 뒤쪽에 쉬운 문제 풀 시간이 더 많아지는구나' 하고 긍정적으로 생각하면 그만이다.

사실 무대 공포증을 극복하는 최고의 방법은 '평소보다 못해도 합격한다는 자신이 생길 정도로 노력하는 것'이다. 2013년 CPA 1차 전국모의고사에서 70등(상위 2%)을 할 정도로 뛰어났던 신상섭 군은 대학수학능력 시험을 치를 당시 무대 공포증 때문에 평소보다 성적이 안 나왔다고 한다. 이때의 경험 때문에 CPA 1차 시험도 걱정을 했고, 이를 극복하기 위해 **본인의 무대 공포증을 인정하고, 그것을 감안해도 합격할 정도의 실력이 될 때까지 열심히 공부했다고** 한다.

**다시 돌아가도 지금 이상은 못 한다는 생각이 들 때,
무대 공포증은 사라질 것이다.**

신상섭 군은 필자에게 무대 공포증을 극복한 원동력으로 '노력에 대한 자신감이 최고'라고 말해 주었다. 본인도 실제 시험 당일에 굉장히 평온한 마음으로 시험을 봤다고 한다. 정말 멋지면서도 효과적인 방법이다.

필자는 무대 체질이면서 동시에 무대 공포증이 있다. 시험을 보면 초반에는 머릿속이 하얗게 되면서 집중을 못 하는 편이다. 그러다가 한두 문제 풀리기 시작하면, 점점 익숙해지면서 탄력을 받아 속도가 붙는 스타일이다. 보통 1교시보다 2교시 이후에 실력 발휘를 더 잘한다.

필자 같은 스타일의 수험생들은 **시험 시작 전에 이미 여러 번 풀어봤던 쉬운 문제들을 골라서 풀어보자.** 투수들이 등판하기 전에 가볍게 공을 던지면서 페이스를 끌어올리는 것과 비슷하다. 그런데 이때는 반드시 쉬운 문제들로 준비해야 한다. 만약 준비한 문제가 제대로 풀리지 않으면 오히려 역효과가 날 수도 있다.

추가로 필자는 긴장될 때 이런 식으로 장난스럽게 생각하려고 노력한다. '네가 날 건드리는구나, 좋아 최선을 다해 주마!' 마치 만화 속의 악당이 주인공에게 지금까지는 50%의 힘으로 싸웠다며 앞으로는 100%로 상대할 테니 각오하라는 느낌이다. 유치하다고 웃어도 좋지만 어차피 속으로 혼자 생각하는 것인데 효과만 있으면 그만이다. 두려움에 대한 좋은 이야기를 하나 소개하겠다.

어느 저녁, 한 체로키 인디언 장로가 손자에게 모든 사람의 마음속에서 벌어지는 다툼에 대한 이야기를 들려주었다. 그가 말했다.

"아이야, 그 싸움은 우리 마음속에 있는 두 마리 늑대 사이에서 벌어진다. 하나는 두려움이지. 놈은 불안과 걱정, 불확실성, 머뭇거림, 주저함 그리고 대책 없음을 가지고 다닌다. 다른 한 늑대는 믿음이라고 한다. 그 늑대는 차분함과 확신, 자신감, 열정, 단호함, 흥분, 그리고 행동을 불러온단다."

그 말을 들은 손자가 잠시 생각하더니 쑥스러운 듯 할아버지에게 물었다.

"그럼 둘 중에서 어느 늑대가 이겨요?"

그러자 할아버지가 대답했다.

"바로 네가 먹이를 주는 늑대란다."

–『원씽』, 261쪽, 게리 켈러 · 제이 파파산 –

두려움에게 먹이를 주지 말자. 자신감에게 줄 먹이도 부족하다.

마지막으로 시험 시간에 복식호흡을 길게 하는 것이 수험생의 긴장 해소에 도움이 된다는 연구 결과가 있다. 우리가 시험을 볼 때 허둥대는 이유 중 하나는 문제를 제대로 읽지도 않고 허겁지겁 풀기 때문이다. 따라서 시험 도중에 머릿속이 하얘진다면, 심호흡을 하며 몇 초간 마음을 가다듬고 천천히 문제 읽기를 시작하자. 금방 실력이 발휘될 것이다.

CPA 시험에 도핑 테스트는 없다

필자는 격투기 광팬이라 요즘도 국내외 격투기 경기를 챙겨 보는 편이다. 유명한 격투기 선수가 운영하는 체육관에 직접 찾아가서 운동을 했을 정도로 좋아한다. 필자의 좌우명도 UFC 웰터급 챔피언인 '조르주 생 피에르'의 명언 "천재는 없다. 천재적인 노력만 있을 뿐이다."이다.

한때 UFC 헤비급에서 가장 실력자로 꼽혔던 알리스타 오브레임은 약물검사가 강화되기 전까지 엄청난 피지컬로 승승장구하던 선수였다. 하지만 불시 검사에서 테스토스테론 레벨이 과다하다는 판정을 받고 철저한 약물검사가 뒤따르자 형편없이 하락한 기량으로 패배를 거듭했다. 격투기 팬으로서 참 아쉬운 일이다.(여담이지만 모든 격투기 경기에 약물검사를 폐지하고 그냥 괴물들끼리 경기하게 놔두는 것도 재밌을 것 같다)

이쯤에서 수험생들이 한 가지 눈여겨볼 만한 사항이 있다. 바로 CPA 시험에는 도핑 테스트가 없다는 점이다. 만약 약물의 힘을 빌려 본인의 기량을 끌어올릴 수 있다면 시험 직전에 한 번쯤 이용하는 것은 고려해 볼 만하다고 생각한다.

필자는 1차 시험 18일 전인 2월 9일 전국모의고사에서 270점을 받았다. 당시엔 330점이 넘으면 합격이었으니 2점짜리 문제 30개를 더 맞혀야 했다. 사실상 그 시점에서 포기하고 다음 해의 시험을 준비해도 누가 뭐라 할 수 없는 상황이었다. 하지만 필자는 끝까지 포기하지 않았고, 막판 대역전극을 위해 극단적인 선택을 해야 했다. 그래서 떠올린 방법이 사법고시 합격수기에서 읽었던 고시용 각성제를 복용하는 것이었다.

2월 9일부터 종로의 한 약국에서 약사가 추천하는 각성제 사서 매일 하나씩 복용하기 시작했다. 필자의 지극히 개인적인 느낌으로는 하루 4시간만 자고도 깨어 있는 20시간 동안 집중력을 유지하는 데 도움이 많이 됐다. 2차 시험의 경우는 4주 전부터 매일 하나씩 복용했다. 2차 때는 박카스도 같이 섞어 먹었는데 내성이 생겨서인지 효과는 조금 떨어졌다. 시험 당일에는 매 교시 중간 쉬는 시간마다 하나씩 먹었는데 이때는 효과가 있었는지 잘 모르겠다. 처방전이 필요 없는 약품이긴 하지만 아무래도 수험생의 건강에 직결되는 부분이므로 각성제 이름은 밝히지 않겠다. 만약 사용하고자 한다면 의사 또는 약사와 충분히 상의한 뒤 구입하길 바란다.

요새는 몬스터, 핫식스, 레드불 같은 에너지 드링크를 편의점에서도 쉽게 구입할 수 있기 때문에 굳이 필자처럼 약국까지 갈 필요는 없는 것 같다. 이러한 것들을 평소에는 절대 추천하지 않지만 CPA 시험의 특성상 막판이 정말 중요하기 때문에, 시험 직전이라면 고려해 볼 만하다. 하지만 효과도 불확실할뿐더러 몸에 좋지 않을 것은 확실하기 때문에 정말 승부를 걸어보고 싶은 수험생들만 고려하자.

가끔 보약을 통해 부족한 체력을 보충하려는 수험생들이 있다. 금전적으로 여유만 있다면 좋은 생각이다. 다만 보약 섭취는 초반에는 효과가 없거나 부작용이 있을 수 있으므로 시험 직전에 먹는 것은 피하자. 적어도 보약이 본인과 맞는지 확인할 수 있도록 최소 시험 서너 달 전에 먹는 것을 추천한다.

결과와 과정

예쁘고 매력 있는 여자가 남자의 구애를 많이 받는 것이 아니다. 남자의 구애를 많이 받는 여자가 예쁘고 매력 있는 것이다. 마찬가지로 공부를 잘하는 사람이 시험에 합격하는 것이 아니라 시험에 합격하는 사람이 공부를 잘한다고 볼 수 있다. CPA 시험이든 타 자격시험이든 최종적으로 합격을 했을 때 그 수험생활이 진정한 의미를 갖고 수험생의 노력이 제대로 평가받을 수 있다. 결과가 제일 중요하다.

그런데 세상일이라는 것이 그렇게 간단하지만은 않다. 결과를 잘 내기 위해서는 결과보다 과정에 더 집중해야 할 때가 있다. 마음을 비우고 결과에 집착하지 말아야 한다.

> 채울수록 좋을까? 꼭 그런 것은 아니다. 비워야 좋을 때가 많다. 골프에 '힘 빼는 데 3년'이란 말이 있다. 오랫동안 해보니 아니다. 3년으론 턱도 없다. 30년은 필요하다. 힘 빼기가 그렇게 어렵다. 힘을 빼기 위해서는 마음을 비워야 한다. '잘 쳐야겠다' '이겨야겠다'는 생각을 버려야 한다. 골프를 열심히 연습하던 시절 어느 코치가 귀에 못이 박히도록 말했다. "공을 맞히려고 하면 더 맞지 않고, 맞히지 않으려 하면 맞는다"라고. 무슨 귀신 씨나락 까먹는 소리냐고 생각했는데, 맞다.
>
> — 『단』, 351쪽, 이지훈 —

필자는 고등학교 시절부터 격투기에 푹 빠졌었다. 당시 프라이드나

UFC 등 격투기 대회 영상을 보면서 거칠고 남자다운 경기 모습에 경외심을 품게 되었고, 대학교에 입학하자마자 당시 필자가 매우 좋아했던 임치빈 선수가 운동했던 체육관에서 운동을 시작했다. 집에서 지하철을 두 번이나 갈아타고 가야 했지만 열정을 갖고 열심히 다녔다.

처음 아마추어 신인전에 출전하게 됐을 때 필자는 관장님으로부터 '체급에 비해 힘과 체력이 좋아서 기대가 된다'는 평을 들었다. 중·고등학생 때 활동했던 비보잉 팀에서 단련된 근력과 입시 체육으로 다져진 체력이 있었고, 평소 살이 찌지 않는 체질이라 키에 비해 체급이 낮았기 때문에 그렇게 생각하실 만도 했다.

하지만 필자는 시합만 나가면 관장님의 기대한다는 소리가 쏙 들어갈 정도로 못했다. 센스가 부족했던 것은 둘째치고 항상 신체적으로 약한 상대를 앞에 두고도 의욕만 앞서 1라운드에 힘을 빼다가 2라운드부터는 겨우 서 있는 모습을 보여줬었다. 시간이 한참 지난 지금 돌이켜 보면, 그 당시 필자가 굳이 KO로 이기겠다는 마음을 버리고 평소 연습했던 것들을 링 위에서 가볍게 보여준다는 느낌으로 시합에 임했다면 어땠을까 하는 생각이 든다.

바둑에는 예부터 내려오는 격언이 여러 가지 있는데 그중 으뜸으로 치는 것이 '부득탐승'이다. '이기려면 이기려는 마음을 버려라'라는 뜻이다. 2000년대 중반 '육상은 미국'이 공식처럼 여겨지던 때에 '육상은 미국 vs 자메이카'의 구도로 변화시킨 장본인이 있다. '아사파 포웰'이라는 자메이카 육상 선수였는데 '우사인 볼트'가 등장하기 전인 2005년부터 2007년까지 무려 세 차례의 100미터 세계신기록을 세우며 최고의 스프린터로 인정받은 선수다. 그런데 2008년 베이징올림픽에서, '포웰'과 '볼트'의 경쟁이 치열할 것이라는 예상과는 달리 '볼트'가 세계신기록을 세우며 금메달을 딸 때, '포웰'은 자신의 최고 기록에도 한참이나 못 미치는 부진한 모습을 보였다. 당시 올림픽 특집 TV 프로그램에서 '포웰'이 부진한 이유를 분석한 내용이 흥미로웠다. 세계 1위를 유지할 때는 '포웰'의 무릎을 높이 들어 올리는 완벽에 가까운 주법이 잘 나왔는데 '볼트'가 등장한 후로 잘 달리고자 하는 욕망이 너무 커진 나머지 허벅지 근육에 과하게 힘이 들어가 특유의 주법이 제대로 구사되지 않았다는 것이다.

수험생활과 상담 조교 일을 하면서, 합격에 대한 열망이 너무 큰 나머지 페이스를 오버하다가 오히려 슬럼프에 빠져서 시험을 망치는 수험생들을 많이 보았다. 몸을 너무 혹사시켜 시험을 보지도 못하고 CPA의 꿈을 접는 수험생도 있고, 정신적으로 너무 큰 부담을 느껴 실제 시험장에서 실력 발휘를 제대로 하지 못해 충분한 실력임에도 떨어진 수험생도 있다.

사실 100% 합격하는 비법이라는 것은 존재하지 않는다. 모든 일에는 변수가 존재하며 그 변수를 전부 통제하는 것은 불가능하다. 2014년 소치 올림픽에서 '김연아'가 '소트니코바'에게 금메달을 빼앗길 것이라 누구도 상상하지 못했을 것이다. 변수란 누구에게나 존재한다.

수험생 입장에서 할 수 있는 것은 시험 날까지 하루하루를 어떻게 공부하며 보낼지를 결정하는 것뿐이다. 합격자 명단에 직접 자기 이름을 적을 수 있는 사람은 없다. 결과가 무엇보다 중요한 것은 사실이지만 때로는 그러한 중요한 결과를 내기 위해서 과정을 더 중시하는 마음가짐이 필요하다.

**어깨에 힘을 빼면,
더 빠르고 강한 주먹을 뻗을 수 있다.**

정답은 수험생 본인이 알고 있다

조교 근무를 하다 보면 뭔가 잘못되고 있음을 느끼고 찾아오는 수험생들이 있다. 이들은 잘못된 원인이 무엇인지 알고 고치려는 수험생과 잘못을 알고도 외면해버리는 수험생으로 나뉜다. 중요한 건 '정답은 수험생 본인이 잘 알고 있다'는 점이다. 이를 기만하느냐 정면 돌파하느냐에 차이가 있을 뿐이다. 수험생 S 양과의 대화를 보자.

"어제 모의고사를 봤는데 너무 못 봐서 속상해요."

"몇 점 나왔는데요?"

"채점을 안 해서 몇 점인지 말할 수 없어요. 못 본 건 확실해요. 어떻게 해야 할지 모르겠어요."

"점수가 어느 정도인지는 모르겠지만 처음부터 잘하는 사람은 없습니다. 오히려 잘하는 게 이상한 겁니다. 걱정하실 필요 없어요."

"그걸 감안해도 못한 것 같아요. 어떻게 해야 하죠?"

"지금은 기본 실력을 쌓아야 하니 점수에 연연하지 말고 하던 대로 꾸준히 하는 게 중요합니다. 신경 쓰지 마세요."

"그래도 친구들은 항상 잘하는데 저만 못하니 뒤처지는 것 같아요."

"만약 정말 신경이 쓰이시면 모의고사 전날 객관식 문제를 풀면서 대비를 해 주세요. 어차피 언젠가는 풀어야 할 문제이니 조금 앞당겨 풀어도 괜찮습니다."

"그건 싫어요. 본문 내용을 완벽하게 보기 전에 문제부터 풀면 기초가 약해질 것 같아요."

"바로 그겁니다! 그러니까 지금은 기초를 쌓아야 할 단계에요. 모의고사 점수에 신경 쓰실 단계가 아닙니다."

"그래도 점수가 너무 안 나오니까 신경 쓰여요."

"그럼 적어도 모의고사 전날 시험 범위라도 한 번 훑어봐 주세요."

"…"

"시험 전날에는 어떻게 공부하셨어요?"

"…사실 일요일에는 학원에 안 오니 집중이 잘 안 돼서 자꾸 놀게 돼요."

모의고사 때문에 스트레스를 받는다면 그것은 분명 수험생활에 마이너스 요소다. 그런데 점수가 잘 나온다면 더 이상 신경 쓸 것이 없을 것 같지만 절대 그렇지 않다. S 양이 신경 쓰고 있는 것은 모의고사 점수가 아니다. 바로 주말에 공부를 안 하고 놀게 만드는 비루한 자제력이다. 항상 최선을 다하고 있는 수험생은 결코 단기적인 모의고사 점수에 연연하지 않는다. 좀 더 문제를 직시하고 직접적인 원인과 부딪혀야 한다.

또 다른 수험생 H 양의 경우는 문제를 찾기가 조금 더 어렵다.

"모의고사 점수가 좋으시네요. 잘하고 계십니다."

"네. 그런데 수업 시간에 너무 졸리고 힘이 없어요. 체력적으로 한계가 온 것 같아요. 하루하루 겨우 버티는 느낌이에요."

"어제 몇 시에 주무셨어요?"

"1시 반이요. 앞자리를 맡으려고 5시 반에 일어났으니 4시간 잤네요."

"하루 4시간이면 안 졸릴 수가 없네요. 수면 시간을 더 늘리셔야 됩니다."

"하지만 할 게 너무 많아요. 이렇게 해도 복습을 다 못 한다고요."

"졸음 때문에 수업을 제대로 못 들으면 복습해야 할 시간이 더 늘어나요. 복습을 다 못 해도 시간이 되면 끊고 잠자리에 들어야 됩니다. 졸음 때문에 손해 보는 시간이 잠을 줄이고 공부하는 시간보다 훨씬 클 겁니다."

"그건 저도 알아요. 하지만 이렇게라도 해야 겨우 따라간단 말이에요."

"잠을 줄이시면 더 쉽게 따라가실 수도 있어요."

"저도 그러고 싶어요. 근데 하다 보면 공부할 부분을 남기고 잘 수가 없어요. 왜 저만 이렇게 힘든 거죠?"

H 양은 모의고사 점수가 굉장히 좋았다. 그런데 오히려 H 양에게는 좋은 점수가 잠을 못 자게 만드는 부담으로 작용했다. 문제는 체력이 아니라 잘해야 한다는 정신적 압박에 있었다. 필자는 좀 더 마음을 편

하게 먹고 장기적이고 객관적으로 본인을 돌아보라는 주문과 H 양보다 모의고사 점수가 훨씬 낮았지만 우수한 성적으로 합격했던 선배들의 사례를 얘기해 주었다. 그 뒤로 H 양은 훨씬 안정적인 수험생활을 할 수 있었으며 모의고사 점수도 여전히 훌륭했음은 물론이다.

아무리 공부의 달인이라 할지라도 시행착오는 하기 마련이다. 본인의 수험생활이 어딘가 항상 부족한 것은 당연하다. 하지만 여러분들은 문제점을 알면서도 고칠 생각은 하지 않고 걱정만 하는 상황을 경계해야 한다. 감정을 극복해야 한다. 감정의 안개 속에서 벗어나 진실과 직면해야 한다.

> 주변 사람들의 상태를 살펴보면 그들이 자신에게 무슨 일이 일어나고 있는지 추호도 의심하지 않고 행운 혹은 불온의 한가운데에서 몽유병환자처럼 삶의 목표를 잃은 채 헤매고 있음을 알게 될 것이다. 인생은 애당초 누구나 길을 읽을 정도로 혼란스럽기 마련이다. 다들 그럴지도 모른다고 의심하고는 있지만 그런 끔찍한 현실을 직면하기 두렵기에 모든 것이 명확한 환상의 커튼으로 진실을 가리려고 애쓴다. 자신의 '생각'이 진짜가 아님은 문제가 되지 않으며, 그는 그 생각을 현실을 겹쳐서 쫓아내는 허수아비처럼 자기 존재를 방어하기 위한 참호로 이용한다.
>
> *–『하버드 집중력 혁명』, 170쪽, 에드워드 할로웰 –*

진실과 마주하는 순간은 고통스러울 수 있으나 단기 합격의 열매는 그보다 훨씬 달고 맛있다. 자신의 수험생활에서 잘못된 부분을 알았다면 고민하지만 말고 바로 고치도록 노력해 보자. 적극적인 자가 시험에 빨리 붙을 수 있다.

전략이 필요하다

단기에 CPA 시험을 붙기 위해서는 단순히 노력만으로는 부족한 부분이 있다. '운칠기삼'이라는 말이 있지만 이는 수험생이 어찌할 수 없는, 마치 원가회계의 '비관련원가'와 같은 것이기 때문에 논외로 하자. 그렇다면 가지고 있는 실력을 온전히 발휘할 수 있도록 만들어주는 실력 외적인 부분의 전략이 굉장히 중요해진다. 이러한 전략은 수험 기간 중의 전략일 수도 있고 시험 당일의 전략일 수도 있다.

수험 기간 중의 전략은 '실력을 끌어올리기 위한 전략'이다. 예전에 '프린세스 메이커'라는 게임이 있었다. 플레이어가 아버지가 되어 열 살짜리 딸을 열여덟 살이 될 때까지 키우게 되는데 아르바이트, 교육, 무사수행, 휴식 등 여러 가지를 시키고 피드백을 받는 게임이다. 딸의 모든 상태는 수치로 나타나며 최종 수치에 따라 엔딩이 결정된다. 학식이 높으면 과학자나 선생님이 되고, 무술과 완력 수치가 높으면 무사가 되는 엔딩을 볼 수 있다. 모든 조건을 완벽히 맞추면 궁극의 엔딩인 공주를 만들 수 있으며, 반대로 술집 여종업원이나 마왕이 될 수도 있다.

이때 어떤 활동을 하느냐에 따라 딸의 각종 수치가 변한다. 플레이어는 냉정하게 지금 딸에게 가장 필요한 것이 무엇인지를 고려해가며 스케줄을 짜야 한다. 예를 들어 시키고 싶은 것이 학원 교육이라 할지라도 스트레스 지수가 높으면 쉬어 줘야 된다. 반대로 바캉스나 무사수행을 보내고 싶더라도 아르바이트를 해야 할 시기가 있다. 너무 무리한 스케줄로 혹사시키면 딸이 병에 걸릴 수 있으며, 종종 대화를 해 주지 않으면 가출할 수도 있다.

수험생들도 마찬가지이다. 본인을 'CPA 메이커'의 게임 속 주인공이라고 생각하고 감정을 배제한 채 **냉정한 수험생활을 해야 한다.** 수험생활은 매 순간이 선택의 연속이다. 이성과 감정의 기로에 섰을 때 객관적으로 분석하고 판단하자. 또한 한 번 선택한 사항에 대해서는 그대로 밀고 나가는 냉정함이 필요하다. 제3자의 입장에서 자신을 컨트롤한다고 생각하자.

시험 당일의 전략은 가지고 있는 '실력을 최대한 발휘하기 위한 전략'이다. 필자는 시험 준비 기간이 물리적으로 너무 짧았다. 아무리 효율적인 수험생활을 보냈다고 해도 1차 시험 당일 필자의 성적 분포도는 합격선에 비해 낮게 위치해 있었다. 물론 분포도 안에 합격선이 존재하긴 했지만 확률이 낮았다는 뜻이다. 아마 10번 시험을 보면 7~8번은 떨어질 실력이었을 것이다. 따라서 필자의 실력이 최고로 발휘되기 위한 전략이 필요했다.

'화력증강자'라는 군사 용어가 있다. '화력증강자'란, 주어진 군사력에 이를 적용했을 때 그 효과를 극적으로 증폭시키는 어떠한 특성을 말한다. 예를 들면, 영화 '태극기 휘날리며'에서 장동건이 동생이었던 원빈을 전역시키기 위해 엄청난 전투력을 발휘하는 것을 볼 수 있다. 이때 화력증강자의 역할을 한 것은 '태극무공훈장'과 '태극무공훈장이 있으면 한 명을 조건 없이 바로 전역시킬 수 있다는 법규'이다.

병사들의 사기와 같은 정신적인 부분만 '화력증강자'로서의 역할을 하는 것은 아니다. 전장의 지형, 기후와 지휘관의 경험, 명성, 아군의 정보력 등 여러 가지 요소를 통해 본래 가지고 있던 전투력을 한계치 이상으로 끌어낼 수 있다. 이를 수험생들에게 적용해 보자. 수험생들이 시험 당일 사용할 수 있는 '화력증강자'로는 편한 책상과 의자, 좋은 펜, 귀마개, 편안한 마음가짐, 효율적인 문제풀이 순서 등이 있다. 특히 분초를 다투는 1차 시험에 있어서는 문제풀이 순서 및 어려운 문제를 만났을 경우 대처 방안을 미리 정해 놓는 것이 매우 중요하다. '아무리 평소에 잘 풀었던 주제라 하더라도 시험장에서 2분 안에 답이 안 나오면 찍는다.' 이런 식의 냉철한 전략이 필요하다. 시험 종료까지 20분 정도 남았을 때 지금까지 풀었던 부분을 OMR 카드에 일단 마킹을 하고 다시 남는 문제는 한 문제씩 풀 때마다 바로 마킹을 하는 전략도 있다. 시간에 대한 압박이 조금 덜해지기 때문이다.

이러한 전략을 짜는 방법은 간단하다. 본인을 가장 잘 아는 사람은 본인이다. 스스로 1점이라도 더 얻기 위해 내가 할 수 있는 것이 무엇인지를 적극적으로 고민해 보고 전략이 정해졌다면 담담하게 이행하면 된다. 필자의 '화력증강자'는 이 책 전체에 걸쳐 모두 소개하였다. 여러분들은 1년 노력을 하루 만에 망칠 수도, 극적으로 성공시킬 수도 있다는 사실을 명심하자. 마지막 1초까지 적극적으로 노력해야 한다.

PART
07

CPA 합격 후 진로

CPA 합격 후 진로

4대 회계법인

필자의 아버지는 평생을 교직에 계셨기 때문에 회계사 또는 회계법인에 대해서는 잘 모르신다. 단지 TV로 골프 채널을 자주 보시는데 가끔 골프 선수들이 'KPMG' 로고가 적힌 모자를 쓰고 있는 것을 보고 '아들이 다니는 회사가 꽤 큰 회사구나'라는 정도만 생각하셨다고 한다.

회계법인은 열 명의 회계사와 자본금 오억 원만 있으면 별다른 조건 없이 만들 수 있다. 현재 국내에는 100개가 넘는 회계법인이 있으며 지금도 계속 증가하는 추세다. 이 중 가장 매출이 큰 네 곳이 삼일, 안진, 삼정, 한영이며 이들을 4대 회계법인 혹은 빅4, 빅펌, 포린펌 등으로 부른다.

3대 회계법인이나 5대 회계법인이 아니라 네 개로 묶은 이유는 바로 이들이 글로벌 회계법인과 Member Firm 관계에 있기 때문이다. 삼일, 안진, 삼정, 한영 순으로 PWC, Deloitte, KPMG, E&Y라는 세계적으로 막강한 회계법인과 연결되어 있다. 필자가 삼정회계법인에 다닐 때

도 '삼정회계법인'이 아니라 '삼정KPMG'라는 로고가 박힌 명함을 들고
다녔다.

빅펌에는 우리나라 전체 회계사 수의 55% 정도가 근무를 하고 있으
며 매출 기준으로도 전체 시장의 55% 이상을 가져가고 있다. 글로벌
Member Firm을 등에 업고 국내 업계에서 독과점 수준의 막강한 성장
을 한 것이다.

일반적으로 빅펌은 로컬 회계법인에 비해 회계사를 많이 보유하고 있
고 역사가 길며 시스템이 잘 구축되어 있다. 따라서 빅펌에 입사하는
것이 수습처를 찾는 합격생에게 좋은 점이 많다. 연봉도 높은 편이기
때문에 대부분의 합격생들은 최종 목표가 어디든 간에 일단 빅펌에서
회계사로서의 첫 커리어를 시작하고 싶어 한다.

빅펌의 회계사 채용은 보통 2차 시험이 끝나자마자, 합격자 발표가
나기 전에 시작된다. 사전면접이라 해서 합격을 예상한 2차 수험생들을
대상으로 미리 입사자를 결정하는 것이다. 추가 채용은 최종 합격자 발
표가 난 후 이루어진다. 2차 발표 직후 회계법인 회계사들이 각 대학교
에 방문하여 입사설명회를 개최한다.

필자는 2010년도 합격한 직후에는 입사설명회라는 게 있는지 몰라서
참석을 못 했다. 알고 지내는 회계사 선배도 없었고, 경영학과 학생이
아니라서 관련 정보를 입수할 통로가 없었다. 그래도 다음 해인 2011년
도에는 인터넷 카페를 통해 안진회계법인의 입사설명회 정보를 입수하
여 참석할 수 있었다. 코엑스 몰에 있는 영화관에서 '트랜스포머3'를 보
여준다고 해서 갔었는데, 선배 회계사들의 근사한 모습에 안진회계법인

에 대한 호감도가 급상승했던 기억이 난다.

빅펌은 보통 입사가 확정된 신입 회계사들을 모아서 2주 정도 연수를 진행한다. 필자는 신입 연수를 국내 리조트와 중국 상하이에서 각각 일주일씩 받았다. 이때 노트북을 비롯한 장비를 지급받고 연수 후 바로 필드에 투입될 수 있도록 업무 관련 교육을 받는다. 로컬 회계법인의 경우는 이런 교육 없이 바로 실전에 투입된다고 한다.

신입 연수를 받다 보면 동기 회계사들을 많이 사귀게 된다. 회계법인 동기는 회계사에게 큰 자산이 된다. 필자는 일하면서 모르는 것이 나오면 동기 회계사들에게 물어보곤 했다. 만약 신입 연수를 통해 동기를 많이 사귀지 못했다면 그런 난관들을 어떻게 헤쳐 나갔을지 생각만 해도 아찔하다.

필자가 삼정회계법인에서 근무를 하면서 느낀 점이 있다. 회계법인 회계사들 중엔 똑똑한 사람들이 참 많고, 이 안에서 끝까지 살아남아 파트너가 되는 것은 만만치 않겠다는 것이다. 머리 좋고 일도 열심히 한다고 평가받는 선배 회계사들도 승진이 유예되어 같은 직급에 계속 남아 있거나 이직을 택하는 경우를 많이 보았다.

그럼에도 불구하고 회계법인은 수습 회계사들에게 여러모로 가장 좋은 수습처라고 생각한다. 특히 회계사로서 첫 단추는 역시 회계법인 중에서도 빅4에서 채우는 것이 좋다. 회계사는 회계사가 많은 조직에서 일해야 인정받으면서 일할 수 있고 성장할 기회도 많다. 이에 최적화된 조직은 회계사가 가장 많은 4대 회계법인이다. 실제로 4대 회계법인 출신의 회계사는 이직도 쉽게 하는 편이다.

4대 회계법인

법인 입사와 관련해서 − 사전면접

앞서도 잠깐 설명했지만, 주변에 인맥이 없는 비상경계열 합격생들이 착각하는 것 중 하나가 법인 리쿠르팅이 9월 초 최종 합격자 발표 이후에 이루어질 거라고 생각하는 것이다. 떨어질 가능성이 거의 없는 한두 과목 유예생들도 2차 시험 이후 7~8월 신나게 놀다가 합격자 발표 확인 후 법인 홈피에서 지원요강을 확인하는 경우가 있다. 그러나 실제로는 그렇지 않다. 2차 시험 직후에 사전면접이 진행되어 대부분의 합격자가 정해지고 일부 인원에 대해서만 9월 초에 추가로 뽑는다. 우수한 인력을 타 회계법인에 뺏기지 않기 위해 합격이 확실하지 않은 수험생들을 대상으로 미리 확답을 받아 놓는 것이다. 보통 사전면접 입사 예정자 중에서 시험에 떨어진 인원과 다른 법인으로 가버리는 인원까지 예상해서 넉넉하게 선발한다. 따라서 졸업까지 한 학기만 남은 2차생들은 사전면접에 반드시 지원하자. 지원은 각 법인 홈페이지를 통해 온라인으로 할 수 있다.

법인 입사와 관련해서 - 학벌

상담을 하다 보면 많이 받는 질문 중 하나가 "제가 학벌이 안 좋은데… 빅펌 입사가 가능할까요?"이다. 이미 주변에서 학벌이 좋지 않으면 빅펌 입사가 힘들다는 소문을 듣고 미리부터 걱정을 하는 것이다.

결론부터 얘기하면, 학벌이 좋으면 회계법인 입사 시 유리한 것은 사실이다. 한 해 CPA 시험에 최종적으로 합격하는 인원은 1,000명 정도이다. 이 중 빅펌에 입사하는 인원은 매년 다르긴 하지만 평균적으로 550명 정도라고 보면 된다. 다시 학교로 돌아가는 인원과 예전에 CPA 시험에 합격했으나 올해 입사를 희망하는 인원은 서로 비슷할 것이니 고려하지 않는다치고, 공공기관 등 다른 업종이나 공무원 시험, 로스쿨 등으로 빠지는 합격생들이 약 100명이라 가정한다면 대략 900명 정도는 4대 회계법인에 지원하게 될 것이다. 그럼 매년 평균 350명의 합격생이 4대 회계법인에 입사할 수 없게 된다는 결론이 나온다. 결국 학벌 순으로 하위 350명의 합격생들은 빅펌에 입사하기 힘들다.

어려운 시험을 통과하여 능력을 검증받았는데, 학벌 때문에 4대 회계법인에서 일할 기회를 뺏긴다는 것은 불합리하다고 생각할 수 있다. 하지만 원래 세상은 냉엄한 곳임을 알아야 한다. 회계법인은 속된 말로 사람 장사를 하는 서비스업이라고 볼 수 있다. 즉, 회계사를 팔아서 돈을 벌어야 하는데 이때 고객들이 회계사를 평가하는 잣대 중 하나가 학벌이기 때문에 어쩔 수가 없다. 즉, 회계법인이 학벌을 따지는 이유는 회계법인의 고객들이 학벌을 따지기 때문이다.

당연히 학벌을 무시할 만큼 뛰어난 능력을 가진 회계사들도 많을 것이다. 그런데 이런 경우에도, 회계법인 입장에서 많은 비용을 들여 후보들을 평가하고 정확한 선발을 하기에는 수지가 맞지 않는다. 이것은 오히려 시험을 통과한 합격생들의 능력을 인정하기 때문에 일어나는 현상이다. 학벌이 중요하기 때문에 학벌이 안 좋은 합격생을 뽑지 않는 것이 아니라, 시험을 통과한 능력을 인정하기 때문에 시험 이외의 다른 잣대인 학벌을 보고 뽑는 것이다. 쉽게 말해서, 만약 아직 시험을 통과하지 않은 수험생들을 대상으로 채용을 했다면 학벌 이외에도 업무 능력이 어느 정도인지를 판별하는 철저한 선발 과정을 거쳤을 것이다.

필자도 회계사로서 썩 좋은 이미지의 대학을 졸업한 것은 아니라 4대 회계법인에 입사할 수 있을지에 대해 잠시 걱정을 한 적이 있다. 하지만 지원했던 빅펌에 모두 합격을 하고, 막상 회계법인에서 몇 년 근무를 하다 보니 이것이 기우였다는 사실을 깨닫게 됐다. 알고 보니 간절하게 원하면 빅펌에서 일할 기회는 누구에게나 열려 있었다. 정말 빅펌 근무를 원하는 합격생은 어떻게든 한 번의 면접 기회를 만들고, 그 면접에서 자신이 열심히 일할 수 있음을 강력하게 어필하면 된다. 대부분의 합격생들은 입사지원서를 제출하고 연락이 없으면 그냥 포기하고 만다. 하지만 필자는 간절하게 기회를 찾아 만들어 냈던 사람들 중에서 끝내 빅펌 입사가 좌절됐던 사람을 본 적이 없다.

또한 학벌이 부족했던 회계사들 중에는 로컬 회계법인에서 1년 정도 먼저 근무를 하고 4대 회계법인에 신입으로 들어오는 케이스가 종종 있다. 이미 1년 정도 업무 경험이 있는 회계사를 1년차 대우로 일을 시킬 수 있으니 빅펌에서도 이러한 조건의 지원자들을 싫어하지 않는다.

앞서 매년 평균 550명 정도가 빅펌에 입사한다고 하였지만, 경기 상황에 따라 실제 입사자 수는 고무줄처럼 들쭉날쭉하다. 따라서 만일 합격생 본인이 경기 침체기에 입사 지원을 하게 됐다면 로컬에서 일단 근무를 하다가, 경기가 회복되어 회계사를 많이 뽑을 때 다시 빅펌에 지원하면 된다.

어차피 이미 정해진 학벌을 다시 세탁하기에는 너무 많은 기회비용이 든다. 학벌이 회계사로서의 인생에 당연히 큰 영향을 끼칠 것이다. 그럼에도 불구하고 회계사 자격증이 있다면 많은 기회가 주어질 것이기 때문에 걱정할 필요가 없다. 학벌이 좋지 않다고? 그럼 회계사가 할 수 있는 1,000개의 업무 중에서 900개를 할 수 있다. 시험에 합격하기도 전에 100개를 걱정하지 말고 900개의 기회에 집중하자.

법인 입사와 관련해서 – 나이, 영어 및 학점

회계법인 입사에서 학벌 다음으로 영향을 미치는 것은 나이이고 그다음이 영어다. 즉, 비슷한 학벌의 합격생들끼리는 나이와 영어 실력으로 경쟁한다. 영어 실력은 일정 수준까지는 별 의미가 없으며 영작이 자유자재로 가능한 수준 이상이 되어야 메리트가 있다. 나이는 당연히 어릴수록 회계법인에서 선호한다. 하지만 필자는 법인에서 30대 초·중반의 신입 회계사들도 종종 보았기 때문에 크게 신경 쓸 필요는 없다고 생각한다. 사실 학벌에 비한다면 나이나 영어 실력은 회계법인 입사에 영향이 거의 없는 편이다. 크게 신경 쓸 필요가 없다.

학점은 회계법인 입사에 아무런 영향이 없다. 필자의 기억에 4대 회계법인 중 온라인 이력서에서 학점을 물어보는 곳을 본 적이 없다. 단, 사람 일은 어떻게 될지 모르는 것이기 때문에 대학원이나 로스쿨 등 학점이 필요한 상황이 발생할 경우를 대비해서 학점을 잘 받아두는 것은 나쁘지 않다. '나는 회계사로서 회계법인에 뼈를 묻겠다'는 합격생들은 과감하게 학점을 신경 쓰지 않아도 된다.

입사 면접 경험담

회계법인 면접은 정형화되어 있지 않고 회계법인 파트너의 재량에 따라 자유롭게 이루어진다. 또한 면접을 잘하는 법과 관련해서는 그것만을 주제로 한 책이 있을 정도로 다양한 고려사항이 있기 때문에 면접과 관련해서는 간단하게 필자의 경험담 정도만 얘기하겠다.

필자가 가장 먼저 서류전형을 통과하여 면접을 봤던 회계법인은 여의도 IFC몰에 있던 안진회계법인이었다. 하루 전에는 '본인의 장단점, 회계사로서의 포부, 안진회계법인이 좋은 점' 등 예상 질문을 뽑아서 대비했다. 면접 당일은 어색한 정장을 입고 일찍 도착한 근처 커피숍에서 예상 질문을 다시 꼼꼼하게 봤다. 미용실에서 스타일링한 머리가 썩 마음에 들지 않았지만 면접에 대한 긴장감 때문에 크게 신경 쓰이지는 않았다. 면접은 약속된 시간에 정확하게 시작됐다. 파트너 3명에 필자 혼자 3대1로 면접을 봤으며 어렵지 않게 대답할 수 있는 일반적인 사항들만 물어봤던 것 같다. 기억나는 것은 필자가 "만약 빅펌 중 다른 곳에도 합격하더라도 안진회계법인에 오고 싶습니다!"라고 했던 말인데, 그 당시는 진심이었다. 코엑스 입사설명회에서 봤던 안진 회계사들의 멋진 모습이 떠올랐기 때문이다.

얼마 지나지 않아 안진회계법인에 합격했다는 전화를 받을 수 있었고, 부담 없는 상태로 삼일회계법인 면접을 보러 가게 되었다. 사실 안진에 합격하고 다른 회계법인의 면접을 보지 말 것인가에 대해 진지하게 고민을 했었다. 또 면접을 보기가 귀찮기도 했고 IFC몰에 있던 안진의 이미지가 너무 좋았기 때문이다. 그래도 일단 불러준 곳은 다 가보자라는 생각으로 삼일에는 특별한 준비 없이 편안하게 갔다. 삼일회계법인은 용산에 있었는데 필자가 간 날이 경희대학교 합격생들의 면접날이었는지 경희대생 20명 정도가 같은 공간에서 다 같이 자신의 면접 차례를 기다렸다.

면접은 파트너 1명과 합격생 7명, 1대7로 진행됐다. 파트너가 이력서를 보며 한 사람씩 질문을 했는데 필자에게는 얼굴만 한 번 쓱 보더니 가벼운 신상 관련 질문만 하고 더 이상 질문을 하지 않았다. 다른 합격자들에게도 특별히 어려운 질문을 했던 것 같지는 않다.

면접 바로 다음 날 삼일회계법인에 합격했다는 전화가 왔다. 삼일회계법인은 빅4 중에서도 1위 법인이다. 업계의 선두주자로서 갖는 여유나 무게감이 법인 전체적으로 느껴졌다. 매력적인 설명회나 멋있는 회계사들의 모습이 보인 것은 아니지만 어느새 필자의 마음은 삼일로 기울었다.

가장 마지막으로 면접을 봤던 삼정회계법인은 역삼역에 위치해서 집과의 거리가 가까운 점이 마음에 들었다. 삼일과 안진에 이미 합격했기 때문에 아무런 부담 없이 면접을 보러 갈 수 있었다. 테헤란로에 위치한 GFC 건물은 외관이 무척 화려했다. 이런 곳의 임대료는 얼마일지 궁금해하면서 로비로 들어갔던 기억이 난다.

삼정도 삼일처럼 학교별로 면접을 보는 것 같았다. 경희대 합격생 2명과 함께 면접관 3명 앞에서 면접을 했다. 결국 안진은 3대1, 삼일은 1대7, 삼정은 3대3이었다. 특별히 기억나는 질문은 없는데 오히려 면접 막바지에 역으로 파트너가 우리에게 물어볼 것이 없느냐며 질문을 요구했다. 그때 내 옆의 한 합격생은 "회계사로 살면서 가장 보람을 느낀 일이 무엇이었는지?"라고 질문을 했는데 면접관이 표정이 안 좋아지면서 "내가 면접을 받는 느낌이네요."라고 대답했던 기억이 난다. 면접관이 답하기 어려운 질문을 하면 안 된다는 것을 바로 깨닫고 필자는 간단하게 '1월 입사 비율이 얼마나 되는지?' 정도만 물어보고 면접을 마쳤다. 결과는 합격이었다.

특별히 면접과 관련해서 준비할 것은 없었다. 물론 필자가 입사 지원을 했던 해는 빅펌에서 회계사를 많이 뽑을 때였다. 따라서 면접도 간단하게 진행됐을 것이다. 만약 경쟁이 치열한 해라면 영어로 자기소개를 한다든지 등의 강도 높은 면접이 진행될 수도 있을 것이다. 회계법인 생활을 하면서 만났던 다른 회계사들의 경험담도 필자와 별반 다를게 없었다.

처음에는 삼일회계법인에 입사해야겠다고 마음을 먹고 안진과 삼정에 가지 않겠다고 전화를 했었다. 그런데 나중에 삼정회계법인에서 필자를 뽑았던 파트너가 필자에게 직접 전화를 걸어 삼정으로 올 것을 권유했고, 마침 집에서도 가깝고 당시 삼정의 초봉이 빅4 중 가장 높기도 했기 때문에 최종적으로는 삼정을 택했다. 결국 안진, 삼일, 삼정 순으로 줏대 없이 마음을 다 준 것 같다. 이후 삼정회계법인에서 3년간 일을 했는데, 다른 회계법인 생활이 조금 궁금한 것을 제외하고는 특별히 후회하지는 않는다.

조직 문화는 본부별, 팀별로 차이가 심하기 때문에 딱히 '어느 법인이 어떻다'라고 얘기하긴 힘들다. 다만 이직 시장에서는 업계 1위인 삼일회계법인이 가장 선호된다고 한다. 물론 큰 차이는 아닐 거라고 생각한다. 합격생 분들은 이러한 점들을 고려해서 가장 마음에 드는 법인을 선택하면 될 것이다.

수습, 연수 및 시험

수습이 면제된 일부를 제외한 대부분의 2차 시험 합격자는 공인회계사법 제2조의 규정에 의해 직무를 하기 위해선 1년 이상의 실무수습을 받아야 한다. 실무수습기관은 회계법인을 비롯해 일반 기업 또는 정부기관의 회계 관련 부서에서 받을 수 있다.[1] 1년 이상 수습을 받으면 공인회계사로 등록이 가능하며, 수습기관에 따라 2~3년 이상의 실무를

---

1) 자세한 내용은 한국공인회계사회 홈페이지에서 확인할 수 있다.

마쳐야 외부감사 업무가 가능하다.

　또한 1년차와 2년차 공인회계사의 경우 매년 100시간 이상의 연수와 연차별 시험을 봐야 한다. 100시간 이상의 연수는 대부분 온라인을 통해 받을 수 있으며, 1년에 한 번 연수원에서 해당 연차의 회계사들이 단체로 집합교육을 받는다. 빅펌에 입사하게 되면 수습 회계사들이 많기 때문에 법인 차원에서 일괄적으로 관리해 준다. 필자는 1~2년차 때 삼정회계법인에 있었기 때문에 아무 생각 없이 하라는 대로 했던 기억이 난다.

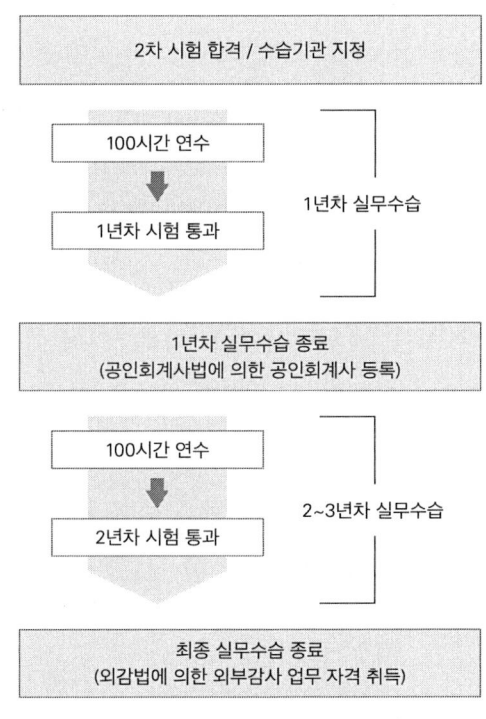

합격자의 실무수습 과정

1년차 시험은 생각보다 어렵다. 회계, 감사, 세무, 직업윤리 등의 과목을 보는데 0.8점짜리 4지선다 문제가 120문제 나온다. 시험 당일 리포트를 제출하면 4점을 받게 되는데 합하면 딱 100점이다. 이 중 60점 이상 득점하면 합격하는데 1년차 시험의 합격률은 연도별로 65%~90% 정도로 생각보다 낮다. 다들 업무에 치여 제대로 공부하고 오지 않는 것을 감안한다 해도 만만하게 출제되지는 않는다는 소리다. 필자는 1년차 때 리포트도 제출하고 족보도 열심히 봤음에도 60.8점으로 간신히 합격했다. 필자처럼 실력에 자신 없는 1년차들은 리포트를 꼭 꼼꼼하게 챙겨가도록 하자.

만약 시험에 불합격하게 되면 2년차가 되어도 월급이 1년차 수준으로 나오게 된다. 반대로 상위 5% 안에 든 회계사는 법인 차원의 포상금을 받는다. 필자의 지인은 5% 안에 들어 법인 대표와 같이 기념사진도 찍고 상품권 10만 원도 받았다고 한다. 2년차 시험은 불합격하는 사람이 거의 없을 정도로 쉽게 나오니 특별히 언급하지 않겠다.

연수 및 시험을 보는 데 있어서 대형 회계법인이 여타 로컬 회계법인이나 일반 기업에서 수습을 받는 경우보다 유리하다. 족보 등의 시험 정보도 쉽게 접할 수 있을 뿐 아니라 법인 차원에서 시험 전에 업무 스케줄을 조정해 줄 수도 있다. 또한 2년차 시험에 합격하게 되면 한공회에 등록비(360만 원)를 내야 하는데 절반 정도를 법인에서 지원해 준다.

로컬 회계법인

학벌 좋고 실력 있는 합격생 중에도 빅펌의 수습 회계사 채용 인원이 적은 해에는 빅펌 입사가 좌절되는 경우가 있다. 이 경우 보통 수습을 위해 로컬 회계법인에 입사를 하게 된다. 로컬 회계법인은 대형 회계법인에 비해 상대적으로 본부가 세분화되어 있지 않고 각종 인프라, 비즈니스 네트워크나 여러 업무 관련 데이터가 적게 축적된 편이다.

또한 로컬 회계법인은 대부분 '독립채산제'의 형태로 모래알 조직 같은 느낌이 날 수도 있다. '독립채산제'란 법인 내의 본부들이 단독으로 사업을 성립시킬 수 있는 경영 관리 제도로서, '법인 내의 소규모 사업 본부가 법인 전체의 영향을 받지 않고 독립적으로 일을 할 수 있다'라고 생각하면 된다.

신입 회계사 입장에서 초봉도 대형 회계법인에 비하면 적은 편이다. 물론 빅펌보다 많은 초봉을 주는 일부 로컬 회계법인도 있으나, 대부분이 그렇다는 얘기다. 또 동기들이 많이 없다는 점이 로컬 회계법인의 가장 큰 단점인 것 같다. 특별한 이해관계 없이 만나는 회계법인의 회계사 동기들은 나중에도 일하면서 언제든지 도움을 주고받을 수 있는 소중한 자산이다.

반대로 로컬 회계법인에도 장점이 있다. 먼저 대형 회계법인에서 불가능한 다양한 분야의 일을 할 기회가 있다. 비유하자면, 대형 회계법인에서 일을 하는 것은 복싱이나 유도 등의 투기 종목 연습을 통해 싸움 실력을 늘리는 것이고, 로컬 회계법인에서 일을 하는 것은 직접 길거리 싸움을 하는 것이라 볼 수 있다. 규모에 따라 차이가 있긴 하지만 법인 내에서 아무도 해 보지 못했던 신생 업무를 맡아서 해야 할 때도 있으며, 감사, 세무, 재무자문 등 주 종목이 아닌 것도 다 할 줄 아는 만능 회계사가 되어야 한다. 자기만의 사무실을 개업할 생각이 있는 회계사라면 대형 회계법인보다는 로컬 회계법인이 실력을 쌓기에 적합한 곳이라 생각한다.

또한 특정 분야에선 오히려 대형 회계법인을 능가하는 역량을 갖춘 로컬 회계법인이 있다. 따라서 특화된 영역에 관심이 있는 합격생은 처음부터 그러한 회계법인을 찾아 야심찬 출발을 할 수도 있다. 또한 석사과정이나 학원 강의 등 투잡을 하고자 할 때 로컬 회계법인의 유연함이 필요하다. 대형 회계법인은 내규에 의해서 겸업이 금지되어 있지만 로컬 회계법인은 파트너와 협상만 된다면 얼마든지 이런 것들이 가능하다.

혹시 '미지정자'가 되었다고 해서 마냥 슬퍼할 필요는 없다. 세상 모든 일에는 장점과 단점이 있으며, '새옹지마', '전화위복'이라는 말이 있듯이 본인의 운명이 어떻게 흘러갈지는 아무도 모르기 때문이다. 필자는 개인적으로 로컬 회계법인도 대형 회계법인과 마찬가지로 매력적인 곳이라고 생각한다.

로컬 회계법인에서의 2년 남짓한 경험을 통해 느낀 바는, 로컬 회계법인의 회계사는 회계사의 모든 업무를 이해하고 있으면서도 업무에 대한 다양한 경험과 깊은 이해를 가지고 있어야만 한다는 것이다. 다시 말해 로컬 회계법인의 회계사는 스페셜 제너럴리스트(special generalist)가 아닌 제너럴 스페셜리스트

*(general specialist)*가 돼야 한다.

- 『회계사가 말하는 회계사』, 75쪽, 박서욱 -

파트타임 근무

CPA 시험에 최종 합격을 했는데 아직 졸업까지 학기가 남은 경우, 방학을 이용해 회계법인에서 파트타임으로 일할 수 있다. 파트는 주로 여름방학보다 겨울에 뽑는데 합격생은 적지 않은 돈을 벌면서 일을 배울수 있고, 회계법인 입장에서도 회계감사가 몰려 있는 1~2월에 CPA에 합격한 고급 인력을 충원할 수 있으니 서로가 윈윈이다.

파트는 보통 정식 입사 시기에 같이 지원하게 된다. 보통 지원 구분에 '정식 입사'와 '파트 입사'가 나뉘어져 있다. 겨울에 파트로 입사를 하게되면 주로 조회서 관리와 같은 단순노동 위주의 업무를 하는 것은 사실이지만, 경우에 따라서 직접 여러 계정을 맡아 실제 감사를 진행할 수도 있다. 개인적인 생각으로는 파트 회계사는 실수를 하더라도 뭐라 할사람도 없고 과도하게 질문을 해도 다 받아주는 분위기이기 때문에 오히려 적극적인 자세로 많은 걸 배워갈 수 있는 좋은 기회라고 본다.

또한 파트타임으로 입사를 하는 것은 정식 입사보다는 문턱이 낮고, 성실한 모습을 보였다면, 다음 시즌 입사 경쟁이 치열하다고 해도 쉽게 정식 입사로 이어갈 수 있다. 따라서 정식 입사에 자신이 없는 합격생들은 파트타임의 기회를 잘 살려 해당 본부 사람들에게 좋은 인상을 심어주는 게 좋다.

물론 회계사 합격생의 신분으로 방학 때 아무것도 하지 않고 노는 맛도 쏠쏠하긴 하다. 필자는 합격 후 여러 번의 방학 동안 파트 고민 없이 정신없이 노느라 바빴는데, 운이 좋게도 입사가 쉬운 해에 걸려 수월하게 빅펌 입사를 했기 때문에 후회는 전혀 하지 않았다.

회계법인의 근무량이 무서운 수험생들에게

필자는 합격 후 최대한 학교생활을 오래 하며 법인 입사를 미뤘다. 그 이유 중에 하나가 인터넷 카페 등을 통해서 회계사의 업무량이 장난 아니라는 소문을 듣고 무서웠기 때문이다. 사실 밤새 일해야 한다는 것보다 좋아하는 취미생활을 할 시간이 없어진다는 게 더 무섭긴 했다.

회계법인에서는 1~3월의 감사본부가 가장 바쁘다. 대부분의 회사들이 12월 말 결산이라 감사받은 재무제표가 주주총회 전까지 나와야 하기 때문이다. 필자와 같이 근무했던 O회계사는 이 시기의 회계사를 '공장'에 비유했다. 신들린 밤샘 작업을 통해 제품(감사 보고서)을 찍어내야 한다.

이때는 보통 회계사가 부족하다 보니 더블, 트리플 어싸인(assign)[2]이 나오게 된다. 낮에는 A회사 필드로 출근하고, 저녁엔 사무실로 들어가

---

2) '업무 배정'을 뜻한다. 더블 어싸인이면 동시에 두 회사의 감사 등 업무를 배정받은 것이고, 트리플 어싸인이면 세 회사를 배정받은 것이다.

B회사 조서를 작성하고, 새벽엔 C회사 보고서를 쓰는 사태가 발생한다. 밤새 일을 하다가 아침에 잠깐 사우나에서 자고 오는 회계사들도 있다.

하지만 수험생들이 미리 겁먹을 필요는 없다. 회계법인도 사람 사는 곳이다. 하루에 20시간 일을 한다고 그 시간 내내 재무회계 연습서를 푸는 정도의 고된 느낌으로 일을 하는 것이 아니다. 그렇게 미친 듯이 일하는 날은 얼마 없다. 대부분 회사의 자료를 기다리고, 머리를 쓰지 않는 단순 반복 작업을 한다. 다른 회계사들과의 업무 페이스를 맞추기 위해 쉬엄쉬엄 일을 하는 경우도 있다.

또 다른 시각으로 바라볼 수도 있다. 신입 회계사들은 이를 담금질의 시간이라 생각하자. 회계사가 인정받는 이유는 어려운 시험을 통과해서이기도 하지만 남들이 1년 동안 할 업무량을 2~3개월 만에 해치우기 때문이기도 하다. 밤새 좋아하는 게임을 하거나 즐거운 술자리가 이어진다고 생각해 보자. 무섭기는커녕 설레고 행복하다. 곰곰이 생각해 보면 회계사들이 무서워하는 것은 밤샘 근무가 아니다. 그 밤샘근무가 '나의 적성과 맞을지 의문스러운 회계 업무'이기 때문이다. 그런데 해 보지 않고는 알 수가 없다. 부딪혀 보자. 회계사의 근무량을 미리부터 걱정하는 수험생들에게 필자는 이렇게 말하고 싶다.

'일복이 아니라 축복입니다.'

1년차 회계사들은 다양하고 많은 업무를 경험하면서 실수를 해도 되는 유일한 연차다. 또한 마음껏 선배 회계사들에게 질문을 해도 되는 시기다. 게임으로 치면 '무적' 상태다. 실질적인 데미지를 입을 일이 없다. 이럴 때 최대한 많은 업무를 하면서 실력을 쌓으면 된다. 근무량이 많을 것을 걱정하지 말고 근무량이 적을 것을 걱정하자. 만일 일과 여가의 밸런스를 중요시한다면 일을 충분히 배운 뒤에 이직을 하면 된다. 열심히 일한 회계사에게 있어 이직은 핸드폰 통신사를 바꾸는 것보다 쉽다.

술을 잘 못 마시는 수험생들에게

회계사가 되면 술을 엄청 마셔야 한다고 미리부터 걱정하는 수험생들이 있다. 특히 선천적으로 술이 약한 수험생들은 심각하게 진로를 고민하기도 한다. 회계사 업계에는 이런 말이 있다.

"신입 회계사는 밤일이나 낮일 둘 중 하나만 잘하면 된다."

여기서 밤일은 술 마시는 것을 뜻하고, 낮일은 실제 회계 업무를 이야기한다. 두 가지 관점으로 해석이 가능하다. 하나는 '술을 잘 마시는 것이 일을 잘하는 것만큼 중요하다.'이고, 나머지 하나는 '술을 못 마셔도 일만 잘하면 되겠구나.'이다.

최근에는 술을 강제로 권하거나 매일같이 회식을 하는 분위기는 거의 없어졌다고 보면 된다. 요새는 술을 싫어하는 회계사들이 많다. 본부 또는 팀마다 다르긴 하겠지만 전반적으로 술 문화가 많이 부드러워졌다. 오히려 회계법인보다 클라이언트의 분위기에 좌우되는 편이다. 만약 같이 일하는 회사 사람들이 술을 많이 마시면 법인 회계사들도 덩달아 술 마실 일이 많아진다. 만약에 술을 정말 못한다면 이런 클라이언트를 피하고 싶다고 어싸이너[3])에게 요청하면 된다. 따라서 영업을 다녀야 하는 경우가 아니라면 회계사라서 특별히 술을 많이 마시는 것은 아니다. 필자의 생각에는 회계사이기 때문에 술을 잘 못하면 힘든 것이 아니다. 그냥 우리나라의 전반적인 비즈니스 문화가 아직 그런 부분이 있다. 즉, 직업과 상관이 없다. 따라서 술을 잘 마셔야 회계사로서 성공할 수 있다고 생각하지 말자. 술을 잘 마시는 것은 예를 들면, 마치 외모가 잘 생긴 것처럼 그냥 직업과 상관없이 업무 외적으로 유리한 것일 뿐이다.

만약 특별히 술을 마시기 싫어한다면 술을 거의 마시지 않는 본부에 지원을 하는 것도 한 가지 방법이다. 회식을 자주 하는 부서는 보통 제조업 감사 팀이다. TAX 본부나 금융권 감사본부는 상대적으로 술을 덜 마신다. 술이 약한 수험생들은 참고하길 바란다.

경리장교

필자가 회계법인에 있을 때 경리장교 출신 회계사를 꽤 많이 보았다. 미필 합격생들의 경우 병으로 짧게 갔다 오는 것도 나쁘진 않지만 여러모로 장점이 많은 경리장교로 복무하는 것을 추천한다. 육군을 중심으로 전반적인 경리장교에 대한 정보를 살펴보자.

회계사 합격생이 장교로 근무하게 되는 재정 전문사관은 현재 연 2

---

3) 본부 내 회계사들에게 업무를 배정해 주는 이사 정도 직급의 회계사

회, 각 군(육군, 공군, 해군)에서 모집을 한다. 모집 인원은 매해마다 변동이 심한데 평균적으로 육군은 연간 10명 내외, 공군, 해군은 연간 4명 내외 정도를 전반기와 후반기로 나누어 모집한다. 전반기는 3월에 모집을 시작하여 4~5월에 서류접수, 6월 신체검사, 7월 면접을 거쳐 8월 초 최종 합격자를 발표하고 10월 초에 입대를 하게 된다. 후반기는 전반기와 6개월가량 차이를 두고 진행된다. 복무 기간은 36개월로 육군 현역병의 복무 기간인 21개월에 비하면 15개월이 길다.

훈련은 재정사관을 비롯한 특수사관들만 따로 진행한다. 육군의 훈련 기간은 8주로 공군, 해군에 비해 훈련 강도가 낮은 편으로 알려져 있다. 공군과 해군의 경우 일반 학사장교들과 훈련을 같이 받기 때문에 회계사 출신의 특수사관도 예외 없이 강도 높은 훈련을 받는다고 한다.

1년차 장교는 임의로 배치되어 근무지를 특정 지을 수는 없으나 대부분이 군단 급 부대에서 근무를 하게 된다. 2년차가 되면 수도권 지역으로 옮겨서 근무를 할 수 있다고 한다. 병으로 입대했을 경우엔 상상할 수 없는 큰 장점이다. 공군은 업무나 생활면에서 육군에 비해 상대적으로 편하다는 장점이 있지만 근무지가 진해, 사천 등 서울에서 먼 지역에 배치될 수 있다고 한다. 해군은 모집 인원도 적고 근무지도 제한적이라 대부분이 꺼린다. 다만 승선 기회가 주어지기 때문에 배를 타는 것에 로망이 있다면 지원해 볼 만하다.

장교로서의 군 생활은 어떤 상관을 만나느냐가 8할 이상을 좌우하기 때문에 딱히 뭐라 말하기 힘들다. 그렇지만 병으로 지원하여 내무생활을 하는 것보단 일과 시간 이후와 주말에 본인 시간이 확보된다는 점이 굉장히 큰 장점이다. 또한 사회생활의 간접체험, 현역병보다 월등히 많은 월급, 사회에서 하던 업무의 연속성, 군 복무 기간 일부를 회계법인에서 근무한 것으로 인정해 주는 등의 장점을 고려한다면 미필 합격생들은 경리장교로 군 복무를 하는 것이 좋은 것 같다.

회계사 + 로스쿨 조합

경제 규모가 점점 커지고 그 형태가 복잡해지면서 경제 관련 법률 서비스에 대한 수요가 많아지고 있다. 사법고시 합격 인원이 축소된 이후 CPA 시험과 로스쿨 과정을 통해 회계사+변호사의 시너지 효과를 내고자 하는 사람들이 꽤 많다. 아직까지는 회계사와 변호사 자격증을 동시에 가지고 있는 사람들에 대한 수요가 공급보다 훨씬 많기 때문에 자연스럽게 연봉 등의 경제적 보수도 높은 편이다. 회계사 출신 변호사는 주로 조세 전문변호사로서 조세불복, 행정소송 등의 업무를 하게 된다.

로스쿨은 의사, 회계사, 사시 합격자 등의 자격증 소지자를 우대하기 때문에 CPA 시험에 합격한 지원자라면 학벌이나 학점, 어학 성적, LEET 점수를 어느 정도 커버할 수 있다. 그렇다고 해도 최상급의 학점을 요구하기 때문에 성실한 대학 생활을 한 합격생들에게만 기회가 있는 편이다. 특히 어학 성적과 LEET 점수는 노력으로 커버가 가능하지만 학점은 웬만해서 복구가 힘들다.

CPA 시험을 준비할 때 필자의 멘토였던 K대 출신 H 양도 CPA 시험 합격 후 회계법인 생활을 조금 하다가 바로 LEET 시험을 준비하기 시작했다. 힘든 수험생활이 끝나고 얼마 지나지 않아 또 수험생처럼 공부하는 모습을 보면서 '나는 이번 생에 시험은 이걸로 끝내고 더 이상의 시험공부는 안 해야지.'라고 다짐을 했던 기억이 난다. 상위권 대학 로스쿨에 입학하기란 생각보다 어렵고 험난한 과정이다. 정말로 뜻이 있는 사람들만 고민해 보길 바란다.

공무원 시험

필자의 친구 중에 서울대학교 경제학과 재학 중 행정고시를 패스하고, 젊어서부터 기획재정부 사무관으로 일을 시작한 똑똑한 녀석이 있다. 필자가 CPA 시험에 합격을 하자마자 이 친구가 필자에게 7급 세무직 공무원 시험을 강력하게 추천했다. 7급 세무직 공무원 시험에 합격하게 되면 관리자 급인 행시 합격자와는 다르게 현장 업무를 하게 되는데, 이를 10년 이상 하면서 쌓은 인적 네트워크를 가지고 나중에 개인 사무실을 차리면 떼돈을 벌 수 있다는 주장이었다. 당시 머릿속에 온통 '오늘은 뭘 하고 놀지?'에 대한 고민밖에 없었던 필자에게는 아무런 감흥이 없는 얘기였지만 지금 생각해 보면 참 현실적이고 현명한 조언이었다.

최근엔 다소 인기가 떨어지고 있지만 역시 공무원은 안정성 면에서는 최고의 직업이다. 2015년 4월 공무원 시험 응시자 수는 19만 명을 넘어섰다고 한다. 정말 엄청나게 많은 사람들이 공무원 시험에 도전하고 있다.

회계사 합격생이 다시 공무원 시험을 볼 바에는 그냥 처음부터 공무원 시험을 보는 게 좋을 것 같다는 생각이 든다. 하지만 사람 마음이라는 것이 언제 어떻게 바뀔지는 모르는 것이고, 본인의 커리어는 본인이 개척하면 되는 것이기 때문에 크게 상관은 없다고 생각한다. 더구나 CPA 시험에 합격할 정도의 근성이 있는 합격생이라면 공무원 시험도 어렵지 않게 합격할 수 있을 것이다.

또한 민간의 다양한 현장 경력자를 공직에 유치하기 위한 목적으로, '민간경력자 일괄채용시험'이 2011년 이후 도입되어 실시되고 있다. 5급부터 시작해서 현재는 7급까지 확대되고 있는 추세인데 CPA 자격증 소지자를 우대[4]하고 있다. 필자의 지인도 이를 통해 기획재정부에 5급 사무관으로 일하고 있는데 자부심이 대단하다. 관심이 있는 합격생들은 참고하길 바란다.

회계사들이 금융공기업으로 향하는 이유

비즈니스 세계에는 철저한 갑을관계가 존재한다. 굳이 따지자면 회계사의 업무는 특성상 갑의 위치에 있어야 적당하다. 특히 회계감사 업무가 그렇다. 회계감사를 하는 회계사의 업무는 검찰사무와 비슷하다. 그런데 막상 회계감사를 수행하는 회계사의 현실은 을의 위치에 있다. 영

---

4) 직렬별로 우대 요건인 경우도 있고, 최소 자격 요건인 경우도 있다.

업을 위해 고객을 대변하는 변호 업무에 가깝다. 왜냐하면 감사 대상 회사가 곧 고객이기 때문이다. 또한 제대로 된 감사보수를 제안하기도 쉽지 않다. 회사 입장에선 어차피 귀찮은 일일 뿐인데 기왕이면 싼 가격을 제시하는 회계법인에 감사를 맡기게 되어 있다. 회계감사 시장에도 수출업계에나 있을 법한 '덤핑'이 존재하는 것이다.

이렇게 이상과 현실간의 괴리가 크기 때문에 현직 회계사들의 불만이 없을 수가 없다. 이러한 현실에 실망하고 회계법인을 떠나는 회계사들이 매년 적지 않다. 거기다 일과 여가의 밸런스를 중시하는 요즘 트렌드와 동떨어진 회계법인의 업무량도 회계법인을 기피하게 만드는 요인이다. 회계법인 회계사들의 연봉은 결코 적은 편이 아니지만, 근무량을 생각한다면 얘기가 달라진다. 최종학 교수의 교양서 『숫자로 경영하라』를 보면 이러한 회계법인의 현실이 잘 나타나 있다.

> 국제적 기준에서 볼 때 한국의 회계 투명성이 경제 규모에 걸맞지 않게 낮은 가장 큰 이유는 회계 감사가 제대로 수행되지 않아 회계 부정이 자주 발생하기 때문이다. 또한 감사가 제대로 수행되지 않는 경우가 생기는 것은 감사보수가 아직 외국과 비교하기 부끄러울 정도로 낮기 때문이다. 보수가 낮으니 회계 법인이 적자를 보지 않기 위해 감사시간을 줄이므로 부실 감사가 생기게 된다. 요즘 이런 현상이 많이 개선되고 있는 추세이긴 하지만, 앞으로 갈 길이 멀게만 느껴진다.
>
> ―『숫자로 경영하라』, 277쪽, 최종학 ―

또 대형 회계법인에서 10년 이상 회계사로 근무하기는 현실적으로 힘들다. 일정 직급 이상 올라가게 되면 결국 파트너를 노려야 하는데 여타 조직과 마찬가지로 회계법인도 피라미드 구조라 소수의 회계사만 승진할 수 있기 때문이다. 따라서 대부분의 회계사들은 이직을 하게 된다. 하지만 회계법인 10년차 회계사의 연봉은 스페셜만 잘 터져도 세전 1억에 육박하기 때문에 급여를 맞춰 이직하기가 쉽지는 않은 편이다. 결국엔 정글 같은 업계에서 영업 싸움을 해야 한다. 그런데 회계사는 매년 1,000명씩 늘어나는데 업계 파이는 그대로라 회계사 1인당 수익성은 계속 떨어질 수밖에 없다.

이러한 현실 때문에 적어도 회계법인 회계사 3명 중 1명 이상은 금융공기업 이직(회계법인 경력을 버리고 신입으로 가는 경우 포함)을 생각한다. 2012년 예금보험공사에서 2년 이상의 경력을 가진 회계사를 15명 뽑겠다고 공고하자 실제 지원한 회계사의 숫자는 자그마치 174명이었다. 어떠한 연봉 혜택 없이 신입으로 채용하는 불리한 조건이었는데도 선발 인원의 열배가 넘는 회계사들이 지원했다.

회계법인 경력이 많아지면 금융공기업 이직은 더욱 어려워진다. 아무래도 3~4년차 이상의 회계사는 연봉을 맞춰주기 힘들기 때문에 연봉이 낮은 1~2년차의 회계사를 신입으로 뽑는 방법을 선호하는 것이다.

정년이 보장되고, 업무량도 회계법인에 비해 양호하며, 갑까진 아니지만 완전한 을도 아닌 금융공기업의 인기는 앞으로도 점점 높아질 전망이다. 하지만 필자는 공무원 시험과 마찬가지로 굳이 금융공기업에서 일하는 것이 목표라면 CPA 시험을 볼 필요가 있나 싶다. 그럴 바엔 처음부터 금융공기업을 목표로 대학 생활을 설계하고 일반적인 입사 코스를 밟는 것이 현명해 보인다. 하지만 앞서 말했듯이 사람 마음은 시도 때도 없이 바뀔 수 있는 것이기 때문에 금융공기업에서 꼭 일하고 싶다면 회계사 자격증은 매몰 비용으로 생각하고 도전해 볼 수도 있다.

금융권 및 일반 제조업

일반 기업이나 금융권 재무팀에서 재무제표를 작성하는 회계사들이 늘고 있다. 2000년대 초 금감원에서 회계사 합격자 수를 1,000명으로 증가시킨 가장 큰 이유는 '전문성을 갖추고 회사의 재무제표를 작성할 수 있는 재원을 일반 기업이 낮은 비용으로 확보하기' 위해서라고 한다. 회계사 업계가 포화 상태에 있기는 하지만 아직 금융회사를 비롯한 일반 제조 기업에 CPA 자격증 소지자가 많은 것은 아니다. 아직까지 회계사가 일반 기업에 들어가는 것은 어렵지 않다.

회계법인 출신의 회계사가 경력직으로 일반 기업이나 금융권 회사로 이직을 하게 된다면 보통 회계팀에서 재무제표 작성 업무를 하게 된다. 결국 회계법인에서 하는 일과 크게 다를 바가 없는데 이를 먼저 (작성)하느냐 나중에 확인(감사)하느냐 차이일 뿐이다.

그런데 요새 일반 회사의 근무 강도는 회계법인 못지않다. 야근도 밥

먹듯이 하며 비시즌[5] 없이 아침 일찍 출근하는 것을 감안해 본다면 일반회사 회계팀도 회계법인 회계사만큼 일을 많이 한다. 더구나 회계법인보다 인간관계에 따른 스트레스가 심한 점[6]을 감안한다면 일반 회사 회계팀이 회계법인 감사본부보다 좋은 점은 별로 없는 것 같다.

물론 일반 회사에서 전략이나 영업 등 회계와 크게 상관없는 업무를 할 수도 있다. 회계법인에서 일을 배운 회계사들은 어디서 무슨 일을 하든지 높은 성과를 보여준다. 주식을 좋아하는 회계사들은 금융권에서 애널리스트나 펀드매니저로 일하기 좋다. 계리사 자격증을 추가로 취득하여 보험사에서 높은 연봉을 받는 회계사들도 있다. 금융권의 리스크 관리 분야도 상대적으로 웰빙할 수 있다고 소문이 나 있다.

필자 생각에 이런 길은 일단 회계사로서 고려해야 할 첫 번째 선택지는 아닌 것 같다. 단지 여러 가지 방향이 있고, 회계사 자격증이 있다면 쉽게 다양한 길을 경험해 볼 수 있는 장점이 있을 뿐이다.

---

5) 회계법인에서는 회계감사가 몰려 있는 1~3월을 시즌이라고 하고, 그 외의 기간을 비시즌이라고 한다. 비시즌에는 상대적으로 근무량이 적은 편이며 출근 시간도 늦다.

6) 일반 회사와 달리 회계법인은 같이 일하는 팀원들이 자주 바뀐다. 따라서 마음에 들지 않는 회계사와 일을 하게 되더라도 일반 회사에 비해 상대적으로 스트레스가 적다.

사무실 개업

전문직의 가장 큰 메리트는 자기 이름을 걸고 개인 사무실을 낼 수 있다는 점이다. 많은 수의 회계사들은 회계세무사무소를 하나 차려서 직원을 두고 웰빙하며 사는 꿈을 꿀 것이다. 적당히 11시쯤 출근해 점심은 클라이언트와 미팅 겸사 해결하고, 스크린 골프나 등산으로 건강과 영업 두 마리 토끼를 동시에 잡으며, 퇴근은 자기 마음대로, 원한다면 저녁마다 영업 명목으로 클라이언트와 술 한잔 하며 사는 것이다. 기장은 직원들이 하고 거래처는 사무장이 관리해 주기 때문에 회계사 본인은 가끔씩 추가되는 특이한 업무만 해결하면 되는 환상적인 시스템이다.

앞서 '독립채산제'에 대해 간단하게 설명한 적이 있는데 '독립채산제' 회계법인에 들어간다면 개인 사무실이나 감사반에서 불가능한 규모의 업무도 가능해진다. 이를테면 일정 규모 이상의 회계감사나 재무자문, 경영자문 등 회계사 본인의 능력과 영업력만 있다면 일명 '큰 건'을 할 수 있다. '독립채산제'이기 때문에 직접 따온 매출에 대해서는 일부 수수료만 본사에 지급하고 나머지는 본인이 가져간다. 필자도 현재 '독립채산제'로 로컬 회계법인에 소속되어 있는 상태이다.

개업 시장은 정글에 비유할 수 있다. 능력만 있다면 회계사 혼자 많은 직원을 거느리고 일도 거의 안 하면서 돈을 쓸어 담을 수 있고, 반대로 영업에 소질이 없다면 사무실에 앉아 애꿎은 손가락만 빨면서 인터넷이나 하게 될 수도 있다. 여담이지만 이 분야는 세무사 업계와도 시장이 많이 겹친다. 아무래도 개인 사무실에서 주로 다루게 되는 세금 분야에 있어서는 세무사에 비해 회계사의 이미지가 밀리는 것이 사실이다.

개업을 통해 성공을 하기 위해선 여러 요인이 필요하겠지만, 선배 회계사들이 이구동성으로 하는 소리는 '인맥'이다. 따로 마케팅을 하기에 마땅치 않은 회계사들은 인맥을 통해 영업을 하는 경우가 대부분이라 그 첫 물꼬를 트는 것이 중요하다. 일단 일정 수준의 거래처가 쌓이게 되면 그다음부터는 수월하게 고객을 늘려나갈 수 있는 구조도 인맥의 중요성을 뒷받침한다.

개인 사무실이나 로컬 회계법인에서 본인의 사업을 해 보고 싶은 회계사는 다양한 업무를 경험하고 많은 사람을 만나보는 것이 중요하다. '아직 나는 CPA 준비생일 뿐이니 이러한 목표는 다음에 생각해야지'라고 생각하지 말고, 평소 공부할 때부터 본인의 성향을 고려하여 대략적으로나마 진로를 정해 놓는다면 공부가 즐거워질 것이다.

PART
08

통계자료

통계자료

수험생들에게 도움이 될 만한 통계자료를 수록하였다. 8장 모든 내용의 출처는 금융감독원 홈페이지다.

역대 시험 일자(2001~2015)

구분	1차 시험	2차 시험
2001년	2월 25일(일)	7월 4일(수) – 7월 5일(목)
2002년	2월 24일(일)	7월 3일(수) – 7월 4일(목)
2003년	3월 1일(토)	6월 30일(월) – 7월 1일(화)
2004년	2월 29일(일)	6월 28일(월) – 6월 29일(화)
2005년	3월 1일(화)	6월 29일(수) – 6월 30일(목)
2006년	2월 26일(일)	7월 4일(화) – 7월 5일(수)
2007년	3월 4일(일)	7월 3일(화) – 7월 4일(수)
2008년	3월 1일(토)	6월 27일(금) – 6월 28일(토)
2009년	2월 28일(토)	6월 27일(토) – 6월 28일(일)
2010년	2월 27일(토)	6월 26일(토) – 6월 27일(일)

구분	1차 시험	2차 시험
2011년	2월 27일(일)	6월 25일(토) – 6월 26일(일)
2012년	2월 26일(일)	6월 30일(토) – 7월 1일(일)
2013년	2월 24일(일)	6월 29일(토) – 6월 30일(일)
2014년	2월 23일(일)	6월 28일(토) – 6월 29일(일)
2015년	2월 15일(일)	6월 27일(토) – 6월 28일(일)

1차 시험 점수분포 현황(2008~2015)

구분		회계학	경영학	세법 개론	경제 원론	상법	비고 (합격자 커트라인)
2015년	전체 평균	62.58 (41.72)	52.26	45.94	51.73	49.95	총득점 344.5점 (평균 68.45)
	합격자 평균	91.68 (61.12)	70.20	68.18	73.43	72.98	
2014년	전체 평균	71.51 (47.67)	57.36	47.32	59.62	58.26	총득점 393.5점 (평균 77.03)
	합격자 평균	105.87 (70.58)	82.58	75.78	77.30	82.12	
2013년	전체 평균	62.68 (41.79)	40.01	42.15	42.44	47.13	총득점 330점 (평균 60.00)
	합격자 평균	95.85 (63.90)	56.35	67.60	63.32	68.56	
2012년	전체 평균	67.70 (45.13)	52.12	40.11	52.53	50.30	〃
	합격자 평균	93.89 (61.93)	70.46	54.73	70.34	70.24	

구분		회계학	경영학	세법개론	경제원론	상법	비고 (합격자 커트라인)
2011년	전체 평균	58.24 (38.82)	49.21	43.44	47.69	57.08	〃
	합격자 평균	82.21 (54.81)	63.83	63.49	67.45	78.60	
2010년	전체 평균	66.04 (44.03)	42.43	45.66	47.03	52.08	〃
	합격자 평균	92.23 (61.49)	57.61	66.77	65.10	71.95	
2009년	전체 평균	74.05 (49.37)	51.65	44.33	47.53	52.58	〃
	합격자 평균	99.83 (66.55)	63.32	62.22	63.43	72.62	
2008년	전체 평균	69.15 (46.10)	49.32	49.18	66.68	55.26	〃
	합격자 평균	89.23 (59.48)	60.19	64.98	78.64	73.82	

2007년부터 영어시험은 공인시험기관의 영어시험으로 대체함.
2007년부터 회계학 배점은 150점이며, ( )는 100점 만점으로 환산한 점수임.

2차 시험 점수분포 현황(2008~2014)

구분		세법	재무관리	회계감사	원가회계	재무회계	비고 (합격자 커트라인)
2014년	전체 평균	68.43	65.85	60.67	63.58	61.03	전 과목 모 두 6할 이상
	합격자 평균	77.42	71.23	67.38	72.30	71.11	
2013년	전체 평균	56.53	59.12	58.49	58.63	63.20	〃
	합격자 평균	67.43	73.32	65.84	72.18	73.38	
2012년	전체 평균	52.72	57.61	58.45	58.43	56.72	〃
	합격자 평균	66.35	71.78	67.72	70.95	70.90	
2011년	전체 평균	62.17	59.42	61.09	61.73	58.03	〃
	합격자 평균	72.31	69.62	68.58	72.26	69.67	
2010년	전체 평균	58.28	57.12	60.98	58.65	60.62	〃
	합격자 평균	69.34	70.84	67.21	70.61	71.58	
2009년	전체 평균	56.33	57.92	57.29	58.45	59.05	〃
	합격자 평균	71.67	73.00	67.27	70.24	71.60	
2008년	전체 평균	58.77	58.62	58.32	58.29	58.76	〃
	합격자 평균	75.07	78.03	68.18	69.13	73.18	

재무회계 과목 점수는(150점 배점) 100점으로 환산한 수치임.
합격자 평균은 당해 시험 응시한 최종 합격자의 과목별 평균임.

2차 여성 합격자 현황(2007~2014)

(단위: 명)

구분	2014년			2013년		
	응시자	합격자	구성비	응시자	합격자	구성비
남	1,728	670	75.62	1,789	655	72.46
여	545	216	24.38	609	249	27.54
계	2,273	886	100.00	2,398	904	100.00
구분	2012년			2011년		
	응시자	합격자	구성비	응시자	합격자	구성비
남	2,545	701	70.24	2,068	718	74.71
여	906	297	29.76	730	243	25.29
계	3,451	998	100.00	2,798	961	100.0
구분	2010년			2009년		
	응시자	합격자	구성비	응시자	합격자	구성비
남	2,092	715	75.03	2,466	742	79.3
여	644	238	24.97	707	194	20.7
계	2,736	953	100.0	3,173	936	100.0
구분	2008년			2007년		
	응시자	합격자	구성비	응시자	합격자	구성비
남	2,364	796	76.5	2,123	646	77.8
여	689	244	23.5	583	184	22.2
계	3,053	1,040	100.0	2,706	830	100.0

연도별 합격자 현황(1990~2015)

(단위: 명)

연도	1차 시험			2차 시험		
	접수자	응시자	합격자	접수자	응시자	합격자
'15	9,315	8,388	1,706			
'14	10,442	9,461	1,703	2,302	2,273	886
'13	10,630	9,601	789	2,510	2,398	904
'12	11,498	10,498	2,184	3,520	3,451	998
'11	12,889	11,910	1,863	2,865	2,798	961
'10	11,956	11,103	1,275	2,835	2,736	953
'09	9,102	8,431	1,922	3,256	3,173	936
'08	6,234	5,734	1,806	3,163	3,053	1,040
'07	4,444	4,138	1,847	2,825	2,706	830
'06	9,008	7,936	1,539	2,421	2,252	1,007
'05	10,052	8,912	1,109	3,141	2,931	1,004
'04	12,897	10,806	2,443	4,124	3,775	1,001
'03	14,565	12,596	2,036	3,600	3,325	1,003
'02	15,460	13,466	1,800	3,251	3,005	1,006
'01	13,623	12,047	1,706	2,963	2,827	1,014
'00	16,014	13,980	1,331	2,678	2,502	555
'99	17,112	15,406	1,376	2,477	2,314	505
'98	14,560	13,185	1,224	2,027	1,928	511
'97	12,348	10,892	959	1,727	1,617	453
'96	11,040	9,838	840	1,586	1,477	356
'95	9,429	8,430	795	1,429	1,329	282
'94	8,658	7,828	700	1,249	1,149	286
'93	7,130	6,394	613	1,071	1,009	287
'92	5,349	4,838	522	915	862	266
'91	4,261	3,853	446	784	732	325
'90	4,175	3,782	421	832	798	502

20명 이상 합격자 배출 대학 추이(2010~2014)

(단위: 개, 명, %)

연도	2010년	2011년	2012년	2013년	4년 평균	2014년
대학 수	12	12	13	11	**12**	15
상위 3개 대학 합격자 수 (합격자 비율)	355 (37.3)	361 (37.6)	315 (31.6)	301 (33.3)	**1,332 (34.9)**	283 (31.9)
20명 이상 합격자 수 (합격자 비율)	740 (77.6)	749 (77.9)	785 (78.7)	661 (73.1)	**2,935 (76.9)**	695 (78.4)
총 합격자 수	953	961	998	904	**3,816**	886

학부 소재지별 비중(2010~2014)

(단위: %)

연도	2010년	2011년	2012년	2013년	4년 평균	2014년
수도권	89.9	90.7	90.2	90.2	**90.2**	87.7
서울	85.5	86.4	85.8	85.6	**85.8**	83.3
비수도권	9.9	9.3	9.1	9.6	**9.5**	12.2
해외	0.0	0.0	0.3	0.0	**0.1**	0.0
기타(독학사 등)	0.2	0.0	0.4	0.2	**0.2**	0.1

학부 전공별 비중(2007~2014)

(단위: %)

연도	'07년	'08년	'09년	'10년	4년 평균	'11년	'12년	'13년	'14년	4년 평균
경상	83.3	84.4	85.4	81.6	83.7	77.0	76.3	76.9	77.0	76.8
비경상	16.7	15.6	14.6	18.4	16.3	23.0	23.7	23.1	23.0	23.2

재학생 및 졸업생 합격자 수

(단위: 명, %)

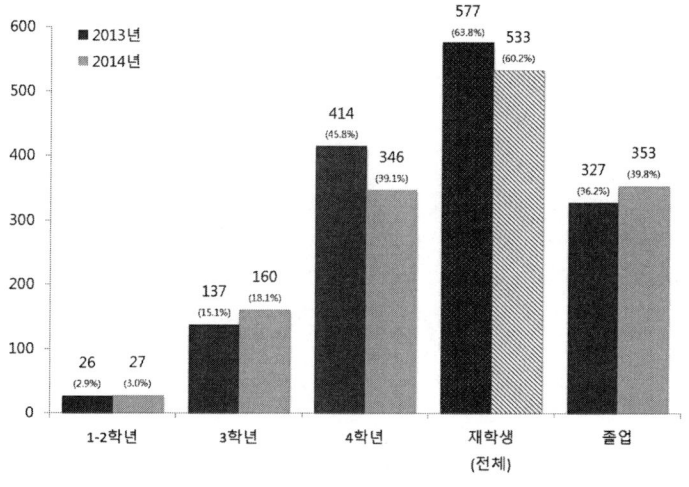

평균 시험 준비 기간(2009~2014)

(단위: 년, %)

년도		2009년	2010년	2011년	2012년	2013년	**5년평균**	2014년
평균준비기간*		3.8	3.5	3.2	3.5	3.3	**3.5**	3.7
준비 기간별 합격자 비중	1년	9.2	8.8	6.9	3.8	4.8	**6.7**	6.7
	2년	31.8	35.7	35.8	21.8	23.2	**29.7**	21.1
	3년	16.7	23.8	30.9	37.6	33.7	**28.5**	23.1
	4년	13.1	6.6	12.7	19.7	18.2	**14.1**	19.2
	5년 이상	29.2	25.1	13.7	17.1	20.1	**21.0**	29.9
	합계	100	100	100	100	100	**100**	100

* 합격자의 최초 1차 시험 응시시점(매년 2월 말)부터 최종합격시점(매년 8월 말)까지의 소요
기간에 6개월을 가산하여 추정

책을 쓰면서 시험공부와 관련된 책을 참 많이 참고하였습니다. 그런데 참고 서적들을 보면 볼수록 각 저자들의 개인적인 경험을 바탕으로 서술되었을 뿐 결국 말하고자 하는 내용은 전부 비슷하다는 느낌을 지울 수가 없었습니다. 세부적인 조언 방향의 차이는 있을지언정 '노력하는 방식'에 있어서는 마치 동일한 사람이 쓴 책들 같았습니다. 물리적 교류는 없었지만 비슷하게 발전한 서로 다른 고대문명을 보는 기분이었습니다.

가끔 그들의 깊이 있는 통찰력에 비하면 저의 경험은 보잘것없다는 생각이 들기도 합니다. 앞서 밝혔지만 저는 학창 시절부터 오랜 기간을 공부와 싸워온 베테랑은 아닙니다. CPA 시험을 열심히 준비한 기간도 채 1년이 되지 않습니다. 하지만 저도 제 나름의 신념을 갖고 있습니다. 제가 만약 머릿속의 모든 기억이 지워져서 다시 CPA 수험생 시절로 돌아간다 해도 이 책을 읽을 수만 있다면 몇 번이고 빠르게 합격할 자신이 있습니다. 그런 마음가짐으로 책을 집필했습니다.

경험 많은 학원 선생님들이 "어떻게 하면 시험에 합격할 수 있나요?"라는 질문에 공통적으로 하는 대답이 있습니다.

"그냥 열심히 해."

1,000명의 합격생이 있다면 합격을 위한 1,000가지 공부 방법이 있습니다. 공부에 왕도가 없다는 말은 수험생들을 볼 때마다 더 강하게 와닿는 말입니다. 튜닝의 끝은 순정이라는 말이 있죠. 저도 어떻게 하면 수험생들의 합격 확률을 조금이라도 올릴 수 있을까를 고민하고 또 고민하다 보니, 마지막엔 결국엔 '그냥 열심히 해야 한다'는 생각만이 남았습니다. 목표를 달성하기 위해 열심히 노력하다 보면 어떻게든 합격을 위한 공부를 하게 되어 있습니다. 누가 가르쳐 주지 않아도 다들 그렇게 하게 됩니다. 이렇게 '열심히' 공부하는 수험생들에게 제 책이 조금이라도 도움이 된다면 저는 더할 나위 없이 행복할 것입니다.

추가로 '간절함'을 얘기하고 싶습니다. 공부를 잘하고 시험에 강한 사람들의 가장 큰 공통점은 간절한 마음이었습니다. 탁월한 성과를 낸 수험생들의 엄청난 능력은 그냥 저절로 나온 것이 아닙니다. 먼저 간절한 마음이 있고, 그다음에 그 마음만큼 잠재력이 발휘되었습니다. 아무리 머리가 비상한 친구라도 간절한 마음이 없다면 좋은 결과를 낼 수 없습니다. 이것은 마치 만유인력과도 같은 절대적인 자연의 법칙입니다. 간절한 마음이 여러분을 합격의 길로 인도할 것입니다.

이 책을 읽는 모든 분들의 합격을 진심으로 기원합니다.